EM TORNO DA CONSTITUIÇÃO

Instituto Brasiliense de Direito Público
Conselho científico
Presidente: Gilmar Ferreira Mendes
Secretário-Geral: Jairo Gilberto Schäfer
Coordenador-Geral: João Paulo Bachur
Coordenador Executivo: Atalá Correia

Alberto Oehling de Los Reyes
Alexandre Zavaglia Pereira Coelho
António Francisco de Sousa
Arnoldo Wald
Sérgio Antônio Ferreira Victor
Carlos Blanco de Morais
Everardo Maciel
Fabio Lima Quintas
Felix Fischer
Fernando Rezende
Francisco Balaguer Callejón
Francisco Fernández Segado
Ingo Wolfgang Sarlet
Jorge Miranda
José Levi Mello do Amaral Júnior
José Roberto Afonso
Elival da Silva Ramos

Katrin Möltgen
Lenio Luiz Streck
Ludger Schrapper
Maria Alicia Lima Peralta
Michael Bertrams
Miguel Carbonell Sánchez
Paulo Gustavo Gonet Branco
Pier Domenico Logroscino
Rainer Frey
Rodrigo de Bittencourt Mudrovitsch
Laura Schertel Mendes
Rui Stoco
Ruy Rosado de Aguiar
Sergio Bermudes
Sérgio Prado
Walter Costa Porto

O GEN | Grupo Editorial Nacional – maior plataforma editorial brasileira no segmento científico, técnico e profissional – publica conteúdos nas áreas de concursos, ciências jurídicas, humanas, exatas, da saúde e sociais aplicadas, além de prover serviços direcionados à educação continuada.

As editoras que integram o GEN, das mais respeitadas no mercado editorial, construíram catálogos inigualáveis, com obras decisivas para a formação acadêmica e o aperfeiçoamento de várias gerações de profissionais e estudantes, tendo se tornado sinônimo de qualidade e seriedade.

A missão do GEN e dos núcleos de conteúdo que o compõem é prover a melhor informação científica e distribuí-la de maneira flexível e conveniente, a preços justos, gerando benefícios e servindo a autores, docentes, livreiros, funcionários, colaboradores e acionistas.

Nosso comportamento ético incondicional e nossa responsabilidade social e ambiental são reforçados pela natureza educacional de nossa atividade e dão sustentabilidade ao crescimento contínuo e à rentabilidade do grupo.

COLEÇÃO
CONSTITUCIONALISMO
BRASILEIRO

JOÃO
MANGABEIRA

Apresentação
PAULO GUSTAVO
GONET BRANCO

EM TORNO DA CONSTITUIÇÃO

2ª
edição

idp

- A EDITORA FORENSE se responsabiliza pelos vícios do produto no que concerne à sua edição (impressão e apresentação a fim de possibilitar ao consumidor bem manuseá-lo e lê-lo). Nem a editora nem o autor assumem qualquer responsabilidade por eventuais danos ou perdas a pessoa ou bens, decorrentes do uso da presente obra.

- Nas obras em que há material suplementar *on-line*, o acesso a esse material será disponibilizado somente durante a vigência da respectiva edição. Não obstante, a editora poderá franquear o acesso a ele por mais uma edição.

- Todos os direitos reservados. Nos termos da Lei que resguarda os direitos autorais, é proibida a reprodução total ou parcial de qualquer forma ou por qualquer meio, eletrônico ou mecânico, inclusive através de processos xerográficos, fotocópia e gravação, sem permissão por escrito do autor e do editor.

Impresso no Brasil – *Printed in Brazil*

- Direitos exclusivos para o Brasil na língua portuguesa
  Copyright © 2019 by
  EDITORA FORENSE LTDA.
  Uma editora integrante do GEN | Grupo Editorial Nacional
  Travessa do Ouvidor, 11 – Térreo e 6º andar – 20040-040 – Rio de Janeiro – RJ
  Tel.: (21) 3543-0770 – Fax: (21) 3543-0896
  faleconosco@grupogen.com.br | www.grupogen.com.br

- O titular cuja obra seja fraudulentamente reproduzida, divulgada ou de qualquer forma utilizada poderá requerer a apreensão dos exemplares reproduzidos ou a suspensão da divulgação, sem prejuízo da indenização cabível (art. 102 da Lei n. 9.610, de 19.02.1998). Quem vender, expuser à venda, ocultar, adquirir, distribuir, tiver em depósito ou utilizar obra ou fonograma reproduzidos com fraude, com a finalidade de vender, obter ganho, vantagem, proveito, lucro direto ou indireto, para si ou para outrem, será solidariamente responsável com o contrafator, nos termos dos artigos precedentes, respondendo como contrafatores o importador e o distribuidor em caso de reprodução no exterior (art. 104 da Lei n. 9.610/98).

- Capa: Fabricio Vale

- **CIP – BRASIL. CATALOGAÇÃO NA FONTE.**
  SINDICATO NACIONAL DOS EDITORES DE LIVROS, RJ.

Mangabeira, João

Em torno da Constituição / João Mangabeira. – 2. ed. – Rio de Janeiro: Forense, 2019.

Inclui bibliografia
ISBN 978-85-309-8224-9

1. Direito constitucional. I. Título. II. Série.

18-51429	CDU: 342

Vanessa Mafra Xavier Salgado – Bibliotecária – CRB-7/6644

APRESENTAÇÃO

João Mangabeira viveu entre 1880 e 1964. Jurista e político, foi deputado estadual e federal, marcando-se como defensor de ideias socialistas. A sua vida se estendeu o bastante para que conhecesse quatro expressões do poder constituinte originário, embora não haja participado da feitura de nenhuma das Constituições. Em 1891, era ainda criança; não pôde se candidatar à Assembleia de 1933; não tinha como ter parte na Constituição outorgada por Getúlio Vargas em 1937; e, em 1946, não obteve êxito na disputa pelo cargo que o colocaria na Constituinte como representante da Bahia, seu estado de nascimento.

Teve decisiva participação, porém, na Comissão que elaborou o Anteprojeto da Constituição de 1937, a Comissão Itamarati. Foi o seu Relator-geral. O trabalho sofreu impugnações e reformulações quando da confecção do projeto final analisado pela Assembleia Constituinte. João Mangabeira valeu-se da imprensa, então, para sustentar as qualidades e o bem fundado da proposta de que se assumiu responsável. Deduziu em jornal defesas e arguições que espelham ideias superiormente amadurecidas, vertidas em estilo elegante, rico, sem trejeitos datados, embasados numa erudição perfeitamente adequada a cada ponto de debate, tornando sempre mais persuasiva cada tese que propôs e mais admirável o jurista e homem público que as redigiu.

O conjunto desses escritos foi reunido em livro em 1934, que agora é reeditado na coleção das indispensáveis obras clássicas do direito brasileiro, sob o selo IDP, publicado pelo GEN/Editora Forense.

Mangabeira assegura ao leitor, logo na mensagem que a ele dirige introdutoriamente no livro, que as suas formulações não foram improvisadas "ao influxo da leitura da véspera ou do oportunismo do dia". É mesmo impossível não perceber que se trata de produção intelectual amanhada em intensa e culta meditação. Mangabeira se mostra, em cada tópico de controvérsia, jurista antenado com a produção da ciência do Direito da hora em que escreve e com as contribuições indispensáveis dos autores perenes. Impressiona, sobretudo, o seu domínio visceral do direito público norte-americano, bem como a sua exatidão, quando evoca minúcias da História constitucional do país setentrional, sempre que isso se apresenta relevante para o debate no Brasil. Não há como deixar de admirar a precisão e a perfeita pertinência das citações, com que esculpe os seus argumentos, de casos da Suprema Corte dos Estados Unidos e da produção acadêmica anglófona.

A chave de leitura da sua obra acha-se na convicção de Mangabeira, por ele próprio externada, de que a Constituição não pode ser vista apenas como uma construção intelectual destinada a especulações de juristas convencidos de que o Direito não deve deixar-se contaminar com os elementos brutos da realidade. João Mangabeira enxerga na Constituição "um instrumento da felicidade coletiva", conforme proclama no Discurso de 1926, constante deste volume. No título "Ainda o Poder Judiciário", retoma a convicção de que "a outra coisa não aspira uma Constituição, que não seja o bem estar do povo cuja vida política regula". Está bem persuadido de que a Constituição, quando não é o documento de vitória de uma revolução social com ideário específico, "será sempre uma fórmula de equilíbrio e transação entre ideias, correntes e interesses, que atuam num meio social determinado"[1]. A feliz combinação do jurista e político, inseparáveis na personalidade do autor, assegurou-lhe, efetivamente, o mais "alto ponto de referência no campo do direito e da política", como, em simpósio comemorativo do seu centenário de nascimento, depôs Josaphat Marinho. Se João Mangabeira não foi o "intérprete de artigos", prosseguiu esse outro notável jurista e político baiano, foi ele "construtor de sistema normativo", buscando insculpir nas instituições "não apenas a harmonia da lógica, mas, por igual, o timbre da utilidade social, sem privilégios. Empolgava-o a destinação da norma, como instrumento de equilíbrio entre os homens, sensível às transformações da sociedade"[2].

Várias das preocupações suscitadas por Mangabeira persistem enigmas desafiadores dos nossos contemporâneos, a serem arrostados segundo as possibilidades de cada momento histórico. Fiel à sua crença socialista,

---

[1] Frase colhida do título "Aspecto Geral do Anteprojeto", *infra*.

[2] Josaphat Marinho. João Mangabeira, constitucionalista. *João Mangabeira na UnB*. Brasília: Editora Universidade de Brasília, 1981. p. 79-80.

Mangabeira permite-se o verbo flamejante para denunciar injustiças sociais e excessos individualistas dos direitos liberais. E o faz com argumentos jurídicos aprumados com a vocação humanista que aponta ao bom Direito.

A propósito, o leitor poderá considerar a defesa que o autor concebe para que se imponha, como dever constitucional, que, na determinação do salário mínimo, sejam devidamente computadas as necessidades dos trabalhadores e de suas famílias, a fim de que a quantia não se reduza ao elementar da sobrevivência (o *salário da fome*, como chama, que já era um dever do senhor com relação ao escravo). Bate-se por que a quantia seja definida em simetria com os reais custos de uma existência digna, segundo o padrão de decência social da época.

Nessa pauta, aduz a sua oposição a que o texto constitucional entronize a figura do direito adquirido, preferindo ver os interesses buscados nesse instituto protegidos menos rigidamente, bastando-se com a admissão do valor da segurança das relações, mais abrangente e passível de inflexões. Adverte que em toda parte em que mesmo diplomas infraconstitucionais aludiram a direitos adquiridos, a expressão sofreu desidratação conceitual, reduzindo-se a uma noção etérea de conformação incerta e de utilidade marginal. O texto de Mangabeira, da década de 1930, antecipa as vicissitudes que essa garantia – afinal inserida na Constituição de 1934 e nas que a sucederam – conheceu na jurisprudência do Supremo Tribunal Federal desde então. Mostra-se moderno ante a inclinação do nosso momento político-constitucional por preferir tratar do tema da proteção de posições fixadas no passado sob o compasso argumentativo da proporcionalidade.

Não perdeu atualidade, muito menos o exame por Mangabeira dos elementos do modelo federal do Estado, tampouco o alerta que oportunamente lança sobre não existir um arquétipo eterno e imutável, situado acima das contingências históricas de cada país, que se imponha ao constituinte que prega esse termo ao ente que funda.

O autor se mostra, ainda, ardoroso defensor do controle de constitucionalidade pelo Judiciário, segundo o modelo americano, melhorado com a explicitação, pelo constituinte, de que o Supremo Tribunal Federal é o intérprete máximo e definitivo do diploma.

Mangabeira não deixa, porém, de alertar as consciências democráticas para o perigo de se trivializar o ato de anular leis, produtos dos poderes políticos integrados por representantes do povo, por ele escolhidos, e submetidos à responsabilidade política ínsita ao modelo de soberania popular. Recorre ao seu vasto conhecimento das peripécias da vida constitucional americana para apontar as graves consequências, por vezes sinistras, que podem decorrer da superação, por nove técnicos de um tribunal, da vontade expressa por representantes de milhões de cidadãos. Recorda, entre outros, o caso Dred Scott, assinalando a sua relação de causalidade com a Guerra Civil que varou os Estados Unidos no século XIX. Aconselha a temperança no exercício dessa necessária competência do Supremo Tribunal, titular de um poder que qualifica de "tremendo"; coerentemente, propugna por que a declaração de inconstitucionalidade seja feita por maioria qualificada na Corte.

Nesse capítulo, é bom lembrar que a Constituição de 1934, como ocorreu com as subsequentes, exigiu maioria absoluta do plenário do tribunal para o juízo de censura ao legislador. É interessante atentar, porém, para as ponderações de Mangabeira, que não via isso como bastante. A maioria de 6 a 5, para ele, era tão imprópria à seriedade inerente à declaração de inconstitucionalidade de uma lei aprovada pelo Congresso Nacional e sancionada pelo Presidente da República quanto a de 5 a 4 nos Estados Unidos. Tanto em um caso como no outro, diz, assombra que a vontade do povo, pela voz dos seus representantes eleitos, venha a ser derrubada por um voto, muitas vezes titubeante, propenso a vacilações por motivações menores. Daí sustentar, forrando-se de razões políticas e jurídicas, sempre com ilustrações eruditas, que o quórum haveria de ser de 3/4 dos membros.

Em boa hora, enfim, os estudiosos ganham a chance de retomar o contato com o pensamento de João Mangabeira, embasado invariavelmente na mais fina harmonia do bom senso político com um multíplice conhecimento do Direito. A obra é útil para a compreensão dos fundamentos da Constituição de 1934, mas, sobretudo, é relevante para se enfrentar questões básicas que se mostram constantes na nossa história constitucional republicana.

Pode-se adivinhar que o leitor interessado neste livro partilha com Mangabeira a crença capital de "que o direito habilmente manejado é capaz de lançar a ponte entre a sociedade de hoje e a de amanhã".[3] Esse leitor há de obter proveito das reflexões aqui coligidas, resultantes da "inteligência espetacular, borbulhante, fascinante" de João Mangabeira, na conformidade da adjetivação de Luiz Viana Filho, também político e escritor, que com ele privou.[4]

Paulo Gustavo Gonet Branco
Doutor em Direito (UnB).
Professor do Instituto Brasiliense de Direito Público – IDP.
Membro do Ministério Público Federal.

---

[3] Esse ponto de fé de João Mangabeira foi-lhe atribuído por Luiz Viana Filho na sua palestra João Mangabeira, Político. *João Mangabeira na UnB*, ob. cit., 14.

[4] *Id. ibidem*, p. 7.

AO LEITOR

Ainda não haviam chegado a termo os artigos que ora se estampam neste livro, e meus amigos exigiam que eu reunisse em volume esses comentarios, evitando, assim, que se extinguissem na vida efemera do jornalismo, a que se destinavam. Relutei, observando-lhes que esses escritos, lançados a correr para um diario, não possuiam a unidade, que é por assim dizer a condição de um livro sobre qualquer assunto. Insistiam. Chegavam-me, por outro lado, propostas de varias casas editoras. Não havia, pois, como lhes resistir. Eles e elas, maxime a Editora Nacional, já consagrada por tantos e tão relevantes serviços á cultura brasileira, os responsaveis pelo prolongamento de uma existencia momentanea, na perpetuação de um livro. Junto, como apendice, alem do ante-projecto, um discurso, um parecer e duas entrevistas, que se relacionam com a materia versada nos capitulos do texto principal. Por esses documentos, ver-se-á como são amadurecidas as idéas que nos artigos expendi e sustentei. Não as improvisei ao influxo da leitura da vespera ou do oportunismo do dia. Já agora não ha remedio. O livro aí está. Possa ao menos servir de testemunho de uma consciencia acostumada a não dissimular, de uma palavra habituada a não mentir.

Rio, 2 de abril de 1934.

João Mangabeira

Nota da editora:
Todo o sumário foi mantido conforme publicação original.

Indice

Ao leitor	5
Aspecto Geral do Ante-Projecto	9
A União e os Estados	14
O Ante-Projecto e a Federação	21
Attentados Contra a Autonomia Estadual	28
Intervenção nos Estados	32
O Artigo 13 do Ante-Projecto e a Constituição de 91	36
O Artigo 13 no Substitutivo	42
Arraia Miuda	47
O Systema Unicameral	52
Senado e Federação	60
O Novo Texto do Poder Legislativo	66
Ainda o novo Texto	72
Ainda o Poder Legislativo	77
Poder Judiciario	84
A Dualidade da Magistratura no Ante-Projecto	89
O Poder Judiciario no Substitutivo	93
O Supremo Tribunal, no Substitutivo	97
O Supremo Tribunal, como grande Orgão Politico	102
Os Ministros do Supremo Tribunal	108
A Inconstitucionalidade das Leis	112
Ainda o Poder Judiciario	119
Um Parenthese	123
Eleição do Presidente	128
Distribuição de Rendas	133
Imposto de Exportação	136

Divisão de Rendas 140
Irretroactividade da Lei 146
O Ante-Projecto e a Irretroactividade da Lei 152
Leis Retroactivas e Direitos Adquiridos 157
O Projecto, o Ante-Projecto e a Ordem Social 163
Projecto Reaccionario 168
Substitutivo Reaccionario 176
Novo Parenthese 181
Fundo de Reserva do Trabalho e Instrucção nas Fazendas . . . 186
Herança Collateral e Imposto Progressivo 191
Privilegios da Riqueza 197
Serviços Publicos 203
A Ordem Social e a Prescripção das Dividas 209
A Propriedade no Ante-Projecto Substitutivo 216
Ordem Social, Emphyteuse e Propriedade 225
O Discurso do Relator 233

APPENDICE

Discurso proferido a 28 de Janeiro de 1926, offerecendo, em nome
dos Deputados, a toga ao Ministro Herculano de Freitas no
acto de sua posse no Supremo Tribunal 243
Parecer em favor da viuva de um Guarda Civil, lido na Commissão de Justiça do Senado, a 11 de Agosto de 1930 254
A Constituinte e a futura Constituição 269
As modificações soffridas pelo ante-projecto da Constituição na
sua ultima phase 291*

---

*A paginação correta do item é 284. Na página 291, inicia-se o "Ante-projeto de Constituição: elaborado pela comissão nomeada pelo chefe do govêrno provisorio".

Aspecto Geral do Ante - Projecto

O convite com que me honrou o *Diario Carioca*, de fazer, por suas columnas, a defesa do ante-projecto constitucional, só encontra explicação no facto de ter sido eu quem houve, á ultima hora, de articular e redigir, em 136 artigos, os 277 dispositivos que se distribuiam e atropelavam nos dois fasciculos de "conglomerados", como lhes chamou o senhor Mello Franco.

Porque a mim, pessoalmente, coube apenas relatar as partes referentes a Estado de Sitio, Declaração de Direitos, Garantias ao Funccionalismo, Nacionalidade, Cidadania e Inelegibilidade.

São exactamente os trechos do ante-projecto, cuido eu, que pouca ou nenhuma impugnação talvez tenham soffrido. Fóra de taes assumptos, propuz varias medidas que, em geral, não vejo criticadas; collaborei com o sr. Osvaldo Aranha na "Ordem Economica e Social"; e com o sr. Mello Franco organizei o capitulo do Poder Judiciario.

No mais, limitei-me a apoiar suggestões dos outros membros da sub-commissão e a votar contra muitos dispositivos approvados.

Não me impediu, porém, isto, de subscrever sem restricções o ante-projecto.

E' que, uma Constituição, salvo a hypothese da victoria de uma revolução social, será sempre uma formula de equilibrio e transacção entre idéas, correntes e interesses, que actuam num meio social determinado.

ACCUSAÇÕES INFUNDADAS

Os que accusam o ante-projecto de não haver adoptado integralmente uma doutrina, e, procurando conciliar divergencias, ter caido no erro do ecletismo, realçam, exactamente nisso a sua virtude, ou o seu acerto, de fugir aos extremismos de qualquer natureza, conservando-se no meio termo da harmonização dos interesses, condição essencial a qualquer lei de grande porte.

Ninguem precisou melhor, nem com mais eloquencia, tal situação, que Ruy Barbosa, ao dizer, de referencia ao Codigo Civil, na segunda pagina do seu parecer: "Mas uma codificação não póde ser a expressão absoluta de um systema, victoria exclusiva de uma doutrina. Toda obra de legislação em grande escala ha de ser obra de transacção. Do ponto de vista de cada theoria extrema, tudo o que por ella se não moldar servilmente incorrerá nas suas invectivas. Radical, o codigo seria monstruoso, para os reaccionarios. Reaccionario, passaria por monstruoso entre os radicaes. E não podendo ser, a um tempo, radical e reaccionario, será, necessariamente, monstruoso aos olhos dos radicaes e dos reaccionarios. Destes escolhos não ha fugir."

Se, porém, um codigo de taes escolhos não póde fugir, muito menos a elles fugirá uma constituição, instrumento essencialmente politico, e, por isso mesmo, de composição, estabilidade e equilibrios entre forças que se oppõem ou interesses que se chocam.

EXEMPLOS ELOQUENTES

Desses escolhos não fugiu nenhuma das Constituições actuaes, excepto a Russa, porque todas ellas representam compromisso e transacção entre partidos adversos, idéas dissemelhantes, interesses divergentes.

A começar pela mais antiga, tudo na Convenção de Philadelphia foi transigencia, ecletismo e conciliação. Nenhum pacto politico, tambem, mais duramente combatido do que esse, que, em varios Estados, só a muito custo e por insignificante maioria logrou ratificação. Dos 72 convencionaes promitivos, á sessão final da Convenção de Philadelphia, a 17 de setembro, apenas 42 compareciam. Mas Randolph, Mason e Gerry se recusavam a subscrever o projecto. Não os demoveu o sensacional discurso de Franklin, com as lagrimas nos olhos. Ainda assim, o grande sabio, coroado pela experiencia dos seus 81 annos, começou por dizer "que ha muitos pontos desta Constituição que eu não approvo". Hamilton, que se retirára da Convenção desde 29 de julho, a ella volve, nos dias derradeiros, para subscrever a Constituição, que elle proprio qualificára de "miseravel expediente" — a "Wretched makeshift". Mas os seus companheiros da representação de Nova York haviam abandonado o recinto, para nunca mais voltar, desde 16 de julho, quando se approvou o "compromisso de Conneticut", que assegurava aos Estados a egualdade na representação senatorea.

E' que tudo é transigencia nesse grande documento: desde a egualdade da representação estadual no Senado, até a permanencia da escravidão, num regime democratico e livre, com a garantia assegurada pela secção 9.ª de que não se poderia, até 1808, restringir aos Estados o direito de importar escravos. E não era senão por tudo isso que Hamilton classificava a Constituição de "shilyshaly", isto é, incerta, hesitante, irresoluta, em resumo: ecletica e transaccional. Por isto mesmo a batalha da sua ratificação foi mais aspera que a da sua feitura. Em Philadelphia, o projecto alcança a victoria por 23 votos, em Massachussets, por 18, em Virginia e New Hampshire por 10, em Nova York, por 3.

Não foi outra a sorte da Constituição de Weimar, a primeira das grandes cartas politicas de após guerra. E' o producto de quasi nove mezes de trabalho, na fusão e refusão de ante-projectos e projectos, até o instante derradeiro. Debalde Preuss empregou todo o seu talento, saber e prestigio, em defesa do projecto de sua lavra. A Constituição porém, saiu ecletica, como transacção e meio termo entre as varias correntes da Assembléa, das quaes a mais numerosa — a social democratica — dispunha apenas de 163 deputados, num total de 423. Transigia-se sobretudo derredor do sentimento commum, expresso nestas palavras de Haussmann: "Engendrada na dôr, esta Constituição é a lei de um povo opprimido pelo inimigo. E', portanto, necessario concentrar todas as forças nacionaes, afim de realizar de maneira definitiva a unidade nacional."

E Preuss, tantas vezes vencido, e transigindo sempre, procurava reunir a unanimidade em torno das transacções do projecto definitivo, neste appello vehemente: "A Revolução allemã não é a victoria de uma ordem nova. E', deante do abysmo subitamente aberto, a edificação rapida de uma defesa provisoria, contra o desespero e a desordem."

Ainda assim, na votação final, 75 deputados, num total de 262, recusaram o projecto, e deixaram de votar oitenta e seis.

A CARTA DE FEVEREIRO

Mas a propria Constituição de 91, tão endeusada, hoje, pelos amigos da rotina; o proprio projecto dessa Constituição, embora com as modificações propostas pela Commissão dos 21, só logrou, entre os membros desta, o apoio integral dos srs. J. Catunda, Soares Neiva e Casemiro Junior. Dezoito, porém, dos membros dessa Commissão assignaram com restricções o projecto Ruy, embora por ella propria modificado. Foram elles: Julio de Castilhos, Amaro Cavalcanti, José Hygino, Ubaldino Amaral, João Pinheiro, Lopes Trovão, Bernardino de Campos, Lauro Muller, Leopoldo Bulhões, Gabino Besouro, Virgilio Damasio, Aquilino Amaral, Valladão, Manoel Francisco Machado, Theodoro Pacheco, Lafer, Gil Goulart, Lauro Sodré.

Assim, 18 dos membros daquella Commissão, e entre elles todas as suas grandes figuras, dissentiam em parte do projecto, ainda mesmo por elles modificado, e só em globo, e transigindo, o apoiavam e subscreviam.

ECLETISMO SABIO

Em seu discurso de 3 de setembro de 931, Fernando de los Rios, Professor de Direito e Ministro da Justiça — falando em nome do Partido Socialista, na Constituinte Hespanhola — depois de assignalar que "a virtude suprema de toda politica consiste em saber conjugar possibilidade e necessidade", affirmava que o projecto em discussão isso havia conseguido, "até onde é possivel a uma constituição, que não póde deixar de ser transaccional, como é tudo o que se está fazendo, desde quando a Revolução não é filha de uma das forças que aqui se congregam, mas dos sectores republicanos e socialistas que aqui se reunem." Em face de tão altos precedentes, não diminuem o valor do ante-projecto, nem os ataques contra elle desferidos, nem as restricções a elle oppostas, nem as arguições de ecletismo e transacção com que se busca impugnal-o.

Constituição sem ecletismo, expressão total e absoluta de um systema, sómente será possivel, quando, após uma revolução social triumphante, uma grande personalidade impuser ao seu partido victorioso o predominio indiscutivel de sua intelligencia, seu prestigio e sua vontade. E' o caso da Constituição Sovietica.

Não era, nem poderia ser o caso da revolução brasileira de 930, em cujo leito desaguavam correntes partidas de pontos oppostos, em cujo bojo se abrigavam os interesses mais antagonicos, em cujas fileiras se atropelavam as idéas mais adversas, numa escala cromatica, que se distendia do vermelho das reivindicações marxistas ao negro da reacção clerical.

A União e os Estados

O ante-projecto, como já vimos, buscou sempre o meio termo.

Dahi não contentar aos extremistas. Tome-se por exemplo a distribuição dos poderes entre a União e os Estados. E' dos aspectos do ante-projecto, talvez o mais combatido. Mas ainda ahi a divergencia. E, para não sahir de proceres revolucionarios, emquanto o sr. João Simplicio enumera 16 attentados contra a autonomia estadual, perpetrados pelo ante-projecto, o general Góes Monteiro, membro da sub-commissão, e que no movimento de 30 jogou sua sorte, sua carreira e sua vida, considera que se não preservou, de modo efficaz nesse documento, a unidade nacional, que se deve sobre todas as coisas resguardar, uma vez que ali não se fortaleceram sufficientemente os direitos da União.

O ante-projecto, porém, não está nem com um nem com o outro. Não considerou attentatorios á federação os dispositivos impugnados no libello do representante do Rio Grande; por outro lado, para fortalecer a União, não arrancou aos Estados nenhum direito ou poder essencial á sua existencia e em cujo goso já estivessem, como pretendo demonstrar até á evidencia.

O ULTRA-FEDERALISMO

O que o ante-projecto fez foi aparar os excessos do "pacto ultra-federalista" de 91, como o denominava Ruy

Barbosa — o maior, o mais brilhante, o mais ardente defensor da federação entre nós. Foi, em grande parte, esse "ultra federalismo" que tornou Ruy o mais vehemente propugnador da reforma constitucional, pleiteada constantemente por elle, desde o encerramento da Constituinte, até o seu ultimo discurso, em julho de 1921, no qual asseverava que, para o Brasil, não havia senão este dilemma: revisão ou revolução. Mas revisão, tal como entendia: seriamente feita, com alterações cada vez mais largas e profundas na Constituição de 91.

Foi aquelle "ultra federalismo", que transformou as antigas provincias nas feitorias que o "Jornal do Commercio" classificou de Estados escravizados do Norte, a que se juntariam depois os Estados escravizados do Sul.

Porque, no fim, tudo era, de Norte a Sul, escravatura dos Governadores, cuja vontade, cuja violencia, ou cuja loucura não encontrava poder capaz de refreal-a ou de contel-a, mercê da famosa autonomia "ultra-federalista". Um Governador poderia fazer impunemente em seu Estado, "in anima vili", todas as experiencias da improbidade ou da vesania, sem que a Nação o pudesse deter no seu delirio. Por isto mesmo o Brasil caminhava para a desaggregação e, como dizia Ruy, "o manto do Poder cahira dos hombros da Nação para o do mandarinato local".

Dahi, que ao dizer um Presidente da Republica, quando queria fazer seu successor: conto com Pernambuco, ou S. Paulo, ou Minas, ou Rio Grande, o que realmente estava ao seu lado era o Governador. O mais não tinha importancia. Era rebanho, era éco, era sombra. Porque todo Governador dispunha de sua bancada no Congresso, das Assembléas estaduaes e dos Conselhos Municipaes. E os que dissentiam não ignoravam as violencias e perseguições que iriam padecer. Nem lhes valeria sequer o amparo da justiça estadual, porquanto de suas decisões um Governador só cumpriria as que fossem do seu agrado. Quando, porém, não quizesse dar-lhes cumprimento, ninguem a isto o obrigaria. Um Tribunal de Appellação pronunciou o Chefe de Policia de um grande Estado, e expediu contra elle mandado de prisão. O pronunciado não prestou fiança nem se recolheu preso — continuou no exercicio do cargo, e affrontava tranquillamente o Tribunal, passeando deante delle o seu desprezo. Como essa, innumeras sentenças da justiça estadual foram desrespeitadas, porque os Governadores não davam força para a sua execução. Na Constituição de 91, ainda com a reforma de 26, não havia remedio para casos taes. Porque o Governador não attentava "contra o livre exercicio do Poder Judiciario", nem lhe arrancava nenhuma de suas garantias essenciaes — a vitaliciedade, a inamovibilidade, a irreductibilidade dos vencimentos. O que fazia era não dar força para o cumprimento de determinada sentença. Mas nem sequer prestava ao juiz desacatado a honra de úma expressa declaração nesse sentido.

Não. Resolvia pelo desprezo. E ao juiz estadual, ludibriado, não restaria senão ficar exposto ao motejo dós commentarios de esquina e ao riso beocio das patuléas de partido. E quando o ante-projecto, para obviar a essa situação abominavel, confere ao Supremo Tribunal a competencia de requisitar a intervenção para cumprimento "das decisões e ordens da justiça", bradam os "ultra-federalistas", com a bancada de S. Paulo á frente, que este dispositivo attenta contra a autonomia dos Estados e a federação, como si ellas permittissem a continuação de um regime, em que as disposições das leis civis e penaes, proclamadas por sentença, no reconhecimento de um direito ou na imposição de uma pena, podiam ser impunemente escarnecidas pelo capricho de um potentado local. Examinarei, um por um, todos os suppostos attentados á federação, que os partidarios da exaggerada autonomia attribuem ao ante-projecto.

E, então, se verá que elle não fez, senão, cortar excessos "ultra-federalistas", procurando fortalecer a União contra as tendencias desaggregadoras, estreitando os laços que a prendem aos Estados, mas assegurando, por outro lado, a autonomia destes, contra as incursões violentas, a que se achavam expostos pelo pacto de 91. O que o ante-projecto fez foi considerar nacionaes certos interesses locaes, que, no curso de 40 annos, tomaram esse caracter, como a instrucção primaria, a saúde publica e a viação ferrea. Foi assim considerar certos problemas, que surgiram entre nós regulados por convenções internacionaes, como a radiotelegraphia, a navegação aerea, e circulação de automoveis.

COHIBINDO ABUSOS

O que o ante-projecto fez, foi dar o golpe de morte nos impostos inter-estaduaes e inter-municipaes, estabelecendo para casos taes a intervenção. E' justa a emenda paulista que exige para que essa intervenção se realize, o reconhecimento da violação desses preceitos constitucionaes pelo Supremo Tribunal. O essencial, porém, é que o Brasil não continue dividido em compartimentos estanques, separados por barreiras e guerreando-se por tarifas tributarias. O essencial é que seja, como os Estados Unidos, um continente, dentro do qual a producção se desenvolva e circule livremente, sem restricções aduaneiras que a comprimam, a suffoquem ou a matem. O que o ante-projecto fez, repito, e provarei em artigos subsequentes, foi cortar os excessos "ultra-federalistas", que levariam, mais dias, menos dias, o Brasil á separação. Até mesmo porque, em toda federação prevalecem as forças centripetas ou as centrifugas. Estas levam ao separatismo, aquellas ao fortalecimento da Nação. Não vou ao extremo de alguns sociologos, e dos mais ilustres, que affirmam tender todo o regime federativo para o unitario e ser esta, em summa, a fórma definitiva do Estado. Mas a verdade é que, em geral, a federação subsiste e se desenvolve na linha do fortalecimento dos poderes da União. Tomem-se as nações mais diversas: a Allemanha, a Suissa, a Argentina, os Estados Unidos.

Em todas ellas crescem, em numero e efficiencia, os poderes da União, contrasteando os Estados e mantendo, graças a isto, integra, cohesa e cada vez mais forte a Nação, de que elles são apenas partes integrantes. A historia constitucional dos Estados Unidos não é senão a do augmento dos poderes da União. As emendas constitucionaes, a legislação do Congresso, a jurisprudencia da Suprema Côrte, graças á theoria dos poderes implicitos e dos resultantes — têm modificado ali o regime federativo de 87 e transformado os poderes da União nesta força formidavel e irresistivel, que tem feito a grandeza norte-americana. Jefferson, revoltado com a orientação centralizadora do presidente da Suprema Côrte, dizia que "Marshall anda lidando por fazer uma nova Constituição." Si, porém, Marshall e Hamilton, os grandes pregoeiros e defensores dos poderes da União, resurgissem hoje, não reconheceriam nos Estados Unidos a federação, que elles, com suas tendencias centralizadoras, na imaginação prefiguravam. Tanto a realidade ultrapassára o sonho.

O regime federativo em que as forças centripetas não predominarem, fatalmente terminará na desordem e no desmembramento.

A imagem de patria commum, esmaecida, apaga-se deante dos interesses locaes. Era o mal que vinha minando e ameaçando a velha Republica; e que a Nova não faz senão aggravar. O Congresso não era mais a representação nacional. Cada deputado representava sómente o seu Estado e a elle sobretudo, e antes de tudo, se julgava obrigado a servir.

O Congresso dividia-se em bancadas estaduaes e era entre os representantes dos Estados, ouvidos os Governadores, que se estabeleciam pactos, ajustes e compromissos, como numa conferencia internacional. A escolha do Presidente da Republica, barganhada entre São Paulo e Minas, quando o primeiro não podia continuar o chorrilho dos seus candidatos, era uma comedia innominavel, em que os demais Estados e a Nação figuravam de comparsas. Ministerios, cargos, verbas do orçamento, serviços federaes, tudo se estadualizava, sem nenhuma attenção aos interesses nacionaes, e se repartia pelos grandes Estados, emquanto os pequenos,

intervindo na disputa, forcejavam por alcançar alguma talis-
ca, na divisão das fatias do bôlo. E' este espectaculo que
ora nos offerece a Assembléa Constituinte. Parece que ali
só existem Estados e desappareceu a Nação. Tudo são bancadas. Desde as emendas, que por bancadas se apresentam,
até a Commissão Technica, que de eleitos de bancadas se
compõe, como si ali se congregassem entidades soberanas,
para um pacto de confederação. E' contra essas tendencias
desaggregadoras que o ante-projecto providenciou modera-
damente, cortando os excessos ultra-federalistas e submetten-
do ao controle da União os famosos exercitos policiaes.
Neste particular, o Brasil encontrava-se numa posição singular
entre as federações.

As forças estaduaes organizavam-se á revelia da União,
que sobre ellas nenhuma autoridade possuia. Quão differente a situação nos Estados Unidos ou na Suissa!

AS CONSEQUENCIAS

E foram esses excessos "ultra-federalistas", permittindo
as tropelias dos Governadores, que tornaram, sobretudo nos
Estados, a velha Republica odiada.

Porque, si as forças da revolução de 30 entraram nas
capitaes dos Estados, sob acclamações, como tropas liberta-
doras em regiões dominadas, não foram os desmandos dos
Presidentes da Republica, que ali criaram esse espirito de
odio contra o systema então vigente. Esse ambiente se formou em 40 annos de abusos, arbitrariedades e violencias
desses Governadores tão malquistos, e que a revolução, por
um chorrilho de erros, e o mais fecundo dos methodos historicos, deveriam de rehabilitar e engrandecer. E no entanto é o retrocesso a esse passado abominavel, que pretendem todos os que, sob o pretexto de autonomia do Estado,
não querem senão o restabelecimento das oligarchias estaduaes que a Constituição de 91 assegurava. Dahi o applauso

á manutenção quasi sem modificações da Carta de 91, tão querida de todos os oligarchas, e a cuja revisão sempre e sempre, contra Ruy Barbosa, se oppuzeram; desse codigo individualista, e, por isso, tão amado por todos os inimigos, descobertos ou mascarados, das reivindicações do trabalho e dos direitos da pobreza.

O Ante-Projecto e a Federação

A impugnação mais generalizada contra o ante-projecto é que elle, embora declarando, no art. 1.º, manter o regime federativo, em verdade, pela adopção de medidas centralizadoras, o restringe, o subverte e o anniquila. Todavia, os que assim opinam descuidam-se de precisar os caracteristicos essenciaes ao Estado federal e que o distinguem do unitario. Parece considerarem que a federação tem uma fórma definida, certa, invariavel, como o contorno de uma figura geometrica. Mas, ao contrario do que pensam, o regime federativo não se vasa num molde permanente. Como assignalei na sub-commissão, a Constituição Norte-Americana não é o metro de iridio conservado em Paris, como padrão da decima millionesima parte do quarto do meridiano terrestre. A federação é uma fórma de Estado; um systema de composição de forças, interesses e objectivos, variavel no tempo e no espaço, e inherente e peculiar a cada povo. Plasma-se, por isso mesmo, de accôrdo com as necessidades e os sentimentos de cada Nação. O regime federativo dos Estados Unidos não é o do Canadá; nem este o da Australia. O do Brasil não é nenhum desses, nem o Argentino ou o Mexicano. O da Allemanha não é o da Austria, nem o da Suissa ou o da Russia. Examinemos apenas, á luz de certas divergencias, o systema federativo em dois povos vizinhos, dos mais livres e civilizados do globo, oriundos, em grande parte, da Inglaterra, e nos quaes ella insuflou o seu espirito, transmittiu os seus costumes e imprimiu o cunho de suas leis.

PHYSIONOMIA DIVERSA

Nada mais differente, todavia, que a federação nos Estados Unidos e no Canadá. No primeiro, os poderes não enumerados pertencem aos Estados; no segundo, á União. Naquelle, a egualdade da representação estadual no Senado; neste, a desegualdade, a partir de 24 até 4 senadores por provincia. Nos Estados Unidos, nenhuma norma quanto á Constituição dos Estados ou á organização de seus poderes, a não ser a garantia da fórma republicana, assegurada pela União, na secção 4.ª do art. 4.º; no Canadá, uma longa série de regras, ora geraes para todas, ora especiaes para uma das provincias. São as minuciosas prescripções dos arts. 58 a 90 da Constituição Canadense. No primeiro, nenhuma lei estadual poderá ser invalidada senão pelo Poder Judiciario, e se ella fôr inconstitucional; no segundo, qualquer lei provincial poderá ser desapprovada pelo governo da União. Num, o chefe do Poder Executivo federal é eleito pelo povo; noutro, nomeado pelo rei da Inglaterra. Naquelle, a constituição federal é um acto dos Estados confederados, livremente reunidos na Convenção de Philadelphia; neste, é uma lei do Parlamento Inglez— o British North American Act 1867.

Nos Estados Unidos, a Constituição federal e as estaduaes podem ser reformadas, sem intervenção estranha, uma vez cumpridas as regras nellas prescriptas; no Canadá, a Constituição federal só por um acto do Parlamento Inglez poderá ser reformada, ao passo que as das provincias se reformam por deliberação de suas Assembléas.

VERANISTAS DO DIREITO

Todavia, mau grado tantas divergencias, ou melhor, tantos antagonismos, em pontos capitaes da organização do Estado Federal, e das relações entre a União e as unidades federativas, os Estados Unidos e o Canadá são federações. No entanto, os novos juristas brasileiros, os que não se dedicaram jámais sériamente a esses assumptos, e espaire-cem, agora, dos rigores da estiagem e da monotonia das profissões e cogitações costumeiras da vida, veraneando no direito constitucional e na theoria do Estado, vêr-se-iam atrapalhados por classificar, sob o mesmo rotulo, instituições tão diversas e oppostas, em pontos essenciaes de sua organi-zação politica.

E se, no veraneio que fazem pelo direito publico, pu-dessem os constitucionalistas de praias de banho encontrar de improviso ou por palpite uma formula, que caracterizasse, sem discussão possivel, o Estado federal, definindo a linha que o separa do unitario descentralizado, ninguem, absolu-tamente ninguem, poderia disputar a esses banhistas o premio Nobel. Teriam, assim, resolvido um dos problemas mais complexos, delicados e controvertidos da theoria do Estado. Porque os grandes estudiosos de tal materia, sobretudo os professores e tratadistas dessa especialidade, não combinam e antes se refutam no conceituar o Estado federal e no lhe assignalar o caracteristico essencial, que o separa e distingue do unitario de provincias descentralizadas ou autonomas.

AS DIVERGENCIAS DOS MESTRES

Marshall e Jefferson, Calhoun e Webster, Wilson e Willoughby, Dicey e Seydel, Laband e Gierke, Meyer e Jelli-nek, Kelsen e Kunz, Duguit e Berthelemy, Le Fur e Carré Malberg, Borel e Hauriou, todos elles entre si divergem no conceito do Estado Federal e nos caracteristicos essenciaes que o singularizam. De 930 a 931, duas conhecidas mono-graphias sobre este assumpto eram, em França, dadas a lume — "A Theoria Juridica do Estado Federal", de Mouskheli, e "Os Estados Federaes", de Durand. Nellas os dois autores sustentavam doutrinas oppostas. Em 932, Eduardo Llorens, prof. da Universidade de Friburgo, publicava uma excellente monographìa, intitulada — "A Autonomia na Integração Politica", e apresentava, por sua vez, solução divergente daquelles dois juristas.

E é neste assumpto difficil e controvertido, em que os mestres famosos não se accordam, que certos diletantes se intromettem, e chegam ao extremo de affirmar que o ante-projecto aboliu no Brasil o Estado Federal, sem que para isso tenham outra justificativa, senão o pouco ou nenhum conhecimento da materia, a cujo respeito tanto opinam e desatinam.

Pena é que não examinassem o ante-projecto á luz de qualquer das doutrinas dos grandes professores de renome universal. Acceitariam a de *Jellinek*, que assignala como caracteristica do Estado Federal, a autonomia constitucional das unidades federativas? E' exactamente o que o ante-projecto consagra, outorgando a cada Estado a faculdade de organizar sua Constituição e reformal-a.

A' theoria do professor de Heidelberg prefeririam a do mestre de Paris, e com Le Fur assegurar que a condição essencial a esse regime é a participação das unidades federativas na formação da vontade do Estado? Deste ensinamento não se afastou o ante-projecto, desde quando por elle a reforma da Constituição federal não se poderá fazer sem a participação decisiva dos Estados, como unidades politicas distinctas da Nação. E em certas leis, que respeitam aos interesses dos Estados, a mesma participação se verifica.

Não serve o professor de Paris? Serviria o de Vienna? Applicassem ao caso a divisão tripartida de Kelsen, para cuja opinião o Estado Federal se distingue dos outros, pela existencia de tres ordens juridicas: duas parciaes — a da União e a das unidades federadas — e uma total — a da Constituição federal, que as domina, fixando-lhes a competencia, e cuja supremacia se encarna num orgão criado para defendel-a. Mas outra coisa não faz o ante-projecto ao delimitar a competencia da União e dos Estados e conferir ao Supremo Tribunal a funcção de manter a unidade do direito e ser o interprete maximo da Constituição. Não se conformam acaso com o grande jurista Austriaco, e querem escudar-se com a lição do fallecido e immortal decano da Faculdade de Direito de Bordeaux? Mas, segundo Duguit, o Estado Federal se constitue, differenciando-se dos outros, pela existencia nelle de dois grupos de governantes no mesmo territorio e a impossibilidade de se alterar a divisão das respectivas competencias sem o accordo de ambos. Ainda ahi estará o ante-projecto, que reconhece no mesmo territorio a existencia de dois governos — o da União e o dos Estados, ambos com seus Presidentes e suas Camaras; e torna impossivel sem o accordo da Assembléa Nacional e das Estaduaes a modificação da competencia fixada na lei suprema.

Se do decano de Bordeaux quizerem appellar para o de Toulouse, ainda não lhes surtirá melhor a tentativa. Segundo Hauriou, "o que constitue o federalismo é a diversidade de leis e a existencia de varias soberanias secundarias, sob uma soberania commum, restringida a um determinado numero de objectos". E' o que se verifica do ante-projecto, que, outorgando aos Estados e á União o Poder Legislativo, estabeleceu por isto mesmo "a diversidade das lei"; e "restringiu a soberania commum a um numero determinado de objectos", uma vez que enumerou os poderes da União e não especificou os dos Estados. Se dos prógonos descerem aos epigonos, dos theoristas aos vulgarizadores, não se arranjarão melhor com Durand, Mouskheli ou Guetzevitch. Todo o equivoco dos que estão passando férias, nessa viagem de recreio pelo direito constitucional, e prolongam a excursão até o promontorio ennevoado da Theoria do Estado, é supporem que seja o rol mais ou menos extenso dos poderes conferidos á União, o que constitua a essencia da federação e da autonomia estadual.

CLAMORES VÃOS

Dahi o clamor, aliás injustificado, de que o ante-projecto cerceou a autonomia dos Estados. Não attentam, todavia, que não ha duas federações em que a divisão dos poderes seja identica. Se a autonomia dos Estados e o regime federativo dependessem, para existir, da qualidade ou quantidade dos poderes concedidos ás unidades federadas, nenhuma federação resistiria a essa analyse fulminatoria. Confrontemos apenas duas federações, uma na America outra na Europa, uma sob o regime republicano, outra sob o imperial: Os Estados Unidos e o Imperio Allemão. Quem se collocasse no ponto de vista exclusivamente americano, encarando o assumpto sob o angulo da distribuição dos poderes, bem poderia affirmar que o Imperio Germanico não era uma federação e que ali se attentava contra a autonomia dos Estados, porque exclusivamente á União competia legislar sobre direito civil, commercial, penal, processual. Mas o allemão poderia redarguir que, ainda nos termos restrictos da Constituição de Philadelphia, sem as modificações das emendas, da legislação federal e da jurisprudencia da Suprema Côrte, ainda sob o governo de Washington, os Estados americanos não tiveram jamais autonomia perfeita, desde quando se lhes impunha uma fórma republicana de governo, o que não occorria na Allemanha, onde os Estados podiam fazer sua constituição como entendessem, coexistindo, por isso, ao lado de uma monarchia quasi autocratica, como a da Prussia, instituições republicanas como as das Cidades Hanseaticas. Accrescentaria ainda que, no systema daquelle Imperio, certas unidades federativas, como Baviera, Hamburgo, Bremem, Lubeck, Badem, Wurtemberg, Saxe e Prussia haviam resalvado umas tantas regalias, conhecidas por "direitos reservados", e todos os Estados Allemães celebravam, sobre assumptos de sua competencia, tratados internacionaes, ao mesmo tempo que, a respeito desses interesses, o Imperio nada podia pactuar. E do facto de não terem os Estados Americanos uma "autonomia constitucional perfeita", como tinham os Allemães, e não poderem, como estes, celebrar tratados com as nações estrangeiras, concluiria o analysta apressado que os Estados Unidos não eram uma federação, ném ali jamais existira autonomia estadual.

Assim erradamente concluirão, sempre, os que pretenderem caracterizar o regime federativo e a autonomia estadual pelo numero de attribuições conferidas á União ou aos Estados. No que, porém, não ha divergencia entre os especialistas do direito publico, até mesmo porque se trata da verificação de um facto, é no assignalar a tendencia de todas as federações, ao accrescimo e fortalecimento dos poderes da União, afim de manter sob seu predominio, por laços cada vez mais estreitos e seguros, os Estados que a integram. Esta a lição da realidade; esta a experiencia da vida, em todas as federações. A formula energica e lapidar de Chase, no caso Texas v. White, se aprimora. O Brasil, como os Estados Unidos, como qualquer federação, é uma "união indestructivel de Estados indestructiveis". Mas para que os Estados sejam indestructiveis bastar-lhes-á que se governem livremente, conscios de sua autonomia, dentro das constituições que adoptarem, e certos de que as attribuições que a Carta Suprema lhes conferiu não poderão ser alteradas por uma lei ordinaria da Assembléa, nem tão pouco sem que elles nisso consintam. Para que a União seja indestructivel, porém, é preciso que ella se torne um grande fóco de vida e de energia, centralizando e dirigindo todos os interesses nacionaes, e mantendo, pela sua força gravitativa, attraidos, cohesos, inseparaveis, os Estados que se integram na unidade poderosa. Foi o que o ante-projecto procurou fazer. Defendeu e assegurou, melhor que a Carta de 91, a autonomia dos Estados: deu-lhes tudo que lhes devia competir; attendeu á multiplicidade de seus interesses; mas collocou acima de todas as vaidades locaes, de todos os pruridos regionalistas, de todas as exaltações do estadualismo — a unidade da Nação.

Attentados Contra a Autonomia Estadual

Affirma-se em todos os tons que o ante-projecto attenta contra a autonomia dos Estados. Mas autonomia é o poder que tem uma collectividade de organizar, sem intervenção estranha, o seu governo e fixar regras juridicas, dentro de um circulo de competencia pretraçado pelo orgão soberano. Laband, no 1.º volume do seu grande tratado sobre "O Direito Publico do Imperio Allemão", assim caracteriza essa faculdade: "No sentido juridico, a autonomia designa sempre um poder legislativo. A autonomia, conceito juridico, suppõe um poder de direito publico não soberano, capaz de estabelecer por direito proprio, e não por mera delegação, regras de direito obrigatorias. Neste poder legislativo, falta-lhe a soberania, porque deve manter-se dentro dos limites que o soberano fixou á autonomia e não pode estabelecer regras de direito em opposição ás prescriptas pelo soberano". Outra coisa não faz o ante-projecto, pelo qual os Estados elegem livremente os seus Presidentes; livremente dirigem os seus negocios; e têm um Poder Legislativo, capaz de estabelecer, por "direito proprio", regras juridicas obrigatorias, tudo dentro das Constituições, que elles mesmos livremente adoptarem, obedecidos os principios geraes, estabelecidos pelo poder soberano da Constituição Federal.

LIBELLO SEM FUNDAMENTO

Mau grado a evidencia da autonomia constitucional concedida aos Estados pelo ante-projecto, alguns dos seus impugnadores não cessam de bradar contra as suppostas restricções feitas áquelle principio basilar da organização federativa, rebuscando, ao longo desse documento, todos os dispositivos que incidam nesse erro. Nenhum, porém, se equiparou nessa pesquisa vingadoura ao sr. João Simplicio, que apresentou uma fieira de nada menos de 16 attentados desse genero. Examinal-os-ei um por um. Mas a primeira desillusão, quanto ao ról dos suppostos attentados, deveria ter experimentado o illustre deputado riograndense, ao verificar que os relatores da parte preliminar, bem como a unanimidade da commissão dos 26, não lhe sanccionou o artigo inicial do libello, expresso nestes termos: "O ante-projecto começa attentando contra a organização federativa do Brasil, quando definindo, sem necessidade, as unidades constitutivas da federação brasileira, exclue o Municipio Neutro do velho Imperio — Districto Federal do regime republicano". O equivoco, excusavel no sr. João Simplicio, não teria perdão, commettido por um technico como o sr. Raul Fernandes. Como, num Estado Federal, incluir entre as unidades federadas, o nosso Districto, que não tem constituição propria e se rege por uma lei ordinaria da Assembléa?

Ainda mais: não elegendo o seu prefeito, nomeado pelo presidente da Republica e demissivel ad nutum, na technica dos grandes professores francezes, como Berthelemy, Duguit, Michoud, Carré Malberg e outros, o Districto Federal não constitue mesmo um caso de descentralização, mas apenas de desconcentração. O artigo acceito pela commissão é do sr. Mello Franco e dispõe: "As unidades federativas actuaes são os Estados, que continuarão a existir com o mesmo nome". A Commissão, por seus relatores, juntou o art. 3.º ao 5.º, o que não traz inconveniente. Mas, assim fazendo, não sei se propositadamente ou por descuido, supprimiu a imposição de conservarem os Estados seus nomes actuaes. Não é de somenos importancia essa exigencia. O nome com que um Estado entra na federação não lhe interessa exclusivamente; mas tambem á União a que elle se incorpora. O que o sr. Mello Franco visava, era impedir que os Estados trocassem seus nomes historicos por outros, aos impulsos das paixões da hora, ou pela baixeza das bajulações do dia, como tem occorrido a tantos municipios.

O PODER DO DISPARATE

Outro dispositivo do ante-projecto que se tem combatido, como incompativel com a autonomia dos Estados, é o que determina: "A União poderá estabelecer, por lei, titulos officiaes uniformes para os orgãos e funccionarios federaes, estaduaes e municipaes." Esta prescripção é da autoria do sr. Carlos Maximiliano, e os relatores das Disposições Preliminares a mantiveram; e fizeram bem. Evita a confusão, a balburdia e o ridiculo da mesma funcção ser preenchida por um intendente, neste Districto, um vereador na Bahia e um conselheiro municipal em outros Estados. Ninguem pode imaginar a difficuldade que tem um estrangeiro, embora jurista, para compreender essa diversidade na denominação da mesma coisa. O direito administrativo brasileiro fica-lhes incompreensivel, e quasi intraduziveis as nossas leis. E quem poderá uniformizar essa nomenclatura, senão a União? Mas em que esta regra de ordem, methodo e bom senso poderá attentar contra a autonomia dos Estados? Será que nesta se inclua tambem o poder do disparate?

SORVETE QUENTE

O segundo dos attentados, no indice do sr. João Simplicio, e que figura em outras listas, é o constante do artigo 6.º do ante-projecto, que se enuncia neste teor: "A bandeira, o hymno, o escudo e as armas nacionaes são de uso obrigatorio nos Estados, sendo-lhes vedados ter symbolos ou hymnos proprios". E' do sr. Mello Franco. Deste dispositivo se poderá dizer que é bom ou mau, imprescindivel ou inutil; menos que attenta contra a autonomia dos Estados. O seu autor apresentou-o, receioso de certa propaganda separatista, que se iniciava em certos Estados. E' fundada a suspeita? O artigo é necessario e não fere a autonomia estadual, que não pode ser caldo de cultura para conservação de germens desagregadores. Hymnos e bandeiras estaduaes estimulam o sentimento separatista incipiente? O artigo é imprescindivel e é dever da União abolir esses elementos de desordem. Não existe, acaso, tal sentimento? O artigo é inopportuno. Será, porém, que não exista? O sr. Raul Fernandes, porém, com a sua habilidade e o seu feitio conciliador, manteve o artigo quanto á primeira parte e concluiu por dizer que são de uso "obrigatorio em todo o territorio nacional, nos termos que a *lei determinar*". Quem conhece a doutrina dos poderes implicitos, facilmente calculará até onde elles poderão ir, deante dessa faculdade expressa, e nos "termos que a lei determinar". O sr. Edmundo Luz Pinto costuma citar como extremo de habilidade conciliatoria, a de um nosso amigo, que satisfez a um filho com um sorvete quente. A criança resfriada chorava por um sorvete. Todos se oppunham a essa imprudencia, emquanto o menino, espirrando, soluçava e reclamava pelo gelado. O nosso amigo não teve duvida: pegou do sorvete, levou-o ao fogo, e deu ao filho, que tomou satisfeito, um sorvete quente. O sr. Raul Fernandes, mantendo o artigo, sob a fórmula de que o hymno, a bandeira, o escudo e as armas nacionaes são obrigatorios, "*na fórma* que a *lei determinar*", acaba de dar aos arroladores de attentados um sorvete quente.

Intervenção nos Estados

Eram favas contadas. Derredor da intervenção nos Estados e da Ordem Economica Social é que se reuniriam, solidarios no combate, todos os verdadeiros reaccionarios — os adoradores do regulismo estadual e do capitalismo insaciavel.

Chovem, portanto, contra o art. 13 as allegações de suppostos attentados.

Assim, attenta contra a autonomia dos Estados a intervenção "para assegurar o pagamento dos vencimentos de qualquer juiz, em atrazo por mais de 3 mezes." A suggestão é do sr. Carlos Maximiliano e os relatores da Parte Preliminar a mantiveram. Votei, na sub-commissão, para que o prazo fosse de 6 mezes. Mas, ainda sob a forma vencedora, a medida é justa e indispensavel. Não raro os Governadores buscavam reduzir pela fome determinado magistrado, recusando-lhe seguidamente o pagamento. Que deveria fazer o juiz? Pela Constituição de 91, ainda com a reforma de 26, não havia remedio contra esse "attentado" vil. Porque o Governador não impedia o livre funccionamento do Poder Judiciario, nem lhe arrancava nenhuma das garantias constitucionaes. Apenas, sem o declarar, não pagava de facto os vencimentos a determinado juiz, que incorrera no seu odio. E' a esta situação que o ante-projecto dá remedio. A medida é imprescindivel. Tanto quanto as outras garantias judiciarias, cujo desconhecimento pode motivar a intervenção.

CONTRADIÇÕES

No entanto, os adeptos das oligarchias estaduaes bradam, em nome da autonomia, contra esta providencia salvadora, e desejam que os futuros Governadores conservem no arsenal de suas violencias essa arma impiedosa contra o juiz independente.

Outro novo caso de intervenção que o ante-projecto estabelece é o da letra g, alvitrado pelo sr. Osvaldo Aranha. Verifica-se quando forem violados os preceitos prohibitorios dos impostos interestaduaes ou intermunicipaes. Os relatores da Commissão dos 26 não acceitaram essa providencia. No entanto, a bancada de São Paulo, insuspeita de transigir com os interesses estaduaes, acolheu a suggestão do Ministro da Fazenda, accrescentando apenas, que a violação de taes preceitos deveria ser reconhecida pelo Supremo Tribunal. Nada mais justo. O que, porém, se não explica, é que, por falta de intervenção federal, possam os Estados zombar impunemente das prescripções prohibitivas do art. 17, e que o Brasil continue a ser uma federação, onde as unidades se guerream e se ferem a golpes de tarifa. Nem se diga que para casos taes existe o mandado de segurança. Não. Porque ao se votar a criação deste mandado, o sr. Osvaldo Aranha propoz que elle não se applicasse ás questões de impostos ou multas fiscais. E a prova segura de que estava com a razão, é que exactamente esta, a restricção que se contém num esboço formulado pelo ministro Pires de Albuquerque, como substitutivo ao projecto n.º 148 de 1926, de autoria do sr. Gudesteu Pires. É' que a União ou o Estado não pode vêr de subito paralysados os seus serviços pela falta de receita, decorrente de uma medida judicial do curso rapidissimo do mandado de segurança.

Mas, então, o novo caso de intervenção se impõe, para abolir impostos inter-estaduaes, assim proclamados pelo Supremo Tribunal, como propoz o sr. Osvaldo Aranha e a bancada paulista corrigiu. Ou isto, ou essas prescripções prohibitivas, essenciaes ao desenvolvimento do Brasil, não passarão de letra morta de que os Estados zombarão.

Outro caso novo de intervenção; é o da letra e: "para tornar effectiva a applicação minima de 10% dos impostos estaduaes e municipaes no serviço de instrucção primaria e 10% no da saude publica." Todos consideram que a medida, em si mesma, é salutar. No que divergem, é quanto á imposição prescripta naquelles termos, que dizem attentatorios da autonomia estadual. Mas incumbem ou não aos Estados e Municipios, precipuamente, aquelles serviços? Não contestam. Será que todos os Estados delles se tenham desempenhado devidamente? Ninguem o dirá. Será excessiva a porcentagem? Tambem não. Mas, se o ante-projecto fixa apenas uma porcentagem minima e razoavel dos impostos, que os Estados e Municipios devem applicar nos seus serviços fundamentaes, e que respeitam, por outro lado, directamente á Nação, onde o attentado á autonomia? Em não lhes permittir, como varias dessas entidades faziam, que dissipem totalmente as suas rendas com exercitos policiaes, quadros transbordantes de funccionalismo, despesas eleitoraes, tudo isto para manutenção de partidos e governos impopulares? Não. Reservem, ao menos, nas suas dissipações, o minimo indispensavel áquelles serviços benemeritos. E se o não fizerem, que intervenha a União, em soccorro das populações, abandonadas exactamente por quem mais as deveria defender. A intervenção em casos taes é o que ha de mais legitimo. A redacção, porém, dessa letra deve ser feita de accordo com a emenda da bancada bahiana, que deixa fóra de duvida competir á União apenas a intervenção nos Estados, cabendo a estes intervir nos municipios. Mas, sob o pretexto de não attentar contra a autonomia dos Estados, deixar-lhes a liberdade de não applicar um real naquelles serviços sobre todos sagrados, seria um erro monstruoso.

Finalmente, cria o ante-projecto um caso novo, quando autoriza o Supremo Tribunal a requisitar a intervenção para assegurar a "execução das decisões e ordens da justiça", em vez de "para assegurar a execução das sentenças federaes", como era na Constituição de 91, e os relatores da Commissão dos 26 mantiveram.

MEDIDA INDISPENSAVEL

Já examinei este assumpto em artigo anterior. Não me parece haver medida mais indispensavel, nem caso mais justo de intervenção. Trata-se de assegurar a decisão da justiça estadual, a cujo cumprimento o Governador dissimuladamente se recusa.

E' da segurança da execução das sentenças dos juizes estaduaes, o de que se trata. Onde portanto a lesão á autonomia? Porque a Constituição de 91 não previa essa hypothese. Não figurava entre os casos de intervenção. Podia, assim, o Governador não cumprir as sentenças judiciaes do seu desagrado. Quantas e quantas sentenças e ordens, criminaes e civis, da justiça estadual, não se cumpriram, porque o Governador não fornecia a força indispensavel á sua execução? E o direito reconhecido por sentença do mais alto Tribunal de um Estado, de nada valia ao pleiteante, porque a execução não se fazia. E' a este abuso inominavel, que o novo caso de intervenção, confiado ao Supremo Tribunal, poria côbro. Nem se poderá considerar attentatoria á autonomia do Estado, a medida que visa tornar effectiva e respeitada a decisão dos seus juizes, que não raro passaram pelo dissabor de se encontrar, nas ruas, com criminosos protegidos, e contra os quaes não tinham meio de executar o mandado de prisão.

No mais, o artigo 13 não fez senão repetir o disposto na Carta de 91, com a reforma de 26. Fel-o, porém, com melhor technica e attendendo sobretudo ás lições do passado, como demonstrarei confrontando o ante-projecto com o novo texto dos relatores.

Ver-se-á, então, que o ante-projecto resguarda a autonomia dos Estados, que a Carta de 91 e o novo texto desampararam.

O Artigo 13 do Ante-Projecto e a Constituição de 91

A Constituição de 91 não era um primor de technica. Ao contrario. Ruy Barbosa, em varias occasiões, e Aurelino Leal, numa conferencia sobre tal assumpto, apontaram-lhe dezenas de erros dessa natureza. Todos esses deslises já indicados, e outros mais, o ante-projecto corrigiu, expungindo-os de seu texto. Em artigo especial, se valer a pena, examinarei a technica do ante-projecto. Até mesmo, porque, ahi me cabe em grande parte a responsabilidade.

A TECHNICA DO ANTE-PROJECTO

O que nelle, porém, desde a primeira vista se verifica, além das correcções acima referidas, é o cuidado em não empregar a mesma palavra para significar duas coisas ou noções diversas, nem tão pouco expressar uma noção ou uma coisa por duas palavras differentes. Este o apuro do Codigo Civil Allemão. Evitam-se dest'arte, confusões, duvidas, ambiguidades. O que no ante-projecto se repelliu foi a inclusão de vocabulos correspondentes a conceitos falsos, ou pelo menos contestados, como o da soberania nacional, por não ser uma constituição o orgão adequado á solução de theorias ou doutrinas controvertidas. O que egualmente delle se excluiu foram os termos improprios, como por exemplo mandato, de referencia ao exercicio de cargos publicos electivos, porque na opinião dos scientes nada justifica a transplantação desse instituto de direito privado para o campo dos Poderes do Estado. No que o ante-projecto se esmerou foi em preferir os termos rigorosamente technicos, ao mesmo passo que fugia ás palavras imprecisas, de varios significados, ou accepções diversas, como Governo, Poder Publico, etc. Ao contrario, timbrou sempre em caracterizar o orgão ou o agente a quem se attribuia a competéncia, precisando — caberá ao Presidente da Republica ou ao Ministro da Fazenda, e assim por deante. Não haveria, portanto, logar a duvidas futuras, como se dissesse — o Governo ou o Poder Executivo. Apurou-se, por fim, na redacção, em dar á phrase uma fórma clara e precisa, vasada em bom portuguez, e de maneira tal, que submettida ao exame e polimento de um estilista e philologo como João Ribeiro, apenas em nove pontos, e ainda ahi ligeiramente, o retocou o esmeril do mestre.

O ART. 6.º DA CARTA DE 91

Mas dos artigos da Carta de fevereiro, um dos mais defeituosos, na fórma e no fundo, era exactamente o relativo á intervenção nos Estados. Debalde Ruy reclamava que era preciso substituil-o "por uma formula, cuja clareza, previdencia e efficacia habilitem a União a desempenhar sériamente o papel, que ali se lhe attribue, limitando-se os excessos, mas tornando segura, nas raias constitucionaes, a intervenção legitima da sua autoridade." A reforma de 26 melhorou o art. 6.º, mas conservou muitas das suas falhas. O ante-projecto modificou-o profundamente; os relatores parciaes restabeleceram-no, aggravando-lhe, porém, os defeitos.

Assim onde o ante-projecto diz: "A União só intervirá em negocios peculiares aos Estados nos seguintes casos", substituem pela fórma antiga: "A União *não poderá* intervir, nos negocios peculiares aos Estados, salvo".

RUY E EPITACIO

Mas, exactamente esse "não poderá" motivou uma radical divergencia de opinião entre Ruy Barbosa e o sr. Epitacio Pessôa, sustentando aquelle que se tratava de uma formula facultativa e este de uma disposição imperativa. Evidente, portanto, que, em se tratando de uma revisão constitucional, ou da elaboração de uma nova Carta, não se deveria manter a formula capaz de gerar duvidas numa cerebração portentosa como Ruy, ou num espirito da lucidez do sr. Epitacio Pessôa. Ao contrario, cumpre substituil-a por outra cuja clareza absoluta não offereça possibilidade a futuras confusões: "A União só intervirá nos seguintes casos". Contra isso, articulam as sensitivas da autonomia que a "regra é não intervir". Santo Deus! Quando o ante-projecto diz — "só intervirá nos seguintes casos", não é claro como o dia que "a regra é não intervir" e que ali apenas se enumeram os casos excepcionaes, em que se effectua a intervenção?

Mas o artigo 6.º, que se iniciava por uma redacção dubitativa, terminava no inciso IV por erros de technica, a que o novo texto accrescenta outros.

E' assim que este dispõe: "V — para assegurar a execução das leis e *sentenças federaes,* bem como para reorganizar as finanças do Estado, cuja incapacidade para a vida autonoma se demonstrar pela cessação, sem força maior irresistivel, de pagamentos de sua divida fundada, por mais de 2 annos".

Neste numero se apinham, erros de fundo e de fórma. Não se lembraram os restauradores da redacção condemnada do antigo art. 6.º n.º IV, que a palavra *sentença,* ao invés de decisões e ordens, como está no ante-projecto, deu logar a que Ruy Barbosa sustentasse, que se não podia intervir num Estado para assegurar a execução de um habeas-corpus, porque, nessa hypothese, não se tratava de *sentença* e apenas de *despacho.* Posteriormente, é verdade, opinou em sentido contrario. Mas, se quanto ao habeas-corpus é possivel considerar que se trata de sentença ou despacho, ninguem, conhecedor da technica processual, chamaria de sentença, a um despacho de prisão preventiva, concedida pelo juiz a requerimento da parte, e muito menos se por elle ex-officio decretada. E se fôr uma vistoria, uma inquirição de testemunhas, um mandado intimatorio, onde a sentença? E se a todas estas decisões e ordens da justiça federal se oppuzesse o Governador, ou lhe negasse apoio para a sua execução? Tudo isto se burlaria e nada se poderia consumar, porque tudo isto não é sentença, e somente para a execução de sentenças seria facultada a intervenção. Será, então, possivel que um processo por moeda falsa ou contrabando não prosiga, porque um Governador, por acção ou omissão, não permitte que se realizem as diligencias ordenadas pello juiz? Não era isso que estava no espirito dos constituintes de 91, como não está no dos illustres relatores de agora. Não deveriam, então, repellir a fórma ampla "decisões e ordens", e manter a palavra restrictiva, e condemnada pela autoridade sem par de Ruy Barbosa.

ADJECTIVO INUTIL

Mas a este erro da Carta de 91, accrescenta o novo texto outro, quando fala de "força maior irresistivel". Para que o irresistivel? Uma força maior resistivel, força maior não é.

O nosso Codigo Civil, no art. 1.058, caracterizou-a no facto necessario, que se não pode evitar nem impedir. Ruy a definia como o "facto inelutavel a cujos effeitos não é possivel remediar nem prevenir". O adjectivo irresistivel torna a locução pleonastica. Porque não lhe dá emphase, nem brilho. Nada aconselha, portanto, a redundancia de mau gosto. Não param, todavia, ahi os erros de technica. O art. 13, que corresponde ao 6.º da Carta de 91, trata dos varios casos de intervenção. E, como aconselha a technica, passou o ante-projecto a distribuil-os em varios incisos, separando-os, sobretudo em relação á competencia. Ou isto, ou então reunil-os num artigo, ou num paragrapho.

A BALBURDIA

Que fizeram os relatores? Mantiveram o systema de distribuição por varios numeros. Conglomeraram, porém, no incisivo V, nada menos de tres casos, cuja competencia cabe a dois Poderes. Assim, compete ao Supremo Tribunal requisitar a intervenção para execução "das sentenças federaes", e ao "Poder Legislativo decretar essa medida para "assegurar a execução das leis federaes" e "reorganizar as finanças do Estado" insolvente. De sorte que dos numeros I a IV os relatores distribuem os casos, tendo em vista as competencias; e no V encambulham, num só numero, hypotheses e competencias diversas.

Mas separam, de novo, no inciso VI, que se refere exclusivamente a um caso, da esphera do Poder Legislativo. Isto é: separam para reunir, e em seguida reunem para separar. Onde a technica? Porque technica é ordem, methodo, clareza. E isso é conclusão, tumulto e desordem. E, dos incisos I a V, modificando a redacção do ante-projecto, a que João Ribeiro emprestara a chancela do seu saber e da sua autoridade de estilista, repetem duas vezes, e em dois numeros seguidos, o verbo assegurar, quando ali, um delles se substituira por garantir, e em o numero IV reaggravam o attestado de mau gosto, repisando: "para assegurar o livre exercicio de qualquer dos poderes publicos estaduaes, por *solicitação* de seus legitimos representantes e independentemente de *solicitação*, mantidas as autoridades locaes, para pôr termo á guerra civil". O ante-projecto dizia: "para garantir o livre exercicio dos poderes publicos estaduaes, por *solicitação* dos seus legitimos representantes, e para, *independente disso*", etc. Evitava-se a repetição desnecessaria. Era num caso destes, que Ruy dizia em seu parecer sobre o Codigo Civil: "Não é tão pobre a nossa lingua".

O mais grave, porém, como veremos amanhã, está nas innovações dos paragraphos 1.º a 4.º. Por elles o Supremo Tribunal decae de sua altura para ficar inferior ao Tribunal Eleitoral; o lançamento, a arrecadação, a fiscalização de um imposto, em summa um serviço federal poderá ficar longamente paralyzado ou perturbado num Estado, sem que o Presidente da Republica nada possa fazer, senão convocar a Assembléa, para deliberar a tal respeito; a autonomia dos Estados, que o ante-projecto tão sabiamente resguardara das

EM TORNO DA CONSTITUIÇÃO

intervenções arbitrarias do Chefe da Nação, com a exigencia
da *prévia* approvação desses actos pelo Conselho Supremo, volta, pelo exame a posteriori desse orgão, como propõe o novo
texto, á situação anterior, das violencias legalizadas pelo
reconhecimento do facto consummado.

O artigo 13 no substitutivo

O ante-projecto conferia ao Presidente da Republica a competencia de intervir nos Estados para "dar cumprimento ás leis federaes". O texto agora apresentado attribue essa competencia ao Poder Legislativo. Não deve ser; e, num momento dado, não *poderá ser*. Mais de uma intervenção presidencial se tem feito nos Estados Unidos para assegurar a execução de uma lei federal, contra a qual se insurgem habitantes de determinado Estado. Em 1794 intervinha Washington na Pensylvania, para assegurar a arrecadação de imposto, contra o qual se levantou a reacção, ali conhecida por Whisky Rebellion. Cem annos depois, Cleveland, apesar dos protestos do governador Altgeld, intervinha no Illinois, para assegurar em Chicago a execução da lei sobre transporte de malas postaes, deante da resistencia popular, denominada na historia americana Pullman Strike. Imagine-se que na ausencia da Assembléa, cuja intersessão dura seis mezes, ao começar o anno, não possam os funccionarios federaes fazer o lançamento, a fiscalização ou a arrecadação de um imposto; figure-se, como já aconteceu na America do Norte, que o serviço de Correios fique perturbado ou paralysado em determinada região. Aconteça o mesmo com o serviço de transporte ou o portuario. Ha de o Presidente da Republica assistir inerte a desorganisação dos serviços publicos, não lhe restando senão convocar extraordinariamente o Poder Legislativo. Até que este se reuna e vote a intervenção, pelo menos 30 dias serão passados sobre a perturbação ou a ruina de taes serviços, sem que a lei federal, que os criou e os regula, possa ter execução. Não pode ser. Aqui, como nos Estados Unidos, como em toda a parte, é ao Poder Executivo que deve caber a competencia para essa intervenção. O dever de intervir para assegurar a execução das leis federaes cabe ao Poder Executivo por *definição*, porque é um orgão cuja funcção é executal-as. Mas o novo texto, que arranca ao Presidente da Republica competencia organicamente sua, retira tambem ao Supremo Tribunal o poder de requisitar a intervenção para "pagamento de qualquer juiz em atrazo de vencimentos por mais de 3 mezes". Passando, porém, essa attribuição para o Poder Legislativo, entrega por isto mesmo o juiz, e num ponto delicado, como a percepção de vencimentos, ao arbitrio de um orgão politico. Jamais a Assembléa votará contra o Governador de um grande Estado, apoiado pela sua bancada, semelhante intervenção. E o juiz, ludibriado pelo potentado local, passará, por "mais dobradas maguas", a ser escarnecido pela Assembléa Nacional.

A innovação do texto, transforma o juiz num postulante, aos pés de uma Camara politica. A boa technica seria, como no ante-projecto, conceder, nos casos acima examinados, a competencia de intervir aos orgãos naturaes para exercel-a.

OUTROS EXEMPLOS

Melhor ainda é o § 2.º, concebido nestes termos: "Compete privativamente ao Supremo Tribunal requisitar a intervenção para assegurar a execução das sentenças federaes, bem como o livre exercicio do Poder judiciario estadual, cabendo ao Superior Tribunal Eleitoral, tambem requisital-a para garantir o cumprimento das *decisões* da justiça eleitoral".

Assim cabendo ao Supremo Tribunal requisitar a intervenção para assegurar a execução de sentenças, e ao Tribunal Eleitoral para execução de *decisões*, obvio que é muito mais larga a orbita da competencia do segundo. E' que na amplitude da palavra *"decisões"* se compreende não somente a sentença, mas qualquer despacho, ou deliberação judiciaria.

Não estaria, porém, no espirito dos relatores do texto, collocar o Supremo Tribunal em tal situação de inferioridade. Creio, tambem, não esteve no animo dos constituintes de 91, conceder intervenção exclusivamente para o que em technica processual se classifica de sentença, podendo ser completamente desrespeitadas e ficar sem execução todas as outras decisões e ordens da justiça.

E contra a applicação extensiva dir-se-ia que a intervenção é medida excepcional, e como tal só pode ser entendida *stricti juris.*

O paragrapho 2.º do novo texto aggrava, porém, a situação. Não haverá mais esforço de hermeneutica capaz de salvar o Supremo Tribunal, reduzido a só poder requisitar a intervenção para execução de sentença. Porque o paragrapho estabelece expressamente duas situações — uma, a do Supremo Tribunal, relativamente a *sentenças;* outra, a do Tribunal Eleitoral referente a decisões. E desse deslise de technica resulta ficar o Supremo Tribunal em posição inferior.

Mas o ante-projecto, depois de estabelecer os novos casos de intervenção, e manter os prescriptos na Constituição de 91, ao contrario desta, resguardara, de modo efficiente, a autonomia dos Estados, com esta disposição prudente e acauteladora: "E' vedado ao presidente da Republica, quando a iniciativa da intervenção lhe competir, effectual-a sem prévia acquiescencia do Conselho Supremo". Os impugnadores do ante-projecto. os que se dizem defensores da autonomia dos Estados e propugnam a restauração do art. 6.º do pacto de 91, nunca se referiram sequer a esta prescripção, que tolhe o arbitrio do Presidente e livra os Estados das intervenções partidarias e violentas, que tanto clamor levantaram, sob a regencia da antiga Constituição. O ante-projecto remedeia, pois, a esse mal, e, ahi bem, defende e salvaguarda a verda-

EM TORNO DA CONSTITUIÇÃO

deira autonomia dos Estados, contra as incursões iniquas do partidismo do Presidente da Republica. Era esse, exactamente esse, o perigo maximo a que os Estados se achavam expostos, na vigencia da Carta de 91.

A PROVA

Porque de intervenção do Supremo Tribunal não havia queixas. No Congresso, raramente se votava uma intervenção, tal a resistencia que ali, por acção e por inercia, encontrava essa medida. As intervenções faziam-se sempre por actos do Presidente da Republica, e no intervallo da sessão parlamentar, ou nos seus ultimos dias. E o Congresso approvava depois, expressamente ou pelo silencio, o facto consummado. O sr. Raul Fernandes tem o exemplo disso comsigo mesmo. Viu o sr. Pinheiro Machado, todo poderoso, com maioria nas Camaras, lutar para obter do Congresso uma intervenção no Estado do Rio, sem a conseguir, afim de tirar o sr. Nilo Peçanha do governo. E viu o sr. Aurelino Leal, como interventor, occupar em 20 minutos o Palacio do Ingá, por ordem do Presidente da Republica, num intervallo de sessão; e o Congresso emmudecer ante o facto consummado. Entretanto, apesar da experiencia propria, o sr. Raul Fernandes substitue o texto preciso, efficiente e imprescindivel do ante-projecto, por este dispositivo inocuo de que os Presidentes sorrirão: "Compete ao presidente intervir nos casos dos n.ºs I e II, assim como por solicitação dos poderes legislativo ou executivo locaes, nos termos do n.º IV, sujeitando o seu acto á approvação do S... (Senado? Conselho Supremo?)" Isto é, o ante-projecto torna a intervenção dependente da prévia approvação do Conselho Supremo, orgão em que os Estados se representam egualmente e predominam, pois, têm 21 dos seus 35 membros. O novo texto inutiliza a providencia salvadora da autonomia estadual, determinando que o Conselho (ou o Senado) se pronuncie após o facto consummado. Desses pronunciamentos após a consummação dos factos, quando nada ao seu companheiro de relatorio, deveria o sr. Raul Fernandes prestar o seu depoimento pessoal.

O novo texto, portanto, submette de novo os Estados aos caprichos do Presidente. Repete-se a mesma comedia do facto consummado. Até mesmo porque, deante de uma violencia consummada em janeiro, não terá o Congresso nada que fazer em junho ou julho.

O melhor será mesmo resignar-se á realidade. A mudança do governo estadual seria peor. A autonomia do Estado, porém, é que se perdeu, dilacerada no acto de força, contra o qual não é mais possivel remedio.

Arraia Miuda

Os grandes attentados commettidos pelo ante-projecto contra a federação e a autonomia estadual são, no parecer de alguns, além dos casos que já examinei, a suppressão do Senado; a distribuição das rendas; a eliminação da dualidade da justiça.

Analysarei detidamente cada uma dessas arguições, demonstrando a improcedencia absoluta de tão desarrazoadas assertivas.

Hoje, porém, quero liquidar a arraia miuda. Uma série de *attentadozinhos,* que os impugnadores do ante-projecto vão arranjando como podem.

Assim, articulam alguns que fere a autonomia dos Estados e o systema federativo, o § 2.º do art. 14 que prescreve: "os impostos federaes serão uniformes para todos os Estados, salvo o caso previsto no art. 33 ou 20". Este por sua vez determina competir á Assembléa Nacional legislar sobre "modificações á uniformidade dos impostos federaes mediante proposta do Conselho Supremo, e para attender ás *condições peculiares de certos Estados,* quando o exigirem os interesses geraes de suas populações".

E bradam que essa medida attenta contra a federação e põe em risco a autonomia dos Estados. E accrescentam que não passa de um disparate. Tudo isso, porém, não é commigo, que apresentei, defendi e inclui essa providencia no ante-projecto. Mas sobretudo com Ruy Barbosa, que a preconisou como um dos artigos do programma revisionista do

Partido Liberal. E' o art. 22, que se enuncia nestes termos: "Alterar a Constituição no Art. 7 § 2.° permittindo que os impostos da União attendam á condição especial de certos Estados, quanto á sua posição geographica, á sua situação economica, ás crises locaes por que passarem, e ás difficuldades geraes de subsistencia de sua população."

Assim o attestado de inepto, ou ignorante do regime, ou inimigo da autonomia estadual tem que ser passado, não a mim, que fui mero porta-voz, mas a Ruy que reclamava essa reforma. Quem, todavia, subscreverá esse diploma? Quem no Brasil terá inconsciencia bastante, ou imbecilidade capaz de arrostar esse ridiculo? E' que os constitucionalistas de ultima hora e fim de mez, sem estudos serios do assumpto, ignoravam a circumstancia que ora os surpreende e cuidavam que a autoria do alvitre fôra da sub-commissão. Ao contrario, não se teriam permittido para com o assumpto tantas e tamanhas liberdades.

Mas a idéa, amadurecida no cerebro do estadista, corresponde a uma necessidade vital do paiz. E tanto que o Congresso houve por duas vezes de violar abertamente a uniformidade prescripta na Constituição, para que, sem pagar imposto, entrasse no Acre, com certeza, e em Matto Grosso, se não me engano, gado proveniente de outra Nação.

Porque os acreanos não haveriam de morrer á fome, esperando o xarque do Rio Grande que ali não ia senão a preço fabuloso, tal o custo do transporte.

Ha de navegação do Amazonas fazer-se com o carvão do extremo Sul? Ou deverá facilitar-se para tal fim, a importação do similar estrangeiro? A tarifa protectora das minas do Sul determinaria a crise dos transportes nos Estados do Norte.

Na Constituinte de 91, e ao sr. Ramiro Barcellos que dizia: "o Rio Grande é o acampamento das tropas", replicava o sr. José Avelino: "O Ceará é o acampamento da secca". Justificavam ambos, assim, as despesas extraordinarias da União nesses Estados. Como, portanto, não attender ás condições especiaes do Nordeste?

A GRANDE VICTIMA

Como não quebrar a linha fria e rigida da uniformidade dos impostos, quando a secca ali tudo dizima, devasta e destroe? Em taes condições, obvio que não deve, que não pode a União, em nome de uma uniformidade sinistra, estender, contra as populações empobrecidas, as garras do seu fisco. Dessa uniformidade perfida, a grande victima é o Norte, a partir de Alagôas. Muito mais barata seria para a Amazonia a compra de certos bens, se não a envolvesse a cinta de ferro de uma tarifa aduaneira, não raro criada para proteger industrias ficticias e prosperas em Estados do Sul. A medida salvadora não fere, portanto, nem de leve, a autonomia dos Estados. Ao contrario, defende e preserva a autonomia de alguns delles, por sua situação geographica ou por crises periodicas, collocados em posição de desegualdade com os outros membros da federação, e por isto mesmo reduzidos de facto á miseria e ao desespero, se com friesa de usurario a União executasse sobre elles a egualdade e a uniformidade do seu fisco.

E' que a realidade não é uniforme. A vida não é geometria. A medida, com a reserva de sua iniciativa pelo Conselho Supremo, onde os Estados egualmente se representam, attende á experiencia do passado, e ás necessidades reaes do Brasil, previstas pelo genio do grande homem, com o qual nenhum outro pode competir na defesa da federação e da autonomia dos Estados.

EXIGENCIA DO PROGRESSO

Allegam tambem que o ante-projecto "attenta contra a autonomia quando manda legislar sobre a navegação dos rios e lagos do paiz, sem dizer quaes sejam".

Pela Carta de 91, a União só legisla sobre "a navegação dos rios que banhem mais de um Estado, ou se estendam a territorios estrangeiros". Isso era certo em 91; errado em

934. Naquella época não existia o avião. Hoje um hydroplano pousa em qualquer rio, embora não navegavel, no sentido commum da palavra. No rio que banhe apenas um Estado, e onde não pode entrar embarcação vinda de outro territorio, pousa o hydroplano, partido de um para o outro lado do mundo. E a propria commissão dos 26 já resolveu, nem o poderia deixar de fazer, que á União compete exclusivamente regular a aviação.

Demais, pelo ante-projecto passam a pertencer aos Estados todas as margens dos rios e lagos, navegaveis ou não. Os ultra autonomistas calam este facto, pelo qual os Estados ficarão com as terras, com todas as margens, que é o que lhes convem, e não possuiam; a União ficará com todas as aguas, como deve e necessita. Houve uma troca, em que os Estados lucraram. E todavia gritam contra a *lesão*, apresentando o que cedem e occultando o que recebem.

Ainda clamam: "attenta contra a autonomia dos Estados, quando manda legislar sobre o commercio interno, sem definil-o qual seja".

Mas o n.º 3.º do art. 33 do ante-projecto é a reproducção ipsis verbis do n.º 5.º do art. 34 da Constituição, que imperava em 1930. Em ambas as mesmas palavras: "Legislar sobre o commercio exterior e interior". Era, portanto, a Constituição que feria a famosa autonomia, por não definir o que fosse commercio interior. E' que os seus autores sabiam muito bem que não é a Constituição, que deve definir o que seja commercio interno. Nesse vagar, outros quereriam que definisse commercio exterior. Ainda mais: que definisse o que seja commercio.

Desse jaez é a arguição de que o ante-projecto "attenta absolutamente contra a autonomia dos municipios. Por elle haverá municipios com cartas municipaes e outros sem as mesmas". E' preciso desconhecer absolutamente o systema municipal Norte Americano; não saber o que seja ali o *Home rule* das cidades, para se chegar á enormidade daquella affirmativa.

Pelo ante-projecto, todos os municipios são autonomos. Todos. Na fórma da Constituição de 91. Mas não se pode equiparar São Paulo, Porto Alegre, Salvador, Recife, ou Campinas, Santos, Pelotas, Campos, Petropolis, com pequenos municipios ruraes. São coisas sociaes, absolutamente differentes. Todos serão autonomos, como na Carta de 91. Mas, para essas grandes cidades, além disto, permitte o ante-projecto carta propria, como se fôra uma especie de constituição.

São dessa ordem todas as allegações de fantasiosos attentados.

Varios delles consistem no ter o ante-projecto tornado expresso o que implicitamente se encontrava nos poderes inherentes á defesa nacional.

Assim, considera-se "attentado", o dispositivo que permitte a Assembléa "legislar sobre o regime especial a que devam ser submettidos os trechos do territorio brasileiro necessarios á defesa nacional". E' o n.º 16 do art. 33 do ante-projecto, que não faz senão reproduzir, sob uma fórma synthetica, o que se contem nos numeros 16, 31 e 54 in fine da Constituição de 91.

Seja, porém, qual fôr a fórma de Estado, a defesa nacional não encontra, não pode encontrar embaraços nas regalias das unidades que o compõem.

A federação, onde a defesa nacional, para estender o seu poder e a sua acção, necessitasse do consentimento dos Estados, seria um organismo em franca desaggregação e prestes a desapparecer á primeira rajada do inimigo. Este crime contra a Patria não o commetteu, nem o poderia ter commettido o ante-projecto, como não o perpetrou a velha Carta, hoje desapparecida.

O Systema Unicameral

O ante-projecto preferiu o systema unicameral.

Dos membros da sub-commissão presentes á sessão naquelle dia, e eram quasi todos, sómente o sr. Arthur Ribeiro votou pelo Senado. Não é num artigo de jornal que se ha de examinar, um a um, os argumentos pró e contra, qualquer dos dois systemas de composição do Poder Legislativo. E' dos taes assumptos, sobre os quaes se têm gasto rios de tinta, sempre com os mesmos argumentos, sem que os contendores de um ou de outro campo se reconheçam por vencidos.

Poder-se-ia encher este diario, em todas as suas paginas, com excerptos ou citações a favor de qualquer dos dois systemas. A erudição, como quasi sempre, seria barata. Ler é facil. Mais facil ainda citar. Facilimo compôr um mosaico, adaptando ou embutindo trechos alheios. Já foi um dos tiques da erudição de Ruy. Hoje baixou á mediocridade dos taqueiros. Vale ainda alguma coisa na composição dos assoalhos. Difficil é meditar. E' discernir. E' saber. E' adaptar leituras, idéas, doutrinas, tudo o que se passa no mundo infinito e ondeante do pensamento, ao drama intenso, dynamico e palpitante da vida. E' fundir aquillo tudo no bronze de uma opinião propria, transubstanciar tudo isso num conhecimento intimo, que nos dê o tacto, o tino, a clarividencia, de encontrar, por entre as sombras que nos cercam, a via certa, que nos leve, na sciencia, á descoberta da verdade, e, na politica, á solução adequada ás exigencias da vida. E o que a vida social, no ponto em exame, nos revela, é o declinio do systema bicameral em toda a parte.

DECADENCIA DO SYSTEMA BICAMERAL

Das constituições de após-guerra varias se pronunciaram por uma só Camara. No Canadá, o mesmo, em quasi todas as suas provincias. E ainda nos Estados Unidos, a dualidade das Camaras desapparece do Governo das Cidades, onde em geral esse principio se consagrava. E' ver em Munro — The government of American Cities, ou Willoughby e Rogers — Introduction to the Problems of Government, ou Ogg e Ray — Introduction to American Government. E no modelo para as constituições estaduaes, ali apresentado pela National Municipal League, o Poder Legislativo se compõe de uma só Camara.

Mas, em quasi todos os paizes bicameraes, o predominio da Camara popular firma-se cada vez mais, emquanto a outra fenece ou se remette a uma importancia secundaria. A Camara dos Lords, do seu antigo e formidavel poderio, reduziu-se a uma peça ornamental no jogo das instituições politicas da Inglaterra. E agonisa lentamente, vivendo de suas capitulações. Na França é a Camara que desempenha o papel principal. O mesmo nas federações de Canadá, Australia, Africa do Sul, Allemanha e Austria. O inevitavel, porém, é o predominio de uma dellas.

Nos Estados Unidos a preponderancia é do Senado. Não tem sido um bem. Forma-se ali uma oligarchia, que nem sempre actúa de accordo com os interesses nacionaes. A chamada "cortezia do Senado" para com os seus membros, não raro tem prejudicado a Nação.

Tivesse eu espaço e tempo para isto demonstrar, baseado no depoimento de sociologos e historiadores da politica Norte-Americana. Assim, o que a observação e a experiencia nos revelam, em todas as Nações, é a existencia de uma só Camara ou a predominancia de uma dellas. Em resumo:

dominio ou predominio de uma Camara. Em synthese: unicameralismo ou tendencia visivel e dominante para elle. Valho-me do argumento de Duguit em defesa do systema bicameral. Alguma coisa de inelutavel deve de haver nessa tendencia universalizada para o regime unicameral.

RAZÃO DO BICAMERALISMO

E' que o bicameralismo só se justifica quando uma das Camaras representa a nobreza, a riqueza, uma aristocracia qualquer, outra classe, emfim, differente da que constitue a Camara baixa, eleita por suffragio popular. As Camaras altas foram sempre orgãos do patriciado, oppostos ás reivindicações das classes pobres.

Esses baluartes da reacção conservadora não podiam, portanto, resistir ao alargamento do suffragio, á expansão crescente das massas, á ascensão triumphal do operariado na vida politica do Estado moderno. As camaras altas symbolizam um mundo que desapparece, na expugnação dos privilegios iniquos da aristocracia do sangue ou da riqueza. A ascensão irresistivel das massas exige o desapparecimento completo dos symbolos dum feudalismo já morto, ou dum capitalismo que, sob o açoite da vaga operaria, não faz, desde o começo do seculo, senão recuar, abandonando em ruinas todas as suas fortalezas. E que, ainda agora, nas ultimas linhas de trincheiras, procura apenas adiar o desenlace fatal de sua decadencia, emquanto o Estado não assume o seu grande papel, de, num plano por elle concebido e controlado, impôr a todos o regime da solidariedade social, baseado na solidariedade da producção. Eis porque as Camaras Altas deperecem e morrem. São incompativeis com a ascensão das massas, com "a incorporação do proletariado á sociedade moderna", como previra Comte, quando o divisara nella apenas "acampado". Por isto mesmo, os membros dessas Camaras eram eleitos ou nomeados por toda a vida ou longo prazo, e por processo totalmente diverso do estabelecido para as Camaras populares.

MALES DO BICAMERALISMO

Porque duas Camaras escolhidas pelo mesmo processo, pelos mesmos eleitores, e para os mesmos fins, se não é um contrasenso é, pelo menos, uma futilidade dispendiosa.

Razão tem *Laski* quando nos diz, em "The Grammar of Politics", que, em taes condições, seria melhor augmentar a primeira Camara. Até mesmo porque, ou a segunda com ella está de accordo, e, então, é inutil, ou não está, e, então, é nociva.

Dahi não ha fugir. Os conflictos, os impasses entre as duas Camaras, com as formulas mais ou menos ridiculas, e contrarias ao interesse publico, dos accordos finaes, são o maior attestado dos males desse systema.

Não tem valor o argumento da Camara revisora. Era valioso noutras épocas, em que a falta dos meios de communicação e publicidade fazia com que a Nação, surpresa, só conhecesse de uma lei, tempos após a sua promulgação.

O projecto, mais ou menos clandestino, que se apresentava numa Camara, mereceria talvez a revisão da outra. Mas, hoje, uma lei de certa importancia não surge de improviso numa Camara. Um prévio movimento de opinião já lhe antecipou a iniciativa. E o debate e a votação da medida fazem-se por entre o choque das idéas, nas discussões da imprensa, e de todos os orgãos por onde a opinião publica se manifesta.

O desenvolvimento sempre crescente de todos os orgãos de propaganda e discussão, torna a Camara popular cada vez mais adstricta á opinião publica, da qual depende na victoria das urnas.

Não mais a situação do mundo quando surgiu o systema bicameral, e se emprestava á segunda Camara o papel de revisora.

Hoje tudo mudou. A lei se faz ao clarão dos grandes debates nacionaes, e dos quaes o do parlamento não é o maior. O orgão revisor de uma Camara não é a outra. E', sobretudo, a opinião publica, manifestada por todos os orgãos da discussão livre — imprensa, comicios, associações, academias. Tudo isto multiplicado pelos jornaes, pelo livro, pelo telegrapho, pelo radio. Por isso mesmo, a segunda Camara inutil, senão prejudicial, outra coisa não faz que emperrar a machina legislativa, ou quebrar com suas emendas, no fundo e na forma, a unidade da lei.

Mas, a tudo isso, replicam os defensores da manutenção do Senado entre nós, com este argumento que julgam peremptorio e decisivo: se no estado unitario o Poder Legislativo pode ser unicameral, na federação é indispensavel uma Camara em que as unidades federativas se representem, e no mesmo pé de egualdade. Este o argumento Achilles, cuja vulnerabilidade, em todo o corpo, patentearemos amanhã.

NOTA — O relator do capitulo sobre o Poder Legislativo, procurou responder ás nossas observações acima expostas, com uma série de artigos que se ultimou quando este livro já no prelo. Não trouxe, porém, o brilhante articulista nenhum argumento novo, em defesa do systema a que afeiçoou o seu espirito. No terreno opinativo, nada temos que accrescentar ao que affirmámos no começo deste escripto: "E' dos taes assumptos, sobre os quaes se tem gasto rios de tinta, sempre com os mesmos argumentos". Os factos, porém, acabarão por vencer todas as teimosias. E o facto confirma o que dissemos: "O declinio do sistema bicamerario em toda a parte. Em resumo: Dominio ou predominio de uma Camara". E' o que se verifica entre nós, onde apezar da insistencia de todos os mizoneistas, a Constituinte acabou por adoptar quasi que o systema unicameral. Porque sómente em poucas leis o Conselho Federal "collabora". O texto não pode ser mais expresso: "O Poder Legislativo é exercido pela Assembléa Nacional, com a collaboração do Conselho Federal". E como este apenas em algumas leis collabora, obvio que em nossa futura Constituição o predominio da Assembléa Nacional, no Poder Legislativo, é incontestavel. E, por isso mesmo, innumeras leis fazem-se pelo systema unicameral, desde quando o Conselho é excluido de qualquer participação nellas. No Brasil, portanto, evidente o declinio do systema bicameral. E isto se fez com o

EM TORNO DA CONSTITUIÇÃO 57

proprio voto de nosso impugnador, que acabou por se render á evidencia da verdade, que vinha de combater.

Mas o illustre contradictor, impugnando a nossa affirmativa, declara que na maioria dos paizes bicameraes não ha predominio de uma das Camaras. E cita os Estados Unidos, o Mexico, o Chile, a Argentina, a Venezuela, o Equador, a Bolivia, a Suissa, a Belgica, a Tchecoslovaquia, a Italia, a Rumania, o Japão, a Suecia, a Noruega, a Hungria. Como se vê, não se trata de materia opinativa, mas de factos. E vamos desfazer o equivoco do nosso oppositor. Quanto aos Estados Unidos, assim falla Young — The New American Government, pg. 115, de referencia ao Senado: "As a *legislative* body it is supposedly on a par with the lower House; but in *reality* it is a much more *influential assembly, in all forms of legislation, than is the lower House*". Isto é: na realidade é uma assembléa muito mais influente, em todas as leis, do que a Camara. Observação identica encontra-se em qualquer constitucionalista ou historiador americano. O *predominio* do Senado é ali um facto. No Mexico, informa-nos Rabasa, em la Organisacion Politica de Mexico: "Pero es un hecho constante que el predominio del Congresso se resuelve á la postre en *la supremacia de la Camara* de Diputados". E a supremacia da Camara firma-se principalmente no art. 59 da Constituição, pelo qual, em caso de desaccôrdo entre os dois ramos do Congresso, na elaboração das leis, o conflicto se resolve mediante reunião conjunta, tomando-se a solução por 2/3 de votos. Quanto ao Chile, assim opina o professor Guerra em La Constitucion Chilena, pg. 246: "Las atribuiciones exclusivas del Senado son ahora siete, *numericamente* superiores a los de la Camara, que solo son dos; pero *sustancialmente* menores, pues al Senado no le ha sido conferida la atribucion de fiscalisar los actos del Gobierno, que hoy solo corresponde, por mandato expresso de la Constitucion, a la Camara, e que *antes exerciam ambas Camaras por igual*". Na Argentina, o predominio do Senado é notorio como nos Estados Unidos. No Senado têm assento os grandes chefes dos partidos, que dominam a Camara, e delle dependem as nomeações dos juizes da Suprema Côrte e dos Tribunaes, dos bispos e das altas patentes das forças armadas. Na Venezuela, pela Constituição de 1928, predomina a Camara, porque o art. 82 prescreve que, se na elaboração das leis não chegarem a um accôrdo, reunir-se-ão ambas as Casas "em Congresso", e este "decidirá por maioria de votos". E' o predominio da Camara pelo numero. Demais sómente esta pode, por meio de censura, determinar a exoneração dos Ministros. E' o que expressamente dispõe o art. 59. Disposições identicas ao art. 82 da Carta da Venezuela existem no art. 57 da Constituição do Equador e 69 da Boliviana. Assim, nestes dois paizes, como em Venezuela, predomina a Camara dos Deputados. Na Suissa, ao contrario do que pensa o illustre relator, Adams assim depõe, á pag. 55 de La Confederation Suisse: "Chaque chambre jouit de la même importance politique. Il faut cependant *reconnaitre* que, dans la *pratique,* le Conseil National a *plus d'influence que le Conseil des Etats".* Na Belgica, assim nos ensina Orban, no Droit Constitutionel, vol. 2.º, pg. 418 e 419: "Ces dernières attributions demontrent que la Chambre est plus *specialement* que le Senat, chargée de surveiller le Governement et de contrôler ses acts". E de referencia ao art. 27 daquella Constituição: "Ce droit de priorité que consacre l'article 27, joint á la nomination des membres de la Cour des Comptes, *confiée exclusivement* á la Chambre *montre* que celle-ci est considerée comme l'organe, *par excellence, de controle des finances* de l'Etat et des choses militaires". E' vêr tambem Errera-Droit Public des Belges, vol. 1.º, § 80. Na Belgica, portanto, predomina a Camara. Na Tchecoslovaquia, eis o que nos diz Eiseman, no seu livro — La Tchecoslovaquia: *"Sauf la prerogative des deputés en matière financière,* les deux Assemblées ont le même droit, mais le Senat n'a pour se prononcer sur le lois votées par la Chambre qu'un delai de 6 semaines, et pour le loi de finances et les lois militaires d'un mois, tandis que la Chambre a 3 mois pour adopter au regeter les projets qu'il lui envoie; et les deputés peuvent plus faciliment que le senateurs *transformer en loi par un vote renouvelé* un project regeté par l'autre Chambre". E' que o predominio da Camara resulta do § 47 que dispõe: "O texto votado pela Camara torna-se lei, apesar do *voto contrario do Senado,* se a Camara renova o seu primeiro voto por maioria absoluta do numero total dos seus membros. Todavia, se o Senado o repelle por 3/4 do numero total de seus membros, o projecto adoptado a primeira vez pela Camara deve ser ahi approvado por 3/5 do numero total dos seus membros". Assim, 3/5 da Camara podem eliminar realmente qualquer intervenção do Senado. Como, portanto, senão por equivoco, affirmar o relator que não tem predominio a Camara na Tchecoslovaquia? Na Italia, lemos em Raneletti — Instituzione de Diritto Publico, pg. 255, ed. de 1934: "Questa precedenza della Camara iu riguardo a tali leggi, *ha importanza giuridica,* perchè il Senato nel discutirle, non puó *exercitare* il *potere di emendamento* delle disposisioni relative, in manière che l'emendamento constituisca exercizio del potere di iniciativa".

E esta subalternidade do Senado diz respeito exactamente ás leis de impostos e ao orçamento. Na Italia, portanto, tem a Camara, no Poder Legislativo, o papel principal. Na Rumania, predomina o Senado. Basta ver-lhe a composição. Além dos Senadores eleitos, delle são membros por direito: o herdeiro do throno, os metropolitas, os bispos, o presidente da Academia Rumena, os antigos presidentes do Conselho, os antigos primeiros presidentes da Côrte de Cassação, os generaes em reserva, que tiverem commandado exercito diante do inimigo. Um Senado assim composto, e tendo exactamente as mesmas funcções da Camara, não pode deixar de predominar, como predomina, o systema politico daquelle paiz. E' o que tambem occorre no Japão, cuja Camara dos Pares, composta da familia imperial, das ordens da nobresa e das pessoas nomeadas pelo Mikado, tem as mesmas funcções que a outra Camara que o Imperador póde dissolver a seu arbitrio. Na Suecia, predomina a Camara baixa, porque, pela lei Organica do Rigsdag, se as Camaras não chegam a accôrdo sobre materia referente a despezas publicas, impostos, Banco do Reino, etc., "cada Camara votará separadamente sobre as resoluções divergentes, e a opinião que reunir maior numero de votos valerá como resolução do Rigsdag". E' o predominio, como já vimos, da Camara Baixa pela sua força numerica.

Equivoca-se egualmente o relator, quando arrola a Noruega entre os paizes onde não se verifica o predominio de uma Camara. A Noruega é a bem dizer unicameral, porque o Storthing, composto de 150 membros, é que provém da eleição popular, feita de 3 em 3 annos. O art. 49 da Constituição prescreve: "A Nação exerce o Poder Legislativo pelo orgão do Storthing que se compõe de duas *secções*: um Lagthing e um Odersthing. Note-se bem, não são duas Camaras. São duas secções do Storthing, que escolhe 109 dos seus Membros para formar a mais numerosa e 41 para a mais reduzida. E' o Storthing que se secciona para elaborar a lei. Mas, se as duas secções não se accordam, o Storthing, que se compõe de ambas, resolve, "por maioria de 2/3 de votos". Tanto vale dizer que predomina a secção mais numerosa — o Odersthing. Mas em realidade o que existe é o systema unicameral, pois o povo só elege uma Assembléa — o Storthing. No mesmo engano incorreu o relator quanto á Hungria. Esta Nação é, em ultima analyse, unicameral, porque a lei de 1926, que organisa a Camara Alta, dispõe no art. 30 que sómente á Camara dos Deputados compete organisar o orçamento. E no art. 31, de referencia ás leis em cuja elaboração ambas as Camaras participam, prescreve que se estas finalmente não se accordam, a Camara dos Deputados enviará ao Regente o texto por ella approvado, como lei definitiva.

Os enganos, portanto, do illustrado relator, são evidentes, indissimulaveis, estrepitantes. De tudo que acima fica exposto, se apura a procedencia do que haviamos affirmado: "Em resumo: dominio ou predominio de uma Camara. Em synthese: unicameralismo ou tendencia visivel para elle." E' que razão tem Kelsen, quando no § 48 da Theoria Geral do Estado, nos ensina: "A idéa democratica exige que o Orgão Legislativo se componha de uma só Camara". E pouco mais adeante: "Enfim, assim como na monarchia constitucional a tendencia democratica levava á supressão da Camara Alta, na Republica Democratica tem que se affirmar a supremacia da Camara dos Deputados sobre o Senado".

Senado e Federação

O grande argumento dos defensores de manutenção do Senado é a necessidade imprescindivel, e essencial ao regime federativo, de uma Camara legislativa, em que os Estados se representem, sob a base da egualdade.

O argumento, firmado no precedente Norte Americano, tem mais autoridade que razão. Examinemol-o em todos os seus elementos. Será peculiar á federação o systema bicameral? Não, porque muitos Estados unitarios o adoptaram.

E', por outro lado, a egualdade da representação em uma das Camaras condição da existencia do regime federativo?

Não, porque em muitos Estados Federaes, como o Imperio Allemão, o Canadá, a Republica Allemã e a Austria, as unidades federativas se representam desegualmente. Na Australia, o art. 7 da Constituição prevê e admitte a hypothese dos futuros Estados se representarem com desegualdade. Por outro lado, em muitos Estados unitarios a segunda Camara é composta de representantes em numero egual, dos Departamentos ou das Provincias.

E' verificar nas seguintes constituições: Bolivia art. 61, Equador art. 44, S. Domingos art. 17 e Uruguay art. 26. De modo analogo dispõe o art. 31 da Constituição da Prussia, nstes termos: "E' constituido um Conselho de Estado para a representação-das provincias na legislação e administração do paiz." Mas o constituinte prussiano não fez

EM TORNO DA CONSTITUIÇÃO 61

senão adoptar a lição de Gierke, pela qual a participação das provincias na vontade do Estado era possivel no regime unitario.

Foi mesmo um dos fundamentos com que combateu a doutrina de Le Fur. Isto posto, evidente que não é a participação na vontade do Estado, nem a egualdade da representação das Unidades federativas numa das Camaras, o que singularisa a federação e a extrema dos outros regimes.

Objectam, porém, que, embora assim seja, não é possivel Estado Federal, sem que numa das Camaras as unidades federativas, como tal se representem.

Distingamos: o que caracteriza o Estado Federal é a sua coexistencia com Estados constitucionalmente autonomos, dentro das raias que a Constituição Federal lhes traça, e a impossibilidade de modificação desta por lei ordinaria da Assembléa Nacional, e sem que elles sejam ouvidos. Esta a formula compativel com a realidade do mundo moderno, nas suas instituições federativas actuaes. Esta a lição dos factos, a que os ideadores de regras da propria fantasia não se querem submetter.

A CAMARA DOS ESTADOS

Mas se uma das Camaras deve representar os Estados, como unidades federativas, obvio que ahi só devem ser tratados assumptos que lhes interessem peculiarmente, como entidades politicas.

Porque a Nação se representa e fala na outra Camara. Esta, ao meu ver, a principal razão pela qual não se deve transformar a Camara dos Estados num ramo do Poder Legislativo. E' que se nesta elles se representam como entidades politicas, raras são as leis que, sob esse caracter, lhes interessa.

Assim, quando se vota uma lei relativa ao casamento, á herança, ou ao serviço militar, nada tem que ver com ella o Estado, como unidade federativa. A quem ella interessa é ao povo brasileiro; é a Nação. O que ella beneficia ou

prejudica não são conveniencias locaes — são interesses geraes. Quando se decreta um imposto, o attingido pelo gravame não é a entidade politica Estado Federado, mas os
nacionaes e estrangeiros residentes no Brasil.

Mas, então, porque esses interesses, exclusivamente nacionaes, devem depender de uma Camara em que os Estados
se representam unicamente no seu caracter de unidades federativas? E' um contrasenso, um absurdo, uma contraditio
in abjecto, submetter leis exclusivamente nacionaes á approvação ou rejeição de uma Camara, composto de representantes exclusivos de Estados, como taes.

Que existam essas Camaras, ou melhor, esses Conselhos
para representar e defender as unidades federativas, nos assumptos que lhes interessa ou respeita, ahi bem, é uma garantia indispensavel aos Estados.

Foi exactamente o que fez o ante-projecto, dando-lhes
egualdade de representação no Conselho Supremo e conferindo a este competencia para intervir, e ás vezes prepon-
derar, em todas as medidas que interessam aos Estados, como
entidades politicas distinctas da Nação. Assim, depende de
voto do Conselho a intervenção nos Estados, quando de iniciativa do Presidente da Republica, bem como a nomeação
de seus ministros, que superintendem uma serie enorme de
serviços nas unidades federadas. Somente ao Conselho cabe
a iniciativa da lei modificadora da uniformidade dos impostos federaes, assim como do projecto quinquenal conciliador dos interesses da União e dos Estados, em materia de
tributação cumulativa.

Compete ainda ao Conselho convocar extraordinariamente a Assembléa Nacional, propor-lhe qualquer projecto
de lei, e representar contra o Presidente da Republica e os
ministros.

Por fim, e ahi a garantia maxima dos membros da federação, a reforma da Constituição Federal só poderia ser
feita por iniciativa dos Estados, ou approvação do Conselho
Supremo, por dois terços de votos, em 3 discussões, em 2
annos consecutivos. Eis as funcções legislativas que devem

competir á Camara dos Estados. Porque as outras pertencem á Nação, á sua Assembléa, onde os eleitores dos Estados
se representam como povo brasileiro. Eis ahi a Camara
dos Estados, como orgão de equilibrio e segurança no regime
federativo, impedindo as usurpações do poder central.

Somente nestas condições, os representantes dos Estados
votarão por elles, no seu caracter especifico de unidades politicas locaes. E como a realidade pode mais que a ficção,
o facto é que no Senado Americano, os senadores não votam
mais por Estados, como membros da federação, mas por
interesses ou partidos. Não divergem, na Camara ou no
Senado, os votos dos deputados e senadores democraticos ou
republicanos. São os mesmos em ambas as casas. A representação senatorial em cada Estado divide-se, votando com
o seu partido, como fizeram os deputados. E' o que, entre
outros publicistas, Laski salienta.

Onde, portanto, os Estados? Onde o voto senatorio pelos
interesses locaes? A época da votação por Estados passou. O
mesmo occorria entre nós. As bancadas na Camara e no
Senado votavam de accordo com a opinião politica ou economica, que as congregava ou scindia. Não differiam, em
cada Estado, os votos de suas bancadas nas duas casas do
Congresso.

Porque, então, sob o falso pretexto de federação, se in-
trometterem os Estados, como taes, na feitura de leis que
interessam exclusivamente á Nação?

A Camara dos Estados só deve existir para que, nesse
orgão, possam elles, como unidades federativas, ter
representação e defesa de seus interesses privativos. Porque
os seus direitos, como os da União, quem os assegura contra
possiveis usurpações é o Supremo Tribunal, como guarda
e interprete maximo da Constituição.

O SUBSTITUTIVO

No entanto, o substitutivo apresentado á Commissão dos
26 restaura, com outro nome, o Senado, dando-lhe, no art.

20, competencia sobre a totalidade da materia legislativa.
E attribuindo-lhe tantos e tão largos poderes, em assumptos
de interesse privativo da Nação, cae no erro, que os Estados
Unidos já corrigiram com a emenda 17, e que Ruy na Carta
de 91 repellira, de tornar os membros dessa Camara eleitos
"uns pelas Assembléas Legislativas e outros pela bancada do
mesmo Estado na Assembléa Nacional". E' a adopção do
methodo repudiado, em grande parte, na America do Norte,
pela corrupção a que deu logar. E' que as grandes empresas capitalisticas, cuja sorte depende da legislação nacional, passaram a despender sommas fabulosas, para obter
um Senador amigo, que impossibilitasse ou permittisse, no
Senado, a adopção de uma lei que a ellas interessava.

Por outro lado, se os membros dessa Camara são representantes dos Estados, como entidades politicas, não devem
ser eleitos pelos Deputados que, ao menos por ficção juridica,
representam a Nação.

O SENADO

Se queremos, porem, restaurar o Senado, façamol-o
dignamente. Não lhe tiremos o nome tradicional e vene-
rando. A mudança dos nomes não transforma a essencia
das coisas. O Senado, em que pese aos extremistas, não
desmereceu do Brasil. Honro-me de ter a elle pertencido.
Foi uma instituição, grande no Imperio e maior na Republica. E' deixar adormecerem as paixões e ler os annaes.
Não é preciso mais. Quando outras glorias não tivesse,
bastar-lhe-ia a de ter sido o solio donde Ruy, por mais de
30 annos, trovejava sua colera divina e arraiava de um clarão
de esperança os horizontes nacionaes. Mas reconheçamos
que o systema unicameral, na feitura das leis, corresponde
á democracia social que elle annuncia; é a incorporação do
proletariado á sociedade o que elle representa; é a ascensão
das massas o que elle symboliza.

Que valem deante dessas forças formidaveis, ficções
caducas, oriundas de transacções, que, ha mais de 150 annos,

interesses de occasião engendraram em Philadelphia? Contra essas realidades terriveis não valem formiulas archaicas, tão forte é o impeto da vida.

O Senado corresponde a um mundo que desapparece, a um regime social que agoniza. Eis porque nenhuma das novas federações o adoptou, com os seus poderes legislativos.

Não ressucitemos a instituição morta. Ao contrario. Veneremol-a no seu passado. Respeitemol-a na sua gloria. E, como Renan, no final da Priére sur l'Acropole — "envolvamol-a, carinhosamente, na mortalha de purpura, em que dormem os Deuses mortos".

O novo texto do Poder Legislativo

O substitutivo apresentado ao ante-projecto, no capitulo referente ao Poder Legislativo, teve a preoccupação evidente, como já haviam tido os autores da parte preliminar, de modificar todos os artigos do texto submettido ao seu exame.

Assim, ainda quando mantivessem a idéa, os relatores alteraram a forma. Não era, porém, tarefa de facil desempenho, melhorar do ponto de vista da lingua ou do estilo, uma redacção a que o maior dos nossos philologos actuaes emprestara o cunho do seu saber.

Nos onze artigos da parte preliminar, já foram apontados varios erros que não podem deixar de ser corrigidos.

A ella ainda voltaremos, para apontar novos deslises de redacção e de technica. Hoje, porém, analysaremos o capitulo do Poder Legislativo.

MODIFICAÇÕES ERRADAS

As modificações nelle feitas ao ante-projecto não nos parecem felizes. Algumas são evidentemente erradas.

Assim, o art. 3.º prescreve: "A Assembléa Nacional e a Camara Federal trabalharão separadamente, desde que presente, *um quarto* pelo menos dos seus membros." Vale dizer, a Assembléa não funccionará com uma presença inferior a 70 ou 80 deputados, se concedida a representação de classes, e 50 a 60, no caso contrario.

O ante-projecto dispõe, no art. 30: "A Assembléa poderá funccionar desde que estejam presentes 10 *deputados*; e não funccionará quando a presença não attingir a este numero."

O ante-projecto garantia, assim, antes de tudo, a minoria contra a obstrucção da maioria.

Porque uma situação politica, um governo, pode exactamente temer o debate parlamentar de uma opposição brilhante, e preferir emmudecel-a, obtendo que a maioria governista não dê numero para a abertura das sessões.

Foi o que occorreu com a Alliança Liberal, em fins de 29. Não dispunha de 53 deputados, numero então indispensavel á abertura das sessões. E a maioria engarrafava a opposição, negando numero. E a Alliança Liberal emmudecia, não obstante presentes os seus melhores oradores, entre elles, o sr. João Neves, o mais tenaz, brilhante e galhardo lidador da campanha parlamentar. E' que o Parlamento é um dos orgãos de respiração das minorias. E nos dias de sitio é mesmo o orgão único por onde respira a liberdade da palavra. E' do interesse dos governos supprimil-o. Foi o que succedeu, depois de 4 de outubro de 30, quando, votado o sitio, a maioria governista, para evitar o debate politico, bloqueiou a opposição com a greve parlamentar.

O ante-projecto, portanto, visava garantir os direitos da minoria, assegurando-lhe a possibilidade do debate politico, desde que ella tivesse um numero de membros ponderavel, embora reduzido.

Dahi o minimo de 10. Por outro lado, determinando que as sessões não poderiam funccionar com uma presença menor, garantia a opposição e o decôro da Assembléa, contra a manobra, tantas vezes praticada pela maioria, de prorogar, até meia-noite a sessão; e em seguida se ausentar, ficando apenas a Mesa, e não raro, um Deputado falando para si mesmo.

O ante-projecto defende, portanto a minoria, contra as manobras abusivas das maiorias, empenhadas em emmudecel-a ou eliminal-a.

O substitutivo, ao revez, transplanta para a Constituição o texto regimental do Congresso dissolvido. O ante-projecto é, pois, democratico e liberal; o substitutivo, reaccionario e ditatorio.

O § 3.º do mesmo artigo, determina: "Cada uma das Camaras elege uma Mesa, organiza um regimento, regula o serviço de sua Secretaria e decide sobre o seu funccionalismo, respeitados os principios da casa".

O ante-projecto dizia: "E da competencia exclusiva da Assembléa: a) organizar seu regimento interno e eleger a sua Mesa; b) regular o serviço de sua policia interna; c) nomear, licenciar e demittir os empregados de sua secretaria, respeitados os principios estabelecidos nesta Constituição".

O substantivo modifica a ultima parte, dando a cada Camara competencia "para *decidir* sobre seu funccionalismo.

Não posso crer, que a palavra "decide" seja ahi technicamente bem collocada.

Porque o poder de regular suas secretarias, prescrevendo os deveres do seu funccionalismo, se inclue, para cada Camara, no de organizar o seu regimento.

No mais é nomear, licenciar e demittir, de accordo com a Constituição.

Até onde irá esse poder de decidir? Quaes as materias comprehendidas na orbita dessas decisões? Para que esse termo vago e indefinido? Até onde a maioria de Camara poderá levar o seu arbitrio contra o funccionalismo, se lhe dão a competencia de "sobre elle decidir"?

Se a impropriedade da redacção vae ao ponto de se dizer "elege *uma* Mesa"; "organisa *um* regimento. Não está certo. O que a Camara faz eleger é *sua* Mesa e organisar *seu* regimento. Tanto mais quanto, no mesmo inciso, immediatamente, com a separação apenas de uma virgula, se diz — regula *sua* secretaria, decide sobre *seu* funccionalismo". Como nestes ultimos casos, não se trata ali, de *um* regimento qual-quer ou de qualquer Mesa. O ante-projecto estava certo. A emenda está errada.

CHARADAS

O § 2.º do mesmo artigo, se enuncia nestes termos: "O Regimento Interno garantirá a participação das correntes organizadas de opinião nos trabalhos do plenario e na compo-sição de suas commissões, adoptando providencias impediti-vas de perturbações systematicas".

Decifra-se o que o paragrapho pretende. E' a partici-pação dos Deputados pertencentes a varios partidos nos tra-balhos parlamentares e nas commissões. Não é, porém, o que está escripto. O que se lê é que o Regimento garantirá "a participação das correntes organizadas de opinião no traba-lho dos plenarios". Não é possivel.

Porque pode haver corrente organizada de opinião, que não tenha um Deputado sequer. A esta o Regimento não deve garantir a participação nos trabalhos do plenario.

A redacção do texto é, portanto, defeituosa. E toda essa balburdia, porque o substitutivo supprimiu o dispositivo li-beral e garantidor das minorias, com que o ante-projecto, assim dispunha: "Todas as commissões da Assembléa serão eleitas por voto secreto e systema proporcional".

Ahi bem, ás minorias estava assegurado o direito de par-ticipar de todas as commissões. O substitutivo, porém, re-pelle o texto abertamente garantidor das minorias, e volta, por uma redacção sybilina e imprecisa, ao regime do Con-gresso dissolvido, em que a opposição raramente se represen-tava nas commissões parlamentares.

E tanto menos razão tinha para isso o substitutivo, quanto no seu art. 13 acceitou para a eleição da Assembléa "o voto secreto e o systema proporcional", adoptados pelo ante-pro-jecto.

Desta sorte, para garantir aos partidos em minoria o di-reito de se representarem na Assembléa, é essencial o voto secreto e o systema proporcional. E para assegurar aos Deputados desses partidos o direito de se representarem nas commissões, essas garantias já não servem. Prefere-se o processo reaccionario do antigo Congresso, que permittia a lista incompleta, graças á qual, pelo rodizio, a maioria tinha sempre unanimidade nas commissões.

O substitutivo, neste ponto, é não somente reaccionario, mas, sobretudo, contraditorio, porque repelle para eleição das commissões, o processo que adopotu, como garantidor das minorias, na eleição dos deputados.

Tambem nos parece que o "adoptando", das ultimas palavras, occupa o logar de adoptará.

Porque não é "adoptando providencias impeditivas de perturbações systematicas", que a Assembléa "garantirá a participação das correntes organizadas nos trabalhos do plenario e na composição das commissões".

Não. A intenção do dispositivo é que o Regimento garantirá a participação das correntes e adoptará providencias impeditivas de perturbações systematicas.

Aliás, quanto a isto, trata-se de materia exclusivamente regimental.

E tanto assim que, dispondo o substitutivo, impropriamente, sobre tal assumpto, *apenas* para a Assembléa, se poderá dahi concluir que a outra Camara não deve adoptar nenhuma providencia "impeditiva de perturbações systematicas".

Será que isso não aconteça na Camara dos Estados? Ao contrario. Nos Estados Unidos, as grandes, as famosas obstrucções fazem-se exactamente no Senado.

CORRIGENDA INFELIZ

O art. 4.º, prescreve: "São elegiveis para o Poder Legislativo os cidadãos brasileiros inscriptos como eleitores por tempo superior a quatro annos".

Tudo isso se diria na linguagem concisa da lei: "São elegiveis para o Poder Legislativo os brasileiros eleitores ha mais de 4 annos.

Mas, o que o substitutivo visou modificar foi a condição de brasileiro nato, que o ante-projecto exige para a eleição de Deputado ou Presidente da Republica, e para a nomeação de Ministro do Supremo Tribunal, de Ministro de Estado, ou de membro do Conselho Supremo.

Não me parece de bom aviso a alteração, com a volta ao regime da Constituição de 91. Tudo aconselha que os grandes cargos politicos ou administrativos sejam desempenhados por brasileiros natos.

Até mesmo porque nelles não se manterão, nos dias de crise. Não se pôde manter, como almirante da esquadra ingleza, o principe de Batemberg, allemão de nascimento, embora casado com a irmã do rei da Inglaterra, inglez por adopção, e que até o fim da guerra permaneceu fiel á patria adoptiva.

Dê-se ao brasileiro naturalizado tudo; menos a intervenção nos centros directores da organização politica brasileira.

O paragrapho unico deste artigo reproduz o erro de technica da Carta de 91, já analysado por Aurelino Leal.

Eil-o no substitutivo: "Os deputados das duas Camaras, contrairão, ao serem empossados, em sessão publica, *compromisso formal*, de bem cumprir os seus deveres".

Não precisamos senão transcrever Aurelino, em sua conferencia sobre "A technica Constitucional Brasileira": "Mas eu não sei como se possa, em direito, contrair compromisso, na accepção do antigo juramento, que não seja formal, isto é: manifesto, claro, preciso".

O ante-projecto havia relegado esta formalidade para o dominio do Regimento. O substitutivo a restaura, e com o seu antigo erro de technica, expresso na phrase redundante.

E fiquemos, por hoje, nestes dois artigos.

Ainda o novo Texto

O art. 4.º, além dos equivocos anteriormente apontados, traz ainda estampado no rosto um grave descuido de technica. O ante-projecto dizia: "São condições para eleição de deputados: ser brasileiro nato; estar no exercicio dos direitos politicos; ter mais de 25 annos".. O novo dispositivo exclue o requisito de nascimento, e determina: "São elegiveis para o Poder Legislativo os cidadãos brasileiros inscriptos como eleitores por tempo superior a quatro annos". Tudo isto se diria na fórma concisa da lei: "São elegiveis para o Poder Legislativo os brasileiros eleitores a mais de 4 annos". A redacção melhoria pela sua concisão; mas o erro de technica permaneceria, como no dispositivo redundante. Porque o art. 4.º se insere no capitulo — Disposições Geraes. Tanto vale dizer — domina os dois capitulos seguintes que tratam da Assembléa e da Camara Federal. No entanto, não é exacto, de accordo com as prescripções do substitutivo, que sejam "elegiveis para o Poder Legislativo, os brasileiros inscriptos como eleitores por tempo superior a quatro annos". Sel-o-ão para a Assembléa. Para a Camara Federal, porém, isto não bastará. E' o que se verifica do art. 18, redigido nos termos seguintes: "A Camara Federal compõe-se de cidadãos elegiveis nos termos do art. 4.º, maiores de 35 annos, pertencentes ou não ao numero dos seus eleitores". Examinaremos, depois, este dispositivo enigmatico, com um possessivo perdido na phrase, á procura de um ponto de referencia, que não encontra. Mas, se o art. 4.º não se applica integralmente ao

Poder Legislativo; se apenas um dos seus ramos por elle completamente se regula; então a boa technica impõe, que elle se desloque dos dispositivos geraes para o capitulo que diz respeito á Assembléa Nacional.

Posto nas Disposições Geraes, como preceito regulador de todo o Poder Legislativo, não é verdadeiro, nem se harmoniza com o systema diverso, que o capitulo III adopta para a composição da Camara Federal. A boa technica, em casos taes, impõe que em cada capitulo se determinem as condições para a eleição dos membros de cada uma das casas legislativas.

O art. 5.º do substitutivo corresponde ao 24 do ante-projecto, que se enuncia nestes termos: "Os deputados perceberão uma ajuda de custo annual e um subsidio mensal, fixados na legislatura anterior, descontadas as faltas que excederem de cinco".

Nesta formula concisa se estabelecia a) que só haveria uma ajuda de custo, por anno, evitando-se assim o abuso, mais de uma vez commettido, de receberem os congressistas novas ajudas, por sessões extraordinarias convocadas em seguida ás ordinarias, sem que elles desta cidade tivessem saido; b) que o subsidio seria pago mensalmente, durante todo o anno, evitando-se destarte que as Camaras não trabalhassem efficientemente durante o semestre da sessão normal, afim de forçarem a prorogação remunerada; c) que na época dos trabalhos as faltas que excedessem de 5 seriam, sem excusa possivel, descontadas no subsidio. Os pormenores caberiam no Regimento.

RABILONGO E EMMARANHADO

O novo texto substitue aquella formula concisa e precisa, exposta em menos de 3 linhas, por este dispositivo prolixo, emmaranhado e rabilongo: "Os deputados receberão *ajuda* de custo para cada sessão legislativa e vencerão por mez *um* subsidio pecuniario egual, aquella e este pagos pelo Thesouro Federal e fixados pelas Camaras ao fim de cada legislatura para a seguinte. Paragrapho unico. O subsidio fica sujeito ao desconto correspondente ás faltas não justificadas de cada deputado que excederem de cinco, mesmo quando verificadas na Commissão Permanente e não será pago nos adeantamentos e prorogações".

Volve-se, deste modo, ao abuso, que tantos protestos provocava, dos Deputados poderem receber mais de uma ajuda de custo por anno, embora a sessão extraordinaria se iniciasse no dia seguinte ao encerramento da ordinaria. Egualmente se torna letra morta o desconto das faltas que excederem de cinco, uma vez que se lhes accrescentam as palavras "não justificadas". Não fui de todo favoravel a esta prescripção do ante-projecto. Mas não ha meio termo — ou se adopta a medida, e se descontam as faltas, sem indagação dos seus motivos; ou não se inclue tal restricção, ficando á consciencia do deputado comparecer ou não todos os dias á sessão. Mas accrescentar á palavra faltas a condição de "não justificadas" é zombar da lei e da opinião publica. Não haverá jamais deputado que não as justifique. E' tão facil fazel-o, maximé contando com a boa vontade, a cortezia, a tolerancia do colleguismo. O grave é que a disposição ainda se prestaria a ser, nas mãos da Mesa da Camara, um recurso capaz de estabelecer differença entre Deputados da maioria ou da minoria. Porque ao arbitrio do Presidente da Camara, considerar se as faltas são justificadas ou não. Assim, sempre dispensadas as dos amigos, não relevadas nunca as dos adversarios.

Reconheço que as presidencias das Camaras, no Imperio ou na Republica, não foram jamais occupadas por homens capazes dessa vilania. Mas isso não exclue a hypothese que se formula. O que, porém, não soffre duvida, é que um Deputado teria sempre suas faltas justificadas, e a prescripção legal se burlaria nesas excusas.

O novo texto, portanto, é uma zombaria. E uma lei deve, sobretudo, fugir de ter estampada na propria face a sua hypocrisia ou o seu ridiculo. Mas outros defeitos assignalam ainda o texto, sem a concisão que Ruy exigia na lei, cuja "majestade se revê na brevidade da palavra".

Assim, dispõe o substitutivo: "Os deputados receberão

ajuda de custo para cada sessão legislativa e vencerão um subsidio *pecuniario*". Deveria dizer uma ajuda de custo, como disse um subsidio, porque mais de uma, por sessão, não podem perceber. E para que o "pecuniario"? Houve acaso receio que o subsidio fosse recebido em batatas? E ainda se accrescenta inutilmente: "aquella e este pagos pelo Thesouro Federal". E quem, senão este, os pagaria? Mas a prevalecer a disposição superflua, deveria ser ella reproduzida de referencia ao Presidente da Republica, aos Ministros de Estado, aos do Supremo Tribunal, em resumo, em todas as occasiões que se tratasse de um funccionario federal, ou de um dos orgãos nacionaes. Sempre e sempre a inutilidade repetida: "Serão pagos pelo Thesouro Federal". Ao contrario, poder-se-á concluir que sómente os Deputados gosam do privilegio dessa garantia.

UM ERRO

O artigo 6.º do substitutivo dispõe: "Os deputados são inviolaveis por suas opiniões, palavras e votos, no exercicio das funcções do mandato". O ante-projecto estatue: "No exercicio do cargo, os Deputados são inviolaveis por suas opiniões, palavras e votos". Substituiu-se, pois, a palavra cargo por mandato. Está certo? Não. Substancialmente, não existe mandato em direito publico. Nada justifica a transplantação de um instituto de direito privado para aquelle ramo juridico. Sómente a primitiva deficiencia da technica no direito constitucional explica essa accommodação. Seja porém como fôr, e ainda que não tenham razão os maiores tratadistas do direito publico, que, em sua maioria, sustentam o que vimos de affirmar, não ha como negar que a doutrina do mandato electivo está hoje fortemente combatida. Para não sair de França, sómente ahi, a impugnam decisivamente os dois maiores mestres vivos da materia: Carré Malberg e Jéze. E dos mortos, se Duguit sustentava que, no campo restricto do direito constitucional francez, os Deputados exerciam um mandato e eram mandatarios, Esmein a isto se oppunha, asseverando que, ainda nas raias da Constituição Franceza, semelhante ficção era indemonstravel. A doutrina do mandato, em direito publico, é, portanto, no minimo, um campo de combate. Porque, actualmente, a quasi unanimidade dos professores é contraria á velha theoria, em cujo favor se levantam, comtudo, raras vozes. E' a essa controversia que o substitutivo pretende resolver, inserindo na Constituição, como definitivamente victoriosa, uma idéa tão rudemente combatida. Mas uma Constituição é o poder menos adequado no mundo para solução de disputas doutrinarias. A boa technica, portanto, impõe não empregar no texto de uma lei nenhuma palavra duvidosa, ou que symbolize qualquer doutrina impugnada ou debatida. Foi o que fez o ante-projecto, substituindo sempre mandato por cargo.

Objectou-se, porém, que o Deputado não exerce cargo, porque este é synonymo de emprego. A objecção roça pelo disparate. Primeiro porque os Deputados, como o Presidente da Republica, exercem cargos electivos. Nem isto nunca se contestou. As proprias constituições que empregam a palavra mandato, tambem usam em outros artigos do vocabulo cargo, relativamente ás funcções publicas electivas. Basta vêr isso na Carta de 24 de fevereiro. Segundo, só o desconhecimento absoluto da technica juridica e administrativa, e até dos rudimentos da lingua, poderia, balburdiando as coisas, egualar emprego e cargo. Assim, o tutor, o syndico, o liquidatario, o inventariante exercem cargos; e delles podem, nos termos da lei, ser destituidos.

Mas somente a uma criança de primeira classe da aula primaria se permittiria dizer que seu pae exercia o emprego de liquidatario, syndico, inventariante, ou tutor.

O ante-projecto, pois, empregou relativamente aos Deputados a palavra cargo — clara, precisa, incontestada; o novo texto substituiu-a pelo vocabulo mandato, de accepção duvidosa e discutida. O primeiro manteve-se, portanto, dentro da boa technica; o segundo com ella abertamente rompeu, arvorando a lei em arbitro supremo entre os sabios, capaz de salvar, pelo seu poder, uma idéa condemnada, ou por elle transformar em incontestavel uma noção controvertida.

Ainda o poder Legislativo

Era nosso intuito examinar, um a um, os artigos do novo texto do capitulo referente ao Poder Legislativo, apontando-lhe os descuidos de redacção e de technica e evidenciando que, sob todos os aspectos, o ante-projecto lhe é superior. Demonstrariamos que os substitutivos, no dialecto em que andam sendo redigidos, vão ao cummulo de corrigir emendas de João Ribeiro, e restauram palavras do ante-projecto, que, sob o ponto de vista da pureza vernacula, o grande philologo e mestre consummado do nosso idioma havia condemnado. Ha de sair uma lingua singular o portuguez de João Ribeiro emendado por taes estilistas e doutores. Ha de ser aquella de nome angolês, um tanto escuso, a que alludia Ruy em sua Replica. Urge, porém, examinar os outros substitutivos que se vão apresentando, como os relativos ao Poder Judiciario, á Declaração de Direitos e á Ordem Social e que se caracterizam pelo reaccionarismo, espirito de camarilha e desprezo aos mais reiterados clamores da opinião publica e mais notorios soffrimentos das classes proletarias.

Assim, na esperança de ainda volvermos ao capitulo do Poder Legislativo, limitar-nos-emos hoje a salientar os defeitos substanciaes do novo texto, deixando a analyse da redacção e da technica, para depois que a Commissão dos 26 resolver sobre o assumpto, em definitivo. Até mesmo porque não podemos crêr seja o substitutivo adoptado tal como está, tantos os deslises de toda a ordem que enxameiam e esfuziam por quasi todos os seus artigos.

ERROS SUBSTANCIAES

Quanto as modificações que alteram em pontos substanciaes o ante-projecto, destacaremos apenas os principaes.

Assim, o art. 7.º declara: "Os Deputados, desde o recebimento do diploma, *até nova eleição*, não poderão ser processados criminalmente, nem presos, sem licença da respectiva Camara" etc.

O ante-projecto dispõe: "Desde que tiverem recebido o diploma, os Deputados não poderão ser presos, nem processados criminalmente", etc. O ante-projecto assegura, pois, as immunidades parlamentares até o fim da legislatura, isto é, do periodo para que o Deputado foi eleito. O substitutivo restringe, porém, erradamente o prazo, outorgando as immunidades apenas até "a nova eleição". Esta se realiza, todavia, alguns mezes antes de findar a legislatura. E se o Deputado não fôr reeleito? Obvio que, pelo substitutivo, poderá ser preso, embora esteja, em sessão extraordinaria, exercendo a funcção legislativa, porque a immunidade desappareceu com a "nova eleição". E ainda que reeleito, poderá ser preso, no intercurso da nova eleição até o recebimento do novo diploma, o que se realizará pelo menos 30 dias depois. O substitutivo, portanto, não pode, neste ponto, ser acceito.

O ante-projecto, no § do art. 23, prohibia expressamente ao Deputado "receber do Poder Executivo da União, dos Estados ou dos Municipios, qualquer commissão ou emprego remunerado, salvo missão diplomatica de caracter transitorio e mediante prévia licença da Assembléa". O novo texto elimina o preceito moralizador e assecuratorio da independencia da Assembléa, e o substitue por um dispositivo de compadrío e corrupção, que abre a porta a todos os conchavos entre os Deputados e o Poder Executivo.

Eis o novo texto: "A acceitação da commissão proveniente do Poder Executivo da União, ficará para o deputado, na dependencia da permissão da respectiva Camara, que somente a concederá quando seja de evidente interesse nacional".

Este paragrapho que, na rude consonancia dos seus écos, começa "dobrando como um carrilhão", termina por escancarar a porta dos escandalos, que o ante-projecto cerrára cautelosamente, para evitar as transacções corruptoras entre os dois Poderes, dos quaes um é, por sua natureza, o fiscal do outro. Assim, pelo substitutivo, será livre ao Deputado receber do Poder Executivo da União todas as commissões, contanto que a respectiva Camara dê licença. Ora, quem conhece os habitos do colleguismo e da cortezia parlamentar, bem sabe que tal licença não será nunca recusada.

Póde, agora, portanto, o Executivo da União, entrar em todos os cambalachos e offerecer aos Deputados todas as commissões rendosas, para obter, assim, por acção ou omissão, o apoio de sua palavra ou a cumplicidade do seu silencio.

Mas, o artigo 8.º não pára neste paragrapho.

INTERESSES PRIVADOS

Pela redacção dada aos paragraphos seguintes, supprime varias disposições do ante-projecto, reclamadas por altas razões de interesse publico. E supprime evidentemente para attender a interesses privados. Assim, elimina a prescripção, pela qual "o funccionario civil ou militar" que estiver, por mais de 6 annos consecutivos, no exercicio do cargo de Deputado, "será aposentado ou reformado com as vantagens que teria por lei, quando se investiu na funcção legislativa".

Voltaremos, por consequencia, ao tempo em que, prejudicando aos que estavam nas fileiras, alguns congressistas foram de tenentes a generaes, e funccionarios civis escalaram na Camara todos os postos da carreira.

Da mesma forma, pelo substitutivo volver-se-á ao escandalo, pelo qual professores de academias assumiam o exercicio sómente durante as férias, arrancando iniquamente os vencimentos aos seus substitutos, que tinham occupado a cathedra, durante todo o curso lectivo. Assim, o trabalho era para estes; e os vencimentos do ocio das férias para os Deputados professores!

O ante-projecto impedia abusos taes; o substitutivo os restabelece. Eliminando o dispositivo do ante-projecto, que tornava incompativel a condição de membro da Assembléa com a qualidade de funccionario demissivel ad nutum, permitte o substitutivo a immoralidade de Deputados dependentes do arbitrio do Poder Executivo, que os pune ou os premia, se os exonera desses cargos ou nelles os mantem.

CONTRA A NAÇÃO

O ante-projecto estabelece a unidade do processo, reclamada pelos mais altos expoentes de nossa cultura juridica e pelo clamor da opinião nacional, manifestada por intermedio dos seus orgãos. O substitutivo recúa dessa medida salvadora, estatuindo que as Camaras legislarão sobre os "principios nacionaes de direito processual e sobre o processo do Districto Federal e dos Territorios".

Onde, todavia, o espirito reaccionario, e *estadual* do substitutivo se manifesta mais claramente, é no que respeita á defesa nacional. Ahi a Nação e a Patria quasi desapparecem, subpostas, numa serie de preconceitos ridiculos e de restricções mesquinhas, aos caprichos do campanario e dos chefetes de corrilhos estaduaes.

O ante-projecto estabelece, por exemplo, que á Assembléa compete legislar sobre "todos os assumptos concernentes á defesa nacional e á segurança interna da Nação e de suas instituições, fixando *periodicamente*, em leis especiaes, as organizações e os effectivos do tempo de paz".

O substitutivo, no inciso 2.º do art. 20, volve ao regime antigo da "fixação annual dos effectivos das forças de terra e mar".

No entanto, a experiencia, a arte da guerra, a sciencia militar têm demonstrado a necessidade imprescindivel de es-

tabelecer, por periodo maior que o de um anno, as organizações em tempo de paz. E esse recurso, esse plano de que lan-
çam mão todos os paizes conscientes de suas necessidades militares, o substitutivo, emperrado na rotina e preso a velhas
formulas, recusa ao Brasil, para este se defender.

O ante-projecto determina que uma lei fixará os "contingentes a serem fornecidos pelas unidades da federação",
para a defesa nacional. O substitutivo transfere esse poder á
competencia exclusiva da Camara Federal, isto é, da Camara
dos Estados, e repelle, por isto mesmo, a collaboração, em tal
assumpto, dos outros orgãos da Nação.

Ainda mais: pelo substitutivo compete á Camara dos Estados resolver sobre "a organização das milicias estaduaes e
sua incorporação ás forças federaes em *caso de guerra ou com-
moção intestina"*.

De sorte que, em todos os outros casos, as milicias estaduaes continuam completamente livres de qualquer intervenção nacional. No entanto, nos Estados Unidos, tão citado
como padrão da autonomia estadual, o Presidente da Republica mobiliza e lança mão das milicias, sem peias de ordem
nenhuma, sempre que o julgue necessario. Foi sobretudo
com as milicias que Washington, em 1794, dominou a reacção
popular, ali conhecida por Whisky Rebelion, e que se levan-
tara na Pensylvania, contra um imposto da União.

Pelo substitutivo, porém, ainda no caso de guerra externa, o presidente da Republica e a Nação têm que aguardar
o pronunciamento da Camara dos Estados, para poderem lançar mão das taes milicias.

Na Carta de 91 nada se dizia a tal respeito. Por isto
mesmo, obvio que, em caso de guerra, estava implicito nos
poderes expressos do Presidente, o de, embora contra a opinião dos Governadores, lançar mão das milicias estaduaes e
de suas armas, para a defesa da Nação.

Mas agora não pode haver duvida. Se vingar o substitutivo, ha de o Presidente, deante da Patria invadida, aguardar que a Camara dos Estados delibere se lhe dá ou recusa

as milicias, em resumo, que resolva sobre esse assumpto essencial á defesa do Brasil.

ESTADUALISMO DELIRANTE

E', como se vê, a manifestação delirante do estadualismo. E' a autonomia dos Estados apresentada no substitutivo sob a forma da loucura.

E, no entanto, requintando ainda na exaltação, e assumindo a forma furiosa, a loucura do estadualismo chegou ao ponto de estabelecer a competencia da Camara dos Estados, para "resolver sobre a *distribuição* e o *estacionamento das forças federaes nos Estados,* salvo os de fronteira".

Desta sorte, não será mais o presidente da Republica o chefe das forças de terra e mar; não serão ellas a bem dizer dirigidas pelos ministros da Marinha ou da Guerra! São os Governadores, pois a tanto equivale a Camara dos Estados, os verdadeiros chefes do Exercito e da Armada, visto como lhes cabe dizer quaes e quantos batalhões ou vasos de guerra devem estacionar em taes ou quaes unidades da federação. Aqui, dirão, nenhum; ali, raros; acolá, muitos! E as forças de terra e mar, instituições nacionaes e permanentes, despir-se-ão de todos os seus attributos, sujeitas aos caprichos dos oligarchas locaes. Não são ellas, comtudo, a grande ludibriada e escarnecida. A espoliada é, sobretudo, a Patria, a Nação, que não tem mais territorio onde collocar livremente as suas forças, reduzidas a uma especie de orphãos indigentes, e sem pae nem mãe, aos quaes o juiz custa a encontrar uma casa piedosa que os albergue.

Seremos, assim, como querem os oligarchas e seus defensores, uma federação á rebours. Porque ao contrario do que occorre em todas as federações, não é o Presidente da Republica que dispõe das milicias estaduaes, mas os Governadores dos Estados que dispõem do exercito e da marinha, distribuindo suas tropas, como elles nos seus bestuntos ou nas suas conveniencias entenderem.

Não é possivel. Isso não vingará. Ou as forças armadas teriam deixado de ser nacionaes.

O estadualismo está assumindo na Commissão dos 26, uma forma evidente de loucura. Quem duvidar, não tem senão que lêr a letra *a*, do art. 19, do substitutivo, que ora examinamos.

Desse ponto de vista, o substitutivo, que acabamos de analysar, é vertiginoso e delirante.

Poder Judiciario

Antes de tudo, convém salientar um facto. Não é exacto, como pela imprensa se affirmou, que haja no momento qualquer jurista, ou corrente politica, favoravel á manutenção, quanto ao Poder Judiciario, do systema estabelecido pela Carta de 24 de Fevereiro.

Todos o repellem. Assim, tanto o projecto do sr. Arthur Ribeiro, como a emenda da bancada paulista, propõem a unidade de jurisdicção, abolindo a dualidade actual que tem determinado a annullação de tantos feitos, por incompetencia de juizo.

Por outro lado, projecto e emenda submettem os Estados, "na organização de suas justiças", a uma seria de regras desconhecidas na antiga Constituição.

UNIDADE DA MAGISTRATURA

Ainda outro facto, e de excepcional importancia, deve ser posto em relevo. Pela *unidade* absoluta da magistratura, pronunciaram-se, por telegrammas á sub-commissão, quasi todos os Tribunaes Superiores estaduaes, manifestando-se contrarios á unificação apenas os de S. Paulo, Minas e Rio Grande do Sul. Pela *unidade* egualmente votou a quasi unanimidade dos Institutos de Advogados do Brasil, inclusive o desta capital.

Os que assim opinavam, outra coisa não faziam que estar com o voto do Congresso Juridico Americano de 1900, e. mais do que tudo isso reunido, com a opinião de Ruy Barbosa, que na plataforma da campanha civilista, no programma do Partido Liberal, e até o fim da vida, advogou sempre a unificação da magistratura, como necessidade imprescindivel á existencia nacional.

E isto sem falar em autoridades menores, embora grandes, que, desde a Constituinte de 91, como Amphilophio Botelho e José Higino, sustentaram a unidade da magistratura, decorrente da unidade do direito, segundo a lição de Kent.

Na America do Norte, legislando os Estados sobre direito substantivo, deveriam por isto mesmo ter justiça propria. O contrario se impunha no Brasil, onde a União reservou para si o privilegio de legislar a respeito. Mas bastaria, do ponto de vista scientifico, a autoridade, sem competidor possivel de Ruy Barbosa, e a manifestação da quasi totalidade dos nossos tribunaes e collegios de advogados, e, do ponto de vista politico, o clamor da maioria da Nação pela unidade da magistratura, para que ante-projecto pudesse ter adoptado esse alvitre, sem temor de ter perpetrado um crime contra a federação ou a autonomia dos Estados.

Que mysterio será o da federação, que Ruy não apprendeu, e todo neophito ou apedeuta anda agora decifrando?

E' levar a falta de respeito á opinião publica e a si mesmo até os ultimos excessos do desplante, affirmar que attenta contra a federação, e com ella não póde ser compativel, uma reforma amadurecida no espirito de Ruy, e por elle sempre ardentemente pleiteada.

E não sómente por elle, mas pela grande maioria dos nossos Tribunaes e Institutos de Advogados.

E os que taxam de attentado, inepcia ou contrasenso, a unidade da magistratura, no regime federativo, que titulos ou renome scientifico possuem para dessa maneira desrespeitarem ou se opporem á medida patrocinada por tantas e tão grandes autoridades?

Áinda mais. Tres grandes nomes alteam-se, na Republica, em tres grandes ramos juridicos, e dos que menos estreitas relações têm entre si — Ruy, no direito constitucional; Clovis, no civil; João Monteiro, no processual.

O primeiro e o ultimo velhos e notorios adeptos da unidade. O segundo, por ella se pronunciou, na entrevista dada no anno findo ao *Diario Carioca*.

E o que é mais, ferindo expressamente o assumpto, e declarando que "substancialmente, a federação não exige para os Estados particulares, nem a competencia para legislar sobre direito substantivo, nem sobre a organização da magistratura, que tem de applicar o direito nacional.

Além de me parecer, que a unidade do direito exige a unidade do orgão que tem por funcção declarar o direito, accresce que, com este systema, se defenderá melhor a magistratura da politica local."

Onde, pois, os novos constitucionalistas descobriram que "a unidade da magistratura" é incompativel com a federação?

CONSTITUIÇÃO DA AUSTRIA

E quando se diz que a mais nova das federações — a Austria — estabeleceu nos seus arts. 82 e 83 que "toda jurisdicção emana da Federação" e que "a legislação federal fixará a organização e competencia dos Tribunaes", respondem-nos que, segundo Mouskheli, esse paiz não é um Estado Federal.

Mas, o art. 2 da Constituição Austriaca declara expressamente: "A Austria é um Estado Federal."

E a Constituição desse paiz foi elaborada, pelo maior theorista do direito publico na actualidade — o sabio professor de Vienna Hans Kelsen.

E' a elle que se oppõe um discipulo, um neophito, um estreante, da ordem de Mouskheli, autor de um livrinho bom, é verdade, como summa das theorias dos seus mestres.

E' um desses livros de leitura facil, publicado ha 2 annos, e que anda agora sendo lido pelos constitucionalistas de fim de estação.

Imaginou Mouskheli juntar as theorias de Jellinek e Le Fur, caracterizando, assim, o estado federal.

E' a mesma mania de Durand, monographista tambem sem maior autoridade e a quem aquelle combate.

Esses vulgarizadores, como os dois supracitados e Guetzevitch, andam agora, sendo lidos á pressa pelos nossos constitucionalistas, que desejam no dia seguinte dissertar sobre os mais delicados problemas da theoria do Estado.

O que lhes serve, porém, no momento, é exactamente o primeiro delles.

Porque junta a doutrina dos dois grandes mestres de Heidelberg e Paris; e quando, apesar disto, os factos não se ajustam a combinação, e a Allemanha, a Austria e a Russia, embora declaradamente sob o regime federativo, não podem caber no arranjo do aprendiz, elle corta o nó de tão grande difficuldade neste golpe decisivo: "esses Estados não são federações".

Mas os seus mestres, assim despedidos á porta da rua, são Preuss, um dos grandes jurisconsultos allemães, e Kelsen, o mais illustre e sabio, talvez, dos actuaes doutrinadores do direito publico.

PEOR PARA OS FACTOS

Bem verdade que a audacia do estreante tem por precursor o genio de Hegel. Deante de uma de suas theorias, alguem lhe objectara: "E se os factos a contrariarem?" E o philosopho germanico a responder incontinente: "Tanto peor para os factos."

E o que fazem, agora, os defensores das oligarchias estaduaes, fantasiados de adeptos da autonomia dos Estados, quando não obstante os factos, e os pareceres dos nossos maiores juristas e da maioria dos nossos Tribunaes, que reclamam a unidade da magistratura, põem a todos esses fóra do circulo dos iniciados nos mysterios da federação, que exige, para as cerimonias do seu rito, a dualidade da Justiça.

A Dualidade da Magistratura no Ante-Projecto

Como demonstrei no artigo de hontem, a grande maioria do Brasil, pela quasi totalidade de seus Tribunaes e de seus Institutos de Advogados, pela sua imprensa e pelos cultores maximos da sciencia juridica, reclamava, como providencia de interesse nacional, a unidade da magistratura. A isto se oppunham apenas os Tribunaes de Minas, São Paulo e Rio Grande. Desejavam a dualidade integral estabelecida na Carta de Fevereiro.

O sr. Arthur Ribeiro, primeiro relator deste capitulo na sub-commissão, a isso não acquiesceu, e apresentou um projecto pelo qual se firmava a unidade de jurisdicção, mas se mantinha a dualidade da justiça. E' o que pleitea hoje a emenda da bancada paulista.

Não colhe citar, nestas alturas, João Mendes, para demonstrar que não havia duas justiças, e que o Poder Judiciario, mesmo nos Estados, era sempre nacional.

O grande romanista e mestre eximio de processo não tem egual autoridade no campo do direito constitucional. A sua doutrina singular não teve seguidores. As razões com que a justifica, no seu precioso "Direito Judiciario Brasileiro", não passam de um jogo de escolastica tão do seu feitio e do seu agrado. E tece todo o seu raciocinio, dereder de dados metaphysicos, como "principio vital, vontade geral, principio de actividade localizado na materia extensiva, que existe toda inteira, em cada parte e toda inteira no conjunto". A excentricidade do preclaro processualista, a quem Pedro Lessa caracterizou como "um grande espirito volvido para o passado", não encontrou acolhida em nenhum jurista de nota. E para demonstrar o seu equivoco, sem sair de São Paulo, basta ler o discurso proferido por Campos Salles, em defesa da *dualidade do Poder Judiciario*, na sessão da Constituinte, de 7 de janeiro; basta ler Pedro Lessa, nas suas Polemicas, ou no seu livro classico sobre o Poder Judiciario.

NA CARTA DE 91

Nem póde haver duvida, quando a Constituição declara, no n. 25 do art. 34, competir ao Congresso "organizar a justiça federal", o que prova, a. contrario sensu, a existencia de outra justiça — a estadual. E nos arts. 59 e 60, §§ 1.º, 2.º e 3.º, 61 e 62 fala sempre em "justiça federal" e "justiça dos Estados". E se essas "justiças" regulam-se por organizações judiciarias estaduaes e Codigos do Processo estaduaes, isto é, por um direito judiciario estadual, evidente, que ellas eram estaduaes, embora, applicando, por contrasenso, um direito substantivo nacional. A dualidade do direito judiciario — organização judicial e processo — e a dualidade de magistratura importavam, ipso jure, na dualidade da justiça.

Debalde o projecto do ministro Arthur Ribeiro, apoiado hoje, pelos pseudos autonomistas, procurou melhorar a situação, acabando com a dualidade jurisdiccional. Não mais duas competencias. Todas as causas serão propostas no mesmo fôro. E conforme o caso, o recurso se interporá para o Tribunal da Relação ou para o Supremo Tribunal. Até ahi muito bem.

UM ABSURDO

Mas o projecto, como a emenda paulista, despoja a União de uma competencia privativa e a colloca subalternizada aos pés dos juizes locaes.

Porque, para instituir a unidade de jurisdicção, o que se supprime é a justiça federal nos Estados. Assim, a União e até Nações estrangeiras soberanas passarão a ser julgadas, em primeira instancia, e, possivelmente condemnadas, por justiças que o proprio projecto expressamente denomina de "locaes". E são juizes e justiça "locaes", porque se regem por uma lei de organização judiciaria estadual e são nomeados pelos Presidentes dos Estados.

Com isso é que não podemos conciliar a federação.

Como comparecer a União, para se fazer julgar, perante justiças e juizes estaduaes?

E ainda quando ella fizesse pouco ou nenhum caso da propria soberania, como convidar outras Nações a fazerem malbarato da sua, deixando-se processar e julgar, por Justiças declaradamente locaes, no texto da Constituição federal?

Ahi bem, não sabemos como conciliar o regime federativo com essa subalternidade da União, processada e julgada por justiças e juizes estaduaes. E foi, exactamente, para evitar essa incoerencia absurda e clamorosa, que o, anteprojecto, sem ir até á unidade absoluta da magistratura, caminhou até a unidade da justiça.

JUSTIÇA NACIONAL

Por elle bem, nem justiça federal, nem estadual, mas justiça nacional, perante a qual a União, e as demais Nações comparecem e pleiteam. Justiça Nacional porque nacionaes o codigo do processo e a lei da organização judiciaria. Nacional, portanto, o direito judiciario, como o civil, ou o penal. Justiça una e jurisdicção una. Mas juizes, nomeados, dentro dos Estados por seus Presidentes, por elles promovidos e pagos, segundo as regras basicas da Constituição Federal, e de accordo com a divisão judiciaria que as unidades federativas votarem livremente.

Mas este facto não tira aos juizes o seu caracter de

representantes da justiça nacional, porque a lei que lhes regula as funcções emana do orgão directo da Nação.

Esse o ecletismo do ante-projecto, procurando conciliar interesses oppostos, mas evitando á União um papel subalterno, incompativel com a existencia do regime. E porque assim fez, bradam que o ante-projecto attenta contra a federação. Mas o ante-projecto se defende e faz emmudecer os protestos de todos os oligarchas, com o testemunho dessas palavras memoraveis: "O principio da unidade que a Constituição impõe ao Codigo Civil, Criminal e Mercantil, collide com o da *multiplicidade*, que *estabeleceu* para as leis do *processo e a organização da justiça.*"

São palavras de Ruy em 1910, e que não cessou de reaffirmar até o derradeiro sopro de vida. Deante dessa autoridade formidavel, que prejulga e applaude a unidade da organização judiciaria estabelecida no ante-projecto, de nada vale o rugir dos oligarchas ou o gaguejar dos apedeutas. O ante-projecto leva no tôpo do mastro a bandeira real.

O poder Judiciario no Substitutivo

O substitutivo, no ponto fundamental da organização do Poder Judiciario, não se apoia, neste momento, em outra autoridade, senão em si mesmo.

Por mais valiosa que fosse, ainda quando allumiada pelo clarão do genio, bem fraca seria ella contra a unanimidade, a bem dizer, do sentimento da Nação.

E' que uma Constituição é, sobretudo, um instrumento politico, destinado a compôr interesses e forças sociaes, numa formula de conciliação e de equilibrio.

Não é, não pode ser a exposição dedutiva de uma doutrina ou de uma these juridica.

Dahi a incapacidade do jurista, exclusivamente tal, para encontrar a formula politica adequada á solução desses conflictos.

E' que o jurista, já o disse Sorel, "deduz e não observa". E o methodo deductivo, peculiar aos advogados e aos juizes, não será nunca o do homem de estado, ou o da politica.

Só assim teria explicação ficar o substitutivo no systema condemnado pela opinião nacional, manifestada inequivocamente, neste momento, pela unanimidade dos seus orgãos.

Se o substitutivo "observasse", em vez de "deduzir", teria, com certeza, verificado que o Brasil inteiro protesta contra a dualidade de jurisdicção, que tantos males tem causado.

PROTESTO UNANIME

Assim, contra ella protestam os que pedem a unidade absoluta da magistratura, e são a maioria; os que chegam com o ante-projecto até a unidade da justiça, embora permittindo aos Estados a divisão judiciaria e a nomeação dos seus juizes; os que acceitam o projecto Arthur Ribeiro e a emenda da bancada de S. Paulo e estabelecem as duas justiças, pela duplicidade da organização judiciaria, e das nomeações — da União e dos Estados — mas consagram a unidade jurisdiccional, pela unificação da competencia. Partidario do systema actual, que nos conste, não se apresenta ninguem, excepto o substitutivo no rigor deductivo do seu methodo. Bastaria, comtudo, esta condição, para condemnal-o, porque não se póde, jamais, em nome de nenhum principio doutrinario, por mais alto que seja, impôr a uma Nação um systema politico, ou de organização politica por ella repellido. Se o povo repudia a therapeutica, o medico, por mais illustre que o seja, não póde insistir nas applicações de sua medicina. E' que a Nação, no seu instincto, vela mais pela conservação de sua vida, que o mais provecto esculapio com todas as drogas de sua pharmacia e todas as formulas do seu receituario.

E a Nação, por todos os seus orgãos, repudia e rejeita o tratamento dual que a Carta de 24 de fevereiro lhe applicava e o substitutivo reteima em conservar.

OS MALES DO SYSTEMA

Debalde os factos demonstraram, até á evidencia, os males do systema condemnado.

Em vão os conflictos surgiram e continuam a surgir entre as duas jurisdicções, obrigando, não raro, o Supremo Tribunal a mudar de Jurisprudencia, como acaba de fazel-o, relativamente a certos casos de fallencia, e de accordo com o voto magistral do sr. Eduardo Espinola. Inutil que se continuem a annullar feitos, pela incerteza do fôro onde elles se ajuizem, damno a que somente em parte o substitutivo remedeia. Em pura perda se evidencia que a justiça federal não exerce as suas funcções, ou, o que é peor, as desempenha sob a forma do ridiculo, a não ser nas capitaes.

O substitutivo, como depois veremos, providencia somente em parte sobre esse inconveniente, e por uma forma contradictoria com o prescripto nas Disposições Preliminares.

Tudo baldado. Continuem os conflictos; permaneça a balburdia na incerteza da competencia; annullem-se os feitos; prejudiquem-se os interesses; inutilize-se ou cubra-se de irrisão a justiça federal no interior do paiz. Tudo tempo perdido.

DEDUZ E NÃO OBSERVA

O substitutivo "deduz e não observa". Não observa os protestos populares; não escuta os clamores da Nação. Com os olhos fechados á realidade da vida brasileira, e absorto no sonho de uma formula abstracta, "deduz e não observa". Mas, nem ao menos é certo nas suas deducções, como posteriormente se verá.

O que, porém, é essencial, em casos taes, é o "fair play".

Não é justo insinuar que o debate da unidade da justiça ou da magistratura versou em grande parte em torno da soberania dos Estados. A these de Campos Salles, e, ainda naquella época, somente explicavel pelo seu pouco conhecimento da materia, não encontrou acolhida em nenhum vulto de renome. Mas a soberania dos Estados era invocada exactamente pelos partidarios da dualidade. Não a poderiam jamais invocar os adeptos da unidade. E estes formam hoje legião. E com que chefes! João Monteiro, Amaro Cavalcanti, Clovis Bevilacqua, Ruy Barbosa! E falaram agora pelos orgãos de quasi todos os Tribunaes Superiores e de quasi todos os Institutos de Advogados, depois de haverem clangorado, por mais de 40 annos, na voz dos Congressos Juridicos e da imprensa de todo o paiz. E aos defensores da unidade completa da magistratura, juntam-se, agora, os que sustentam a unidade da justiça, embora com os juizes de nomeação estadual, na forma eclectica do ante-projecto.

E, neste particular, ainda aos primeiros se congregam os partidarios do projecto Arthur Ribeiro, com a dualidade da justiça e da magistratura conciliada com a unidade de jurisdicção.

Pois, o substitutivo a todas essas realidades formidaveis, a todas essas fontes de energia, a todas essas manifestações de vida, á univocidade desse clamor, prefere as illações do principio abstracto e indemonstravel que a dualidade da justiça é essencial á federação, e, desse ente de razão, deduz, alheio ao mundo, o seu systema, raciocinando como Euclydes, nos postulados de sua geometria.

O Supremo Tribunal, no Substitutivo

No ante-projecto, o capitulo do Poder Judiciario se inicia prescrevendo neste teor: "O Poder Judiciario será exercido por tribunaes e juizes distribuidos pelo paiz; e o seu orgão *supremo terá por missão principal manter, pela jurisprudencia, a unidade do direito, e interpretar conclusivamente a Constituição em todo o territorio brasileiro*".

O novo texto, porém, elimina o artigo preciso, rigoroso e imprescindivel, que traça e consagra, desde logo, a funcção oracular do Supremo Tribunal, em nosso regime, e substitue, na frontaria do Poder Judiciario, a disposição abolida por esse dispositivo inexpressivo e regulamentar: "O Poder Judiciario da União será exercido; a) pelo Supremo Tribunal Federal; b) pelos juizes e Tribunaes Eleitoraes; c) pelos juizes e Tribunaes Militares; d) pelos demais juizes e tribunaes que a Assembléa Nacional determinar".

ENTRE PARENTHESES

Abramos por momentos, um parentheses. Já vimos, hontem, que a quasi totalidade da Nação é pela unidade da magistratura. E ella decorre logicamente da unidade do direito. E' assim que se expressava Ruy Barbosa: — "No Brasil, onde o direito substantivo é um só, *força era ser um só o systema do processo, e ter o organismo judiciario um caracter uno*".

O ante-projecto a tanto não chegou. Transigiu, conciliando o interesse da Nação e da maioria dos brasileiros com as conveniencias partidarias de alguns dos grandes Estados. Foi eclectivo. Estabeleceu a unidade da justiça, consubstanciada na unidade do processo e na de organização judiciaria. Criou a justiça nacional. Mas permittiu que os Estados fizessem livremente sua divisão judiciaria e nomeassem os juizes com exclusiva jurisdicção nos territorios estaduaes. Não incluiu, porém, a justiça eleitoral, entre os orgãos do Poder Judiciario. Assim tambem o fizeram as nações que providenciaram sobre a composição de certos tribunaes, a que se attribuiu a competencia de resolver sobre as questões relativas a reconhecimento de poderes dos membros da Assembléa. Considerou o ante-projecto que a justiça eleitoral, como o proprio nome define, era um orgão especial, criado para resolver privativamente sobre factos politicos, sobre principios politicos, sobre direitos politicos, sobre casos exclusivamente politicos, dos quaes sempre se alheou o Poder Judiciario. Por isto mesmo a este Poder não pertencia, muito embora deste fossem parte alguns dos seus membros. Seja, porém, como fôr, o substitutivo incluiu entre os orgãos componentes do Poder Judiciario da União os "juizes e tribunaes eleitoraes". E creio que acertou. Mas, o substitutivo manteve a dualidade actual da justiça. Não organizou, como o ante-projecto, a justiça nacional; não revestiu desse caracter todos os juizes, ainda mesmo os nomeados pelos Governadores. Ao contrario. Conservou, absolutamente distinctos, o Poder Judiciario da União e o do Estados. E entre os primeiros incluiu os "juizes eleitoraes". Mas estes são os juizes, existentes nos Estados. Eram elles que de muito dirigiam o alistamento eleitoral. São elles que hoje desempenham nas comarcas e nos termos os deveres que o Codigo Eleitoral lhes impõe. O substitutivo não altera neste ponto a situação vigente.

Taes juizes, porém, pertencem ao Poder Judiciario dos Estados. São mesmo os unicos que elles possuem. Nem poderão talvez jamais ter outros. Se, agora, porém, passam a pertencer ao Poder Judiciario da União, desapparecerá, ipso facto, o dos Estados. Dir-se-á que pertencem a ambos?

Como classificar, porém, esses juizes de dois sexos, que de uma banda são da União e de outra dos Estados?

Pertencerá ao mundo da physiologia ou ao da teratologia juridica esse hermaphroditismo judiciario? E' que a balburdia e a confusão somente confusão e balburdia podem gerar. E tudo isto se evitaria, como evitou o ante-projecto, tornando nacional a Justiça, como nacionaes são o Exercito e a Marinha. Essas tres grandes forças devem ser mesmo a expressão impessoal e suprema da Nação, sobranceiras aos interesse, que dividem; superiores ás facções, que desaggregam; inaccessiveis aos regionalismos, que dissolvem.

Fechemos o parenthese.

O SUPREMO TRIBUNAL

O artigo inicial do capitulo judiciario definia, no ante-projecto, o grande papel politico do Supremo Tribunal. Caracterizava-o nas suas duas grandes funcções — a de Côrte de Cassação, formando pelos seus arestos a unidade do direito; mas acima desta, e peculiar ao nosso regime, a de ser o grande *poder politico*, contendo o Legislativo e o Executivo nas orbitas que a Carta Constitucional lhes traça, e contra os excessos de ambos, garantindo os direitos do individuo com o amparo de uma protecção irresistivel; e, por outro lado, assegurando a fórma do Estado federal, recollocando a União ou os Estados nas raias dos poderes que o Pacto Supremo lhes outorgou, e que ella ou elles ousaram ultrapassar.

Este, mesmo na opinião de muitos mestres, o caracteristico essencial ao regime federativo — o da existencia de um grande orgão politico, que, sob a fórma judicial, seja o guarda e o arbitro da Constituição, velando pela permanencia do Estado federal, e repondo, por uma decisão irrecorrivel, dentro das lindes em que a Constituinte os circumscreveu, tanto a União, como os Estados, quando, na usurpação de faculdades ou privilegios que ao outro pertencem, transpuzerem os limites que o Poder Soberano fixou.

Eis ahi a suprema funcção politica que transforma o Supremo Tribunal, em "paramount power", que faz de seus arestos a mais alta lei do paiz — "the highest law of the land" —, que o torna um grande poder politico do Estado Federal e da Nação.

Eram essas funcções supremas que o ante-projecto estampava, como traços caracteristicos, na physionomia constitucional do grande orgão, collocado, por isso mesmo, no cimo do zimborio, como chave de abobada da constituição politica, sob cuja segurança foi o Brasil abrigar a sua grandeza e o seu destino. Porque dahi, do seu caracter de grande poder politico, decorre para o Supremo Tribunal, como veremos, principios especiaes á nomeação de seus ministros e ao espirito que deve presidir aos seus arestos.

NOTA — O "Correio da Manhã", de hoje, publica uma observação do sr. Raul Fernandes, a proposito destes artigos. Não dissemos nunca, nem o poderiamos ter dito, que estamos criticando o texto definitivo do projecto da commissão dos 26. Temos examinado, apenas, os novos textos apresentados pelos relatores parciaes, unicos de que temos conhecimento. E, assim mesmo, sómente de alguns que a imprensa tem publicado. Dissemos, ao contrario, que não poderiamos crer que a commissão dos 26, ou a sub-commissão dos 3 os acceitasse, taes como vêm sendo redigidos. Mesmo no capitulo das Disposições Preliminares, de que é relator o sr. Raul Fernandes, não acreditamos que sua primorosa intelligencia não se renda á inconveniencia do "não poderá intervir", que motivou a discussão entre Ruy e o sr. Epitacio Pessôa. Que não substitua a expressão restrictiva "sentenças federaes". Que não acceite a intervenção para a "execução das decisões e ordens da justiça estadual". Que não attribua ao Supremo Tribunal a intervenção para assegurar o pagamento dos juizes em atrazo de vencimento. Que não considere caber ao Presidente da Republica a intervenção para assegurar a execução das leis federaes. E outros descuidos, que evidentemente escaparam no momento á sua lucida intelligencia.

POST SCRIPTUM

O artigo que hoje se publica foi expedido ante-hontem de Petropolis, em carta expressa. O Correio, porém, só hontem, pela manhã, o entregou á redacção deste diario. Dahi este *post scriptum*, ao ler a carta do sr. Levi Carneiro, na qual s. ex. me honrou com algumas referencias. O preclaro jurista, no entanto, não tem razão. Eu não poderia fazer a defesa do ante-projecto, sem analysar, ao mesmo tempo, os substitutivos que o modificavam, e iam sendo publicados pela imprensa. Era só o que me chegava ao conhecimento. Se evitei citar os nomes dos relatores parciaes, foi para não personalizar a discussão. Não era que lhes recusasse o merecimento intellectual que todos elles possuem. Sómente um invejoso ou um imbecil poderia, por exemplo, negar ou desconhecer os meritos notorios do eminente jurista e signatario da missiva. Felizmente não pertenço a nenhuma dessas duas grandes classes. Mas o equivoco ou o descuido são peculiares á falibilidade humana, ainda nos melhores modelos da nossa especie. Nunca houve ninguem que os não tivesse commettido: não haverá jamais alguem que os possa deixar de commetter. Apontal-os não é chamar a "bolos". E' tão sómente o direito elementar de opinar e discutir. Não quer isto dizer que, nos tres substitutivos por mim examinados não haja novos dispositivos uteis ou imprescindiveis. Duvida tambem não pode haver que o verdadeiro confronto sómente se fará deante do texto definitivo, approvado pela commissão dos 26. Isto, porém, não me impede que eu o faça desde logo, em face dos substitutivos dos relatores parciaes. E' o que se verá nos artigos subsequentes.

O Supremo Tribunal, como grande Orgão Politico

Inscrevendo no portico do Poder Judiciario que "o seu orgão supremo terá por missão principal manter pela jurisprudencia a unidade do direito e *interpretar conclusivamente a Constituição em todo o territorio brasileiro*", o ante-projecto definia e realçava, desde logo, a formidavel funcção *politica* desta entidade, que declara sem appello aos individuos, aos outros Poderes, aos Estados e á União, qual, no caso controvertido, a regra a que elles se devam submetter, obedientes ao mandamento da Carta soberana.

PODER TREMENDO

Era a esta faculdade sem rival, que o *justice* Harlan, num dos casos insulares — Downes v. Bidwell — alludindo á Suprema Côrte, qualificava de "tremendo poder" — "tremendous power". Mas ali esse "poder tremendo" resulta da visão larga e profunda de um *estadista judiciario*. Decorre da famosa sentença de Marshall, no caso Marburry v. Madison, muito embora precedentes houvesse em data anterior á Constituição de Philadelphia. Razão, todavia, tem Allen Smith, quando assevera que a Suprema Côrte "assumiu um poder que não se considerava judiciario, na época da Constituição, nem ainda hoje assim se considera, em nenhum grande paiz do mundo". Porque essencialmente politico será sempre o poder de declarar invalida uma lei, ou recollocar a União ou as unidades federativas dentro dos limites que lhes traçou a potestade soberana. Nada mais eminentemente politico que a forma do Estado, que a sua organização federativa, que os direitos das partes que a compõem. E vae caminho de um seculo que a Suprema Côrte, pelo orgão de Taney, no caso Ableman v. Booth, assim estatuia: "O Poder Judiciario foi considerado indispensavel não só para assegurar a supremacia das leis dos Estados Unidos, mas tambem para *resguardar os Estados de qualquer invasão dos seus direitos pelo governo federal*". Mas, assumindo tão tremendo *poder politico*, não logrou a Côrte Suprema, desde 1803, escapar ás mais asperas investidas. Desde a de Jefferson, quando assegurava que "Marshall e a Suprema Côrte, andavam labutando por fazer uma constituição", até a de Jackson, quando se recusou a cumprir os arestos supremos, chalaceando: "John Marshall lavrou a sentença, elle que a execute". Desde Gibson, presidente da Côrte Suprema de Pennsylvania, repellindo em 1825, num voto brilhante, a doutrina usurpatoria, até, nos tempos recentes, Clarck, tambem presidente de Côrte Suprema — a da Carolina do Norte — asseverando que o poder de declarar a inconstitucionalidade de uma lei, não estava, nem explicita, nem implicitamente contido na Constituição". Desde Pinkney, naquella época distante, querendo saber se a "Constituição era uma realidade ou um fantasma", até, em nossos dias, Trickett — deão da Dickson Law Shool — formulando o seu ruidoso protesto contra "a grande usurpação" e Hardley, presidente da Universidade de Yale, — iniciando a campanha contra as decisões daquelle Tribunal, posteriormente secundado, no mundo politico, por Borah, Bryan, La Follete e Roosevelt. E toda essa contenda, até hoje não totalmente morta, porque a Constituição de Philadelphia, ao contrario da Carta de 91, não conferiu expressamente esse "tremendo poder" á Suprema Côrte americana.

ORGÃO POLITICO

Mas esse "poder tremendo" delimita e dirige, em ultima analyse, a politica daquelle grande paiz. E' o que assevera Cotton, numa phrase lapidar, quando proclama, de referencia ao caso Marburry v. Madison, que "essa decisão restaura·o systema do direito constitucional americano".

E Carson, na sua celebre Historia da Suprema Côrte, assignala que com a ascensão de Marshall findavam "as horas do provincialismo", e nas decisões daquelle juiz ia repousar *"a gloria e a força da Nação"*.

Por isso mesmo James Beck já o colloca acima de Washington, para formar com Hamilton e Lincoln a trindade dos grandes organizadores do systema politico norte-americano. Nem de maneira diversa se pensa, do outro lado do Atlantico.

Boutmy, nos seus Estudos de Direito Constitucional, pôde, com segurança, dizer que a "Suprema Côrte, pelos seus julgados, separou do seu *confuso* amalgama os poderes da *União e dos Estados"*.

E Dicey, em The Law of the Constitution, não hesitou em asseverar que o federalismo substituiu a legislação pelo pleito judicial". "Federation substitutes legislation for litigation". Não se poderia caracterizar melhor a formidavel funcção politica da Suprema Côrte, a quem cabe dizer, sobre taes assumptos, a palavra derradeira, e definir, sem appello, não sómente os seus direitos, senão tambem os dos Poderes Legislativos e Executivos, e ainda os da União e os dos Estados. E tudo isso que não lhe era expressamente conferido, emana, para a Suprema Côrte, das illações de seus arestos, em que firmou a propria competencia para decretar a inconstitucionalidade das leis e construir a theoria dos poderes implicitos e dos resultantes, sobre cuja rocha granitica se ergueu o edificio da grandeza norte-americana.

DECISÕES POLITICAS

Foram as sentenças de Marshall, de 1801 a 1835, sobretudo, depois de 1919, quando desenvolveu, em Mac Culloch

v. Maryland, a theoria dos poderes implicitos, que definiram, construiram, alargaram e alicerçaram sobre fundamentos indestructiveis, os poderes da União e os direitos da nacionalidade, contra as tendencias de Jefferson e seus discipulos, adeptos da soberania dos Estados, cujo alento final se haveria de exhalar com a rendição de Lee, nos campos de Appomatox. E era tamanho o poder das conquistas politicas de Marshall, que, em 1835, quando, Taney, saindo do Ministerio da Fazenda de Jackson, assumiu a presidencia da Côrte Suprema, onde, por 28 annos deveria dominar; máu grado suas tendencias anti-unionistas, e a propensão da maioria daquelle Tribunal, com elle solidaria, não lhe foi possivel, nem tentou sequer, recuperar para os Estados, todo o territorio politico-juridico por elles perdido, em beneficio da Nação. Falhava no terreno social a lei physica de que a reacção é egual a acção. Todavia, o periodo da presidencia Taney, com o predominio de juizes democraticos, se assignala pelo alargamento, dentro do possivel, dos poderes dos Estados. Mas, com a ascensão de Lincoln e a nomeação de Chase para occupar o posto vago pela morte de Taney, a Suprema Côrte volveu ás doutrinas de Marshall e não cessaram, desde então, até hoje, de crescer em amplitude e força os poderes da União, embora houvesse aquelle Tribunal, na construcção da emenda quatorze, sobretudo no slaughterhouse case e no civil right cases, defendido e resguardado os direitos dos Estados, contra as tendencias invasivas e dominadoras, que inspiraram os autores dessa reforma.

Não obstante, se alargava sempre a esphera da competencia federal. Assim, em 1869, no caso Hepburn v. Griswold, a Suprema Côrte decretava a inconstitucionalidade do papel moeda de curso forçado. Mas, em 1871, modificada a composição desse Tribunal, decidia elle, nos casos Kuox v. Lee e Parker v. Davis, que a emissão era legal, porque o poder do curso forçado estava implicito no de declarar e fazer a guerra. Era a applicação da doutrina de Marshall, exposta 50 annos atrás, no caso Mac Culloch v. Maryland. Mas, em 1878, precisára a União, já em plena paz, de novamente emittir. E, em 1883, no caso Julliard v. Greenman, a Suprema Côrte sustentava a constitucionalidade da lei emissora, como um poder *resultante* da soberania da Nação, expressa no direito de cunhar moeda e fazer operações de credito.

E não foi senão argumentando com os "resulting powers", que, nos casos insulares, a Suprema Côrte, por cinco votos, contra quatro, manteve a constitucionalidade de Foraker Act de 1900, e com esses arestos preservou, prestigiou, consolidou a politica expansionista dos Estados Unidos, quando estes, nos grandes oceanos e pela annexação de novos territorios, surgiram deante do Mundo como Nação imperialista e colonizadora.

Era a nova politica dos Estados Unidos, decorrente de sua grandeza economica e da sua situação de grande potencia militar, que impunha á Suprema Côrte, por maioria de um voto, a modificação de sua jurisprudencia de 1856, que não era em ultima analyse, outra coisa que a reaffirmação dos principios pelos quaes as 13 colonias se levantaram contra o jugo britannico. E foi ainda argumentando com os poderes implicitos e com a "emergency" que a Suprema Côrte, no caso Abrams v. United States, como um anno antes, em Schenck v. United States e Schaefer v. United States, pôde manter a constitucionalidade do Espionage Act de 1917 e 1918, não obstante literalmente oppostos á liberdade de palavra, assegurada de modo *absoluto* pelas emendas 1.ª e 14.ª.

O NOSSO CASO

Era esse "tremendo poder", essa funcção oracular, esse papel de "master of the constitution", essa situação de grande orgão politico, tantas vezes rudemente contestada á Suprema Côrte americana, que o ante-projecto punha em relevo, como brazão e titulo caracteristico do nosso Tribunal. Nem se diga que, entre nós, essa duvida não póde surgir, uma vez que expressamente se lhe confere o poder de sentenciar sobre a constitucionalidade das leis. Sim, quanto a esse poder. Quanto, porém, á sua qualidade de *interprete maximo* da nossa Constituição, capaz de impôr, por isto mesmo, em todos os casos, a observancia dos seus arestos aos outros Poderes, já á o mesmo não acontece. E foi á falta de um texto definitivo, preciso e categorico como o do ante-projecto, que, sob o governo Hermes, o Presidente da Republica e com elle as duas casas do Congresso entenderam que lhes não obrigava o accordam do Supremo Tribunal sobre o Conselho Municipal deste Districto. Raciocinavam, então, com Jefferson e Jackson, que qualquer dos Poderes é supremo no interpretar a Constituição, quando têm que desempenhar as attribuições que a Nação lhes confiou.

E' a isso que o ante-projecto obvía e corta cerce, declarando expressamente que ao Supremo Tribunal compete *"interpretar conclusivamente a Constituição, em todo o territorio brasileiro"*.

Este o "tremendo poder", do qual resulta para o Supremo Tribunal o seu papel oracular. Não somente o de interpretar a Constituição. Mas o de interpretal-a conclusivamente, em todo o territorio brasileiro. Este o "tremendo poder", do qual pende, muita vez, com a segurança publica, a vida da Nação.

Foi a decisão de Jay, no caso Crisholm v. Georgia que motivou, nos Estados Unidos, a emenda onze. Foi a decisão de Taney, no caso Dred Scott v. Sanford, que atirou o paiz na guerra civil e determinou a emenda treze. Foi a decisão de Field, no caso Pollock v. Farmer's Loan and Trust Company, que, declarando inconstitucional o imposto de renda, provocou a emenda dezeseis.

Este o "tremendo poder" que o ante-projecto expressamente confiava ao Supremo Tribunal, evitando possiveis conflictos e consagrando-lhe, num texto definitivo, a posição oracular de arbitro da Constituição em nosso regime. Não descobrimos, pois, os motivos com que se pretende expungir da Constituição aquelle artigo, quando, no fundo e na fórma, todas as razões e todos os interesses bradam pela conservação do dispositivo eliminado.

Os Ministros do Supremo Tribunal

O Supremo Tribunal não é uma Côrte commum de Appellação, como de uns annos a esta parte, elle proprio, com a culpabilidade de alguns dos seus ministros, se tem querido reduzir. A sua funcção precipua não é a de resolver casos de direito privado, como qualquer juiz singular. Mas a de velar pelas garantias constitucionaes, não consentindo que os Poderes Legislativo e Executivo ultrapassem as raias que o Constituinte lhes traçou, e a de preservar a existencia e a segurança do regime federal, não permittindo que a União e os Estados, reciprocamente, usurpem competencia que a Carta soberana a cada um delles privativamente conferiu. E tal seja o modo por que exerça essa incomparavel funcção politica, e poderá precipitar o paiz na guerra civil, como em 1856, a Côrte Suprema com a decisão do caso Dred Scott; ou abalar a Nação, com uma grande agitação politica, ou a ameaça de uma revolução social, como os arestos de uma pequena e precaria maioria, que annullava, na America do Norte, quasi todas as leis sociaes da União ou dos Estados, não obstante os formidaveis votos vencidos de Holmes e Brandeis, expressando a opinião da minoria, a que se deveria juntar tambem o de Taft, em 1923, no caso Adkin v. Children's Hospital, a proposito da lei do salario minimo, em Washington. E tal seja a sentença dessa Côrte Suprema, ao declarar a inconstitucionalidade de um tratado, que bem poderá, pelo desapparecimento de uma condição essencial á paz, atirar o paiz aos riscos e soffrimentos de uma guerra.

EM TORNO DA CONSTITUIÇÃO

Eis ahi toda a grandeza e altitude politica desse orgão oracular quando, sobre taes assumptos, resolve sem appello. Não é mais no campo estreito do direito privado, onde se decide do interesse do individuo, que o juiz deve pesquisar e descobrir a regra juridica, guiado pelo sentimento da justiça, na rigorosa applicação da lei. Ao contrario, é dos cimos eminentes donde se revê o passado e se descortina o futuro, que o juiz, em casos taes, ha de encontrar a formula juridica, que, embora sacrificando interesses do individuo, faça justiça aos da collectividade e resguarde e preserve da catastrophe os destinos da Nação, divisados á luz desses horizontes infinitos. Dahi as regras especiaes, as qualidades de excepção, o tino juridico politico que se exige na escolha desses juizes supremos. O ante-projecto havia conservado o sabio systema da Carta de 91, trasladado da Constituição Americana. Grande orgão politico, de cujos arestos depende muitas vezes a sorte da Nação, natural é que a indicação de taes juizes se compartisse entre os outros Poderes, que representam a soberania nacional. O substitutivo, porém, cria para essas nomeações, um processo original, de que jamais, ao que nos parece, se cogitara na terra.

Serão ellas feitas pelo "presidente da Republica, dentre cinco cidadãos indicados por escrutinios secretos: um pelas congregações dos professores de Direito; um pelo Conselho Federal da Ordem dos Advogados; um pelos juizes federaes; e dois pelo Supremo Tribunal."

De sorte que, na composição de um orgão da *eminencia politica* do Supremo Tribunal se exclue a participação, e dahi a responsabilidade do Poder politico que representa mais directamente a soberania popular, porque oriundo da manifestação directa das urnas. Por outro lado, como conferir a esses professores e advogados, por mais illustres que sejam, a faculdade excelsa de intervirem, de qualquer modo, na composição do grande Poder politico, de cujos decretos depende não raro a segurança do paiz, a estabilidade da paz e a projecção dos destinos nacionaes? Que titulos de competencia tinham elles recebido, para o exercicio dessa funcção sobre todas delicada, e que interessa directamente á soberania nacional? Demais, a innovação introduziria um novo elemento de corrupção na escolha dos juizes...

Juizes indicados por advogados, pois o são quasi todos os professores, seriam juizes de conchavo, conluio e camarilha... Pois não são notorios, tanto nas congregações, como na Ordem, os seus corrilhos e as suas egrejinhas?

Era dispôr de um desses egrejarios e ficar, desde logo, apto para indicar um Ministro.

Teriamos então o candidato a cortejar os eleitores, ou o grande eleitor. E quando aquelle fosse um juiz? Que não faria o magistrado candidato, em beneficio do advogado seu eleitor, e de cujo voto dependia? Poder-se-ia conceber transacção que mais desprestigiasse áquella magistratura suprema? Isto de juizes eleitos por advogados, que perante elles continuem a pleitear, só no reino do céo. Não é, não pode ser a formula dos interesses da terra. Tambem não é aconselhavel a indicação pelos membros do proprio Supremo Tribunal. Entre nós não tem provado bem. Sempre e sempre não se desempenhou bem dos seus deveres, ao indicar os nomes, dentre os quaes o Presidente da Republica deveria escolher o juiz federal. A notoriedade do facto dispensa o onus da prova. E, agora mesmo, são conhecidos os incidentes que occasionou a aventura do Chefe do Governo pedindo-lhe nomes para o cargo de Ministro. E de tal ordem, que não se repetiu a innovação geralmente condemnada. Nem lucraria nada com isto a grandeza, a dignidade e a altitude do Supremo Tribunal.

Em 1927, o Cleveland Bar Association apresentava um projecto de nomeação para os Tribunaes do Estado de Ohio. Nada de intervenção de advogados; nem de juizes de uma Côrte, escolhendo os que a deveriam compôr.

Na Côrte Suprema, o presidente eleito pelo povo. Os outros membros nomeados pelo Governador com a approvação do Senado. Mantenhamos, pois, o processo da Carta de 91, acceito pelo ante-projecto. Dê-se ao Presidente da Republica, que em sua pessoa symbolisa a Nação, a responsabilidade directa da escolha dos Ministros, dependente, todavia, de approvação, em sessão e voto secretos, pelo outro Poder em que a Nação se representa. Sómente assim terá o Supremo Tribunal a majestade essencial á sua vida, e o direito de sentenciar em nome da Nação, como um dos seus orgãos soberanos. A indicação dos egrejarios, corrilhos ou campanarios não lhe dará jamais essa altitude. Sómente a Nação, por intermedio dos seus grandes orgãos, poderá tomal-o nos seus braços e eleval-o até o cimo dessa dignidade soberana.

A Inconstitucionalidade das Leis

Conferindo ao Supremo Tribunal a attribuição incomparavel de decretar a inconstitucionalidade das leis, e, por isso mesmo traçar, em ultima instancia, aos outros Poderes, á União e aos Estados os limites das respectivas competencias, obvio que a Nação se deveria premunir contra os possiveis abusos dessa faculdade formidavel. Porque nenhuma ditadura seria mais abominavel, que a desses juizes vitalicios e irresponsaveis deante da Nação, que não encontraria, em muitos casos, contra os desmandos de taes Ministros, outro recurso que a revolução, tão moroso e complicado, num dia de crise ou de perigo, o da reforma constitucional, ante o povo exaltado pelos crimes da oligarchia judiciaria.

VALVULAS DE SEGURANÇA

Por isso mesmo, a Constituição americana deixou duas valvulas abertas para evitar a explosão popular nesses dias tremendos, quando os juizes presos a formulas archaicas e aos interesses da rotina pretendem deter, com deduções juridicas mais ou menos escolasticas, os movimentos sismicos, que ondeiam debaixo de seus pés, ou refreiar a tempestade que se desata por cima de seus olhos. Era o que ia acontecendo á Suprema Côrte, se ante os protestos da Nação, dos legislativos estaduaes, do Congresso Federal, de professores de universidades, de estadistas como Roosevelt e Borah, e da minoria daquelle Tribunal, chefiada por Holmes — de mentalidade e visão capaz de entestar com Marshall — e a que depois se deveria juntar a acção conservadora, mas persuasiva e prudente de Taft, todos protestando contra as decisões five to four, contra as celebres decisões de cinco por quatro; se a Suprema Côrte, ante os vagalhões que ameaçavam submergil-a, não virasse de bordo, abandonando os mares revoltos por onde se mettera, annullando, quasi que systematicamente, sob pretextos futeis, a legislação social, que a União e os Estados vinham elaborando. Mas, contra os desvarios transitorios da Côrte Suprema, contra a sua falta de visão dos interesses nacionaes, forneceu a Constituição aos dois outros Poderes, duas armas de grande efficiencia, e de que elles têm usado raramente, nos momentos decisivos. Uma é a de estabelecer os casos de appellação para a Suprema Côrte; outra a de fixar o numero dos seus membros. Da primeira lançou mão o Congresso, em 1867, no caso Mc. Cardle quando se sabia prévia e seguramente que a Suprema Côrte, que já se considerara competente, annullaria, no julgamento de meritis, uma das chamadas *leis* de reconstrucção — Reconstruction Acts. No intervallo das duas decisões, o Congresso retirou á Suprema Côrte, o poder de appellação sobre taes feitos. Da segunda, lançou mão o Congresso, em 1870, depois que a Suprema Côrte, no caso Hepburn v. Griswold, declarou inconstitucional o papel moeda de curso forçado. O Congresso elevou de oito a nove o numero de membros da Côrte, e tendo um dos antigos julgadores se exonerado, os dois novos juizes, partidarios notorios do papel moeda, formaram maioria a favor deste, e modificaram, em 1871, nos casos Knox v. Lee e Parker v. Davis, a decisão anterior. Mas, por outro lado, essas faculdades outorgadas ao Congresso, deixariam, num paiz como o nosso, a porta aberta para todos os abusos do Governo, em detrimento da independencia do grande Tribunal.

JUIZES HUMANOS

Nem se diga que, de magistrados tão insignes, taes desmandos não são de prevêr. Não. Nas grandes questões politicas ou economicas nunca a Suprema Côrte Americana decidiu, senão de accordo com as doutrinas partidarias de seus *justices*. A Suprema Côrte, sob a presidencia Marshall, não é a mesma sob a direcção de Taney. A jurisprudencia modifica-se; e Carson póde affirmar com segurança: "As theorias constitucionaes de Marshall e Taney foram as dos *seus partidos e são inconciliaveis*". Quando, em 1876, na eleição presidencial Hayes v. Tilden, o Congresso, deante do impasse, resolveu organizar a famosa commissão de cinco deputados, cinco senadores e cinco membros da Suprema Côrte, estes votaram sempre, em todos os casos, com os congressistas dos seus partidos, reunindo Hayes sempre oito votos contra sete. O formidavel tour de force empregado para se chegar a taes resultados, equipara esse reconhecimento escandaloso aos mais famosos do nosso antigo Congresso. De tal sorte foi elle, que o justice Bradley foi appellidado pelo povo — the odd man. Entre nós, já estivemos a pique de ter um vice-presidente da Republica feito, contra o voto do Congresso, por uma decisão do Supremo Tribunal. Ninguem sanccionaria hoje a enormidade. Naquelle tempo, o pleiteante perdeu por um voto. E porque um Ministro, cujo apoio, até a vespera, tinha por certo, contra elle votou no dia do julgamento. São conhecidos os bastidores do caso, como os da Suprema Côrte, nas decisões sobre o papel moeda e sobre o imposto de renda. E' que os juizes são homens como os outros. E nos dias das tremendas decisões politicas ou economicas, quando nellas se joga a sorte de um partido ou de um regime, sobre esses egregios julgadores actuam preconceitos, interesses, sentimentos e paixões. Participam elles da fraqueza humana; e bem se lhes poderá applicar a sabedoria do Iago, no Othelo de Shakespeare — The wine she drinks is made of grappes.

O ANTE-PROJECTO E O SUBSTITUTIVO

Assim, sem querer dar á Assembléa as armas perigosas que a Constituição Americana concedeu ao Congresso dos

Estados Unidos, é, por outro lado, desejando expressamente
conferir ao Supremo Tribunal a funcção oracular de interprete maximo da Constituição, mas pretendendo resguardar
os permanentes interesses da Nação e o futuro do Paiz contra o conservantismo e a rotina de uma maioria precaria, o
ante-projecto determinou que a inconstitucionalidade de
uma lei só poderia ser decretada, quando, neste sentido, votassem pelo menos dois terços dos Ministros.
Evitavam-se, assim, as famosas decisões de cinco contra
quatro, que tanta revolta têm provocado nos Estados
Unidos, e tanto têm abalado o prestigio da Suprema Côrte
Americana.   O substitutivo, porém, exige apenas a *"maioria
absoluta dos juizes do Tribunal"*. Incide, assim, no erro
norte-americano das decisões *five to four,* ou entre nós das
inconstitucionalidades por seis contra cinco votos. Não colhe
affirmar que os tribunaes só declaram a inconstitucionalidade,
quando esta fóra de qualquer duvida razoavel. Ab initio, não
póde haver inconstitucionalidade mais duvidosa do que aquella repellida pela Assembléa, rejeitada pelo Presidente da
Republica, na sancção, e, no Supremo Tribunal, impugnada
por cinco dos seus onze Ministros. Dentro da razoabilidade
humana, nenhuma duvida se poderia originar de procedencia menos discutivel ou se revestir de força mais formidavel.
E tudo isto ha de ceder, inclusive a logica e o bom senso, porque um Ministro, juntando-se a uma das metades da Côrte,
annullou a outra, e, com ella, os dois Poderes electivos do
Estado, que haviam muita vez, feito e sanccionado a lei,
para attender aos mais instantes clamores populares, servir
aos supremos interesses do Paiz, ou preservar os destinos da
Nação. Em casos taes, e ainda assim por ficção, a duvida
só se poderia considerar inequivoca, se a inconstitucionalidade se pronunciasse por uma grande maioria.

DECISÕES POR UM VOTO

Mas as decisões de inconstitucionalidade por um voto
têm motivado os maiores clamores populares e os mais in-

tensos protestos dos centros culturaes americanos. Boudin, num estudo ruidoso, publicado sobre o titulo "Government by Judiciary", dissertava com ironia, a respeito da income tax, que a Suprema Côrte julgára, a principio, constitucional, por cinco votos contra quatro, e, em seguida, tendo um juiz mudado de voto, considerára inconstitucional tambem por cinco contra quatro votos. E commentava com sarcasmo: "O que torna um imposto inconstitucional é a decisão da Côrte Suprema, interpretando uma lei escripta. E o que faz a decisão da Suprema Côrte é a decisão de um juiz que mudou de opinião". Porém de muito mais alto valor é o voto da minoria vencida, encabeçada por Brown. Em Petropolis, donde escrevo estas linhas, não tenho deante dos olhos o formidavel *dissent*. Concluia, porém, mais ou menos nestas palavras: "Almejo que esta decisão não seja um passo para submergir as liberdades populares no torpe despotismo da riqueza. Não tenho duvida que a decisão constitue perigo para o futuro do Paiz, e attinge a proporção de uma verdadeira calamidade publica. Sou forçado, portanto, a levantar contra ella o meu protesto." E' que a Suprema Côrte, de uns annos a esta parte, não declara apenas inconstitucionaes as leis, quando fóra de qualquer duvida razoavel — beyond all reasonable doubt, — segundo a formula emittida, em 1811, por Thilghman, presidente da Côrte Suprema da Pennsylvania, e adoptada por juizes e tratadistas até 1890. Mas, dahi por deante, sobretudo depois de 1898, motivos de razoabilidade, conveniencia e necessidade — reasonableness, expediency e emergency — tudo tem servido para se considerar uma lei constitucional ou não, ao sabor das maiorias precarias que na Suprema Côrte se vão formando. E' vêr os votos vencidos de Holmes, em Lochner v. New-York, Adair v. U. S., Coppage v. Kansas, Adams v. Tunner e Hammer v. Dagenport. No primeiro delles chega a declarar que a emenda 14 não "decreta a Estatica Social de Spencer". E' vêr os votos vencidos de Brandeis, cuja suspeição, por ter sido advogado de uma das partes perante as côrtes do Oregon, poz em perigo a lei do salario minimo daquelle Estado, pois quatro membros da Suprema Côrte a consideraram constitucional, e quatro votaram em sentido contrario. E' lêr seu famoso *dissent,* no caso Truax v. Corrigan. E' lêr os votos desses dois grandes juizes, encabeçando as minorias. E' lêr alguns votos de Taft, apesar do seu espirito profundamente conservador, mas tentando, nos ultimos arestos, conciliar as tradições do passado com os interesses do presente e as aspirações do futuro. Nem parece mais o rispido relator de Truax v. Corrigan, tanto ao contacto da realidade se adoçou o rude conservantismo primitivo. E' vêr, no fim da vida, antes de se retirar da scena judiciaria, certos votos vencidos de Harlan. Vêl-o sobretudo no estudo de Clarck, sobre "as doutrinas constitucionaes" do grande juiz. De tal ordem foi a revolta contra as decisões de inconstitucionalidade *five to four,* isto é, cinco contra quatro, que alguns Estados emendaram suas Constituições para impedir esses attentados. Assim, no Ohio, a lei só poderá ser declarada inconstitucional, se por isto votarem "no minimo todos menos um dos juizes" da Suprema Côrte. No Dakota do Norte, a Constituição de 1919 estabeleceu o mesmo principio.

O BOM SYSTEMA

Foi, portanto, o ante-projecto, previdente e sabio, quando, sem ir ao extremo do Ohio ou Dakota, exigiu, todavia, para a decretação da inconstitucionalidade de uma lei, que, neste sentido, votassem pelo menos dois terços dos Ministros do Supremo Tribunal. Numa democracia, os poderes electivos, os unicos que representam o povo, não devem ter a manifestação de sua vontade consubstanciada na lei, annullada ao sabor de uma maioria ephemera, precaria ou infima do Supremo Tribunal. Para que a decisão desse grande orgão, mereça, em caso de tamanha gravidade, o acatamento da Nação, é preciso que o voto de uma maioria respeitavel assegure a todos a certeza de que, dentro da razoabilidade humana, duvida não póde haver sobre a juridicidade do julgamento supremo. Sómente assim o aresto se imporá á consciencia nacional, calando a dignidade do protesto nos outros dois

Poderes, emudecidos e submissos, ante a majestade da Justiça. Tal força não terá jamais a decisão por um voto. Deante da duvida que salteia e divide a propria Côrte, não ha de ser ao palpite de uma vontade, ao imprevisto de um acaso, ou ao inopinado de uma surpresa, que deverá ruir por terra a lei votada e sanccionada pelos Poderes electivos, e que ainda no Tribunal encontrou a quasi maioria dos seus membros, para sustental-a e defendel-a. Em casos taes, deante do Tribunal scindido meio a meio, prepondere a lei, oriunda dos Poderes que, eleitos nas urnas, representam a Nação.

Ainda o Poder Judiciario

O ante-projecto dispõe: "Não se poderá arguir de inconstitucional uma lei applicada, sem reclamação, por mais de cinco annos". E' que a lei não é um ente de razão, nem tão pouco uma formula abstracta, para o exercicio de raciocinios deductivos. E' uma regra de adaptação dos interesses geraes. E' um instrumento de felicidade collectiva. A outra coisa não aspira uma Constituição, que não seja o bem estar do povo cuja vida politica regula. Por isto mesmo, se uma lei se promulgou, se por mais de um quinquennio, não sómente ella *existe*, mas se *applica sem reclamação*, evidente que ella satisfaz a uma necessidade geral da população, a cujos interesses por esse tempo serviu. Dahi, á sombra dessa lei obedecida sem protesto, surgiu e se firmou um mundo de relações economicas, juridicas e moraes, que não devem ser abaladas ou destruidas pelo capricho ou pela conveniencia de um individuo lesado nos seus calculos, ou pela deducção geometrica de um postulado constitucional. Seria attribuir á Constituição o caracter de um dogma, com seu culto mystico, ao invés de consideral-a como um conjunto de regras que possibilitem e realizem a adaptação dos interesses geraes, dentro do equilibrio social. Era a isto que o ante-projecto attendia, não permittindo que ninguem, á sombra de uma escolastica juridica, attentasse contra os interesses estaveis e reaes, criados sob a observancia de uma lei geralmente respeitada. Evitar-se-ia, tambem, que, por uma alteração na jurisprudencia, se modificassem situações longamente estabelecidas, sob a garantia da lei. Foi o caso, quando, em 1895, nos Estados Unidos, a Suprema Côrte modificou uma jurisprudencia quasi centenaria, e decretou a inconstitucionalidade do imposto de renda. O substitutivo, porém, altera o ante-projecto e, em vez daquella medida salutar, assim prescreve: "Não poderá arguir de inconstitucional a lei ou acto governamental, quem lhe houver admittido a applicação por mais de um anno." Não creio que o novo dispositivo seja tão benefico quànto o outro. Ali era uma regra geral, firmando no paiz o estatuto legal. A lei tornar-se-ia, assim, incontestavel, uma vez decorrido um certo lapso de tempo de sua applicação. O regime juridico estaria definitivamente consolidado. E isto é o essencial. Aqui, apenas elle existe para determinada pessoa, que nisso acquiesceu. De sorte que, num momento dado, poderá haver dois regimes juridicos, digamos duas constituições no paiz: uma que vigora para certo individuo, e pela qual elle poderá praticar determinados actos; outra vigente para os demais habitantes, impedidos ou dispensados de fazer o que ao primeiro será imposto ou facultado.

TRIBUNAL DE RECLAMAÇÕES

O substitutivo eliminou o Tribunal de Reclamações, que o ante-projecto criava, para julgamento, em gráo de recurso, das questões em que fosse "parte a União, ou empresa, sociedade ou instituição, em cuja administração interviesse, salvo os do n. 2 do artigo 54." Estas são as de attribuição privativa do Supremo Tribunal. Buscava o ante-projecto reduzir o trabalho do Supremo Tribunal, alliviando-o do encargo de julgar uma série de causas de pequeno valor economico e juridico, em que é parte a União. Por outro lado, assegurava-se os interesses desta, em certas empresas ou associações, como o Banco do Brasil, por exemplo, que não pódem ficar sujeitas aos Tribunaes locaes, sem recurso para uma instancia da União. Allegaram algumas emendas, que se procurava restaurar o contencioso administrativo. E' preciso não ter noção do que seja isso, para assim classificar um Tribunal de recursos judiciaes, incluido expressamente entre os orgãos do Poder Judiciario, e cujos Ministros substituiriam os do Supremo Tribunal quando impedidos, teriam as mesmas garantias destes, se nomeariam pelo mesmo processo e em tudo se regeriam pela organização judiciaria. O novo Tribunal, diminuindo os encargos da Suprema Côrte, tornar-lhe-ia possivel desempenhar com regularidade as suas funcções, trazendo em dia o seu serviço. Por outro lado, dispensava os tribunaes regionaes, viveiro de juizes e empregados, que em nada alliviará a tarefa do orgão supremo, e servirá apenas para os grandes Estados terem novos departamentos para collocação de seus protegidos.

CRIMES POLITICOS

O ante-projecto entregava ao jury "o julgamento dos crimes de imprensa e dos politicos." E dispunha que o jury "terá a organização que a lci ordinaria lhe dér." Permittia, assim, o jury technico. Mas um jury, julgando com a liberdade que caracteriza essa instituição. O substitutivo, no entanto, attribue á justiça togada o julgamento dos crimes politicos. Repete a disposição da Carta de fevereiro. Não póde haver medida mais reaccionaria. Os maiores adversarios do jury abrem excepção para um caso, em que elle se justifica — exactamente o dos crimes politicos. E' que se trata de um caso especial. E é ao povo, e não ao juiz togado, preso ás exigencias da lei, que deve caber a ultima palavra. Sómente elle saberá se o acto, ou o movimento, prejudicou de facto a Nação. Até mesmo porque, na hypothese, só ha *crime* quando se perde. Quando se vence, ha gloria. O vencido é criminoso; o vencedor é benemerito. O rebelde triumphante assume o Poder. O governante vencido vae para a prisão ou marcha para o patibulo. Tudo isso mostra a incapacidade absoluta do juiz togado para proferir, nessa qualidade, um julgamento. No Brasil, o julgamento de taes crimes era do jury. Quando se quiz perseguir e condemnar

os revolucionarios de 22 e 24, que seriam, mathematicamente absolvidos pelo jury, votou-se uma lei, submettendo-os á
magistratura togada. Esta, no ponto estricto do seu dever,
não poderia fazer senão o que fez: condemnar. Porque não
julga de consciencia, mas de accordo com os termos frios da
lei. O ante-projecto adoptava a medida liberal; o substitutivo repelle-a e mantem a disposição reaccionaria. E, quanto
aos crimes da imprensa? Fica para a lei ordinaria dispôr.
Poderá esta entregal-os á justiça de toga. No entanto são
crimes cujo julgamento deve ser feito, por um jury, embora
technico. Póde-se mesmo dizer que essa medida é essencial
á liberdade da imprensa, cujo supremo juiz deve ser a opinião nacional, a que ella serve ou prejudica. E' dessas alturas que ella deve ser julgada; e não dentro dos limites estreitos do pretorio, na applicação rigida dos textos do Codigo,
sem attender aos grandes interesses politicos ou moraes, aos
sentimentos de patriotismo, ou espirito de sacrificio e renuncia, que, não raro, o caso representa.

NOTA — E' um prazer trocar idéas com um homem do talento da
cultura e da polidez do sr. Levi Carneiro. Permitta-me pois o eminente jurista que lhe faça alguns reparos á sua carta de hontem. Não
tem razão s. ex. quando suspeita que eu me houvesse apaixonado tanto
pelo ante-projecto, que não lhe admitto aperfeiçoamento. Ao contrario. Eu proprio declarei que no ante-projecto ha muita coisa incluida
contra o meu voto; e que, se me fosse possivel, em varios pontos o al-
teraria. Como, portanto, não acceitar emendas propostas por um espirito do seu quilate? Parece-me, tambem, que s. ex. estranhou ter eu
affirmado que o "jurista deduz e não observa". A phrase é de um dos
grandes pensadores modernos. E ha sciencias e profissões, das mais
nobres, ás quaes é peculiar o methodo deductivo. E disto ellas não se
desdouram. A minha por exemplo, ou antes, a nossa, em que s. ex. é
luzeiro e eu, obscuro servidor. No entanto ninguem mais do que eu
se orgulha em ser advogado. E' o que tenho sido, a minha vida inteira,
desde os 18 annos. Sou um desses homens que não tem um dia sequer
de serviço publico, para qualquer aposentadoria. Tenho sido sempre
advogado, ainda quando desempenho cargos electivos. Não poderia,
pois, haver malicia, ou segunda intenção, na phrase que citei.

Um parenthese

Evidentemente não devo, nem quero entreter polemicas, a respeito dos despretensiosos artigos que vou publicando em defesa do ante-projecto, e, por isso mesmo, inevitavelmente confrontando-o, nos pontos principaes, com as alterações que se lhe fazem. Não me furto, porém ao prazer e até certo ponto, á cortezia, de fazer algumas objecções ás ultimas cartas do sr. Levi Carneiro, uma vez que o preclaro jurista me honrou com sua replica e suas referencias. Qualquer dos assumptos ali tratados exigiria um livro, ou pelo menos, uma conferencia.

A CÔRTE SUPREMA E A QUESTÃO SOCIAL

E seria interessante examinar as decisões da Suprema Côrte deante da questão social; e sobretudo o variar de seus arestos, sob a pressão do ambiente aquecido, pela indignação popular. No caso Tyson v. Branton, dizia, em 1926, o Justice Stone, chefiando a minoria, numa decisão five to four, em que se averbava de inconstitucional uma lei de Nova York: "Existe um conservantismo de espirito que põe em cheque cada innovação legislativa e a considera contraria á Constituição e perigosa, salvo quando ella se torna familiar; nossos annaes estão cheios de casos onde, especie a especie, o exercicio da regulamentação foi repellido e depois admittido." E' ver a fixação das horas de trabalho, declarada inconstitucional, em 1895, no caso Lochner v. New York e, em

1917, proclamada legal, em Sunting v. Oregon. E' comparar
as decisões contrarias sobre salario minimo, em Stetler v. O
Hara e Children's Hospital v. Adkins. E' confrontar, sobre
operarios syndicados, os julgamentos em Aldair v. United States, em 1908, e Prudential Insurance Co. v. Check e Chicago
R. I. v. Perry, em 1922. E' collocar face a face a jurisprudencia firmada em 1921, por seis contra 3, no caso Duplex v.
Deering e o aresto unanime de 1923, no caso Pennsilvania
Railroad v. Railroad Labor Board. E' ler, em quasi todos
esses julgados, os votos de Holmes, Brandeis, Clarke e Harlan. E' pôr Taft deante delle mesmo, em Truax v. Corigan,
em principios de 21, e nos Coronado Cases, em fins de 22,
e no Pennysilvania Railroad, em começo de 23. E nos tres
é relator. E' que varios Estados introduziram nas suas Constituições o recall dos juizes. Agitara-se a campanha pelo
recall das decisões. Roosevelt, Bryan, Borah, Le Follete não
cessavam de bradar contra a attitude da Suprema Côrte. Nos
centros operarios era enorme a agitação. A American Bar
Association formara uma commissão dirigida por Brown
para combater o recall. A American Academy of Political
and Social Science abria um inquerito a tal respeito, no qual
dois grandes juristas — Gilbertson e Brown sustentaram as
duas opiniões oppostas — a favor e contra o recall. Por elle
manifestara-se Draper — decano da Faculdade de Direito de
Pennsilvania. A American Federation of Labor, dirigida,
neste particular, por um jurista da ordem de Ralston, não
cessava os seus ataques contra as decisões deshumanas, com-
mentando-as numa brochura distribuida pela Nação inteira.

Foi ao rugir dessas ventanias que a Suprema Côrte virou
de prôa, buscando lentamente as aguas tranquillas.

Mas, ainda assim, de 15 annos retardaram as Côrtes Americanas as leis de accidentes de trabalho, tendo sido alguns
Estados, como Nova York, obrigados a reformar suas constituições, afim de poderem ter essa legislação benemerita, geralmente adoptada. Por fim, a Suprema Côrte deu o golpe
de morte na longa contenda, considerando constitucional as
modificações introduzidas na Workmen's Compensation Laws

EM TORNO DA CONSTITUIÇÃO

de New York. O mesmo occorreu com as leis contrarias ao truck system.

O ORACULO

Ninguem mais do que eu partidario da funcção oracular do Poder Judiciario em nosso regime. E' preciso, porém, examinar a outra face do problema. Não basta ver a Suprema Côrte nas apologias de Warren ou de James Beck. Este é o companheiro de Davenport na American Anti-Boycott Association. Foram elles que, a partir do caso Loewe v. Lalor, conseguiram transformar, por uma construcção da Suprema Côrte, a lei Sherman, de arma contra os trusts capitalistas, em guilhotina das colligações operarias. E ainda mais: tornar inefficiente o Clayton Act. Assim, é preciso tambem examinar a Suprema Côrte, deante as accusações levantadas contra ella por Borah, La Follete e a American Labor. Deante a monographia de Ralston. Deante de livros, como a Oligarchia Judiciaria de Roe; A Constituição Americana como Orgão de Dominação Plutocratica, de Pereyra; o recente e formidavel livro de Dreiser — A America Tragica; ou as dezenas de estudos estampados nas revistas americanas. Foi sopesando todos os prós e contras, e querendo conferir ao Supremo Tribunal a funcção de interprete maximo da Constituição, que o ante-projecto exigiu para a decretação da inconstitucionalidade de uma lei, que neste sentido votassem pelo menos dois terços dos Ministros. Somente assim a decisão se revestirá, perante a Nação, dum aspecto de acerto e majestade, que não terão nunca os arestos por maioria de um voto. E' muito pouco isto, para vencer os Poderes electivos, que representam, de verdade, a Nação.

FIVE TO FOUR

Tem razão, apenas em parte, Ogg, quando affirma que são 9 as decisões da Suprema Côrte — five to four. Nessas 9 decisões se decretou a inconstitucionalidade de leis federaes.

São innumeras porém as decisões five to four, identicas e relativas a leis estaduaes. Sobretudo por violarem a emenda 14.

. Bastaria, porém, que, em vez de 9, fosse apenas 1 a decisao. A gravidade seria a mesma. Era uma lei feita com a collaboração dos 2 Poderes electivos, e destinada a servir á Nação, que se annullaria, de facto, porque lhe faltou 1 voto na Suprema Côrte, apesar de, ainda ahi, ter reunido em seu favor quasi a maioria dos seus membros. Porque toda a argumentação de Pollock e demais apologistas das decisões five to four não passa de um jogo esteril de palavras, quando affirmam que não é por 1 voto, mas por 5 contra 4, que o caso se resolve.

Tambem não disse, nem insinuei sequer, que os constitucionalistas americanos houvessem rejeitado o principio de sómente se pronunciar a inconstitucionalidade "beyond all reasonable doubt". A Suprema Côrte é que *de facto* tem, depois de 1890, abandonado a rigidez desse principio, que prevaleceu em absoluto até 1884. O emerito jurista sabe isto melhor do que eu. E os votos vencidos da minoria da Suprema Côrte deixam isso claro como o dia. Nem se poderá jamais seriamente sustentar, que seja "fóra de qualquer duvida razoavel" a inconstitucionalidade contra cuja decretação se levanta metade da Côrte Suprema.

PODER EXPRESSO

Outrosim não asseverei que do substitutivo não resultasse ser o Supremo Tribunal o interprete maximo da Constituição. Era isto implicito na attribuição expressa que se lhe dava de não applicar as leis inconstitucionaes. Apenas preferi a forma do ante-projecto, que isso declarava expressamente. E apontei a inconveniencia, que tem resultado para a Suprema Côrte, do facto de não ter a Constituição Americana lhe attribuido declaradamente o poder, que ella assumiu. Desde 1803, por isso mesmo, se lhe contesta tamanha faculdade. E para não sair de Presidente de Côrte, em 1825,

Gibson — da Côrte Suprema de Pennsilvania — affirmava que semelhante poder não passava de uma *usurpação*; 100 annos depois, Clark — da Suprema Côrte da Carolina do Norte — fazia ruidosamente a mesma affirmação. Esse o risco dos poderes que resultam duma illação, embora genialmente exposta, como por Marshall, no caso Marbury v. Madison. A contestações possiveis, a negações provaveis, nos momentos de crise ou de paixão, preferiu o ante-projecto declarar expressamente, no portico do Poder Judiciario, que o Supremo Tribunal tem por missão principal "interpretar conclusivamente a Constituição em todo o territorio brasileiro".

Evitando futuras duvidas sobre tão immenso poder, cuidava o ante-projecto servir melhor á majestade da justiça e aos interesses da Nação.

Eleição do Presidente

O ante-projecto estabelecia a eleição do Presidente da Republica pela Assembléa Nacional. Foi um dos pontos em que fui vencido. Não era que patrocinasse a eleição por suffragio popular directo. Julgo um systema ainda não adequado ao Brasil, para a escolha do seu Chefe. Ainda nos paizes de facilidade de communicação e grande cultura, como os Estados Unidos e a Allemanha, não corre a eleição sem graves inconvenientes. As agitações que ella desperta nem sempre são beneficas. E' comparar a simplicidade, a presteza, a tranquillidade com que se elege um presidente na França, com o que occorre na Allemanha e nos Estados Unidos.

As duas eleições de Hidemburg correram á beira da guerra civil, tão grande a exaltação que a campanha eleitoral provocou. Quasi o mesmo aconteceu na America do Norte, no momento da substituição de Grant. De sorte que, bem pesados as vantagens e os precalços de uma escolha popular agitada e não raro contestada, e de uma indicação rapida, serena e incontestavel, parece de melhor alvitre optar pela ultima. Mas, num paiz como o nosso, outros motivos militam ainda em favor desta solução.

A difficuldade de communicação, o atraso cultural do interior, a escassez dos meios de publicidade, a pouca densidade de população, tudo torna precaria, incerta, aventurosa a escolha popular do Presidente. Os Governadores de mãos dadas, e empenhados nessa partida decisiva, jogada em torno de um nome, nella empregarão sempre, maximé no interior de seus Estados, todos os elementos formidaveis das machinas administrativas que dirigem.

Assim, a eleição, quando o caso attingir ás proporções de uma grande campanha, terminará sempre na violencia ou na fraude. Até mesmo porque difficil documentar uma ou outra, por todo esse vasto sertão brasileiro. E as cidades, onde o eleitorado mais culto se manifesta, serão sempre inundadas pela "agua de monte" dessas zonas ruraes, onde o arbitrio campeia.

Tambem não me pareceu aconselhavel a eleição pela Assembléa.

ELEIÇÃO PELA ASSEMBLÉA

E' um dos pontos fracos do Presidente da França. Ha muito quem attribua a esse defeito de origem a fraqueza daquelle magistrado. Será sempre uma criatura da Assembléa que o elegeu. Por outro lado, se a Assembléa é quem elege, obvio que o Presidente será sempre um dos seus membros. No regime da Carta de fevereiro, salvo bamburrio, os Presidentes eram sempre os Governadores de Minas ou de S. Paulo. Se a eleição couber á Assembléa, será sempre o seu Presidente ou o leader de sua maioria. Realmente os Deputados não terão melhores candidatos que os amigos, que por um quadriennio os dirigiram. E, quando os dois combinarem, poderão revezar-se, como já haviam começado a fazer, por accordo prévio, S. Paulo e Minas, desde a successão do sr. Epitacio Pessôa. Só um cégo não verá os conluios, os conchavos, os cambalachos de toda a ordem, que Presidente de Assembléa e leader, auxiliados pelo Poder Executivo, farão com os Deputados, em troca dos votos na futura eleição.

MEIO TERMO

Mas, entre o suffragio popular e a eleição pela Assembléa ha um meio termo. Foi o que propuz, e não venceu. O Presidente seria escolhido, em voto secreto, por um eleitorado composto da Assembléa e do Conselho Supremo; dos membros do Supremo Tribunal, do Tribunal de Contas e do Tribunal Militar; dos generaes e almirantes effectivos, representando as forças armadas, directamente interessadas na escolha do seu chefe; dos Governadores, dos Presidentes das Assembléas e dos Tribunaes de Appellação dos Estados; do Prefeito e dos Presidentes do Conselho e do Tribunal de Appellação do Districto Federal; dos directores das Faculdades de Ensino Superior.

Neste eleitorado especial, a Assembléa representaria mais ou menos a metade. Seria, por isto mesmo a força preponderante. Toda a vez que ella tivesse por candidato uma grande individualidade, sua victoria estaria assegurada. Quando, porém, se dividisse, caberia a essas outras forças a solução, suffragando uma das candidaturas, ou levantando outro nome. O presidente suffragado por esse eleitorado representaria, de facto, a Nação. Porque esta não se manifesta e vive apenas pelo suffragio eleitoral. Não se compõe apenas do eleitorado, que a Assembléa representa. Mas, tambem, de outras forças de estabilidade, conservação, cultura e progresso, que os demais elementos desse eleitorado especial representariam, embora o factor democratico, symbolizado na Assembléa, fosse o principal.

ELEIÇÃO INDIRECTA

Mas, o substitutivo adopta, ao meu ver, o peor dos processos — o da eleição indirecta. Trata-se de um processo universalmente repellido. Embora tivesse encontrado adeptos da ordem de Taine e Tocqueville, as nações o rejeitaram, e os tratadistas e sociologos o repudiam.

Stuart Mill, no capitulo — two stages of election — do seu famoso estudo sobre o Governo Representativo, lavrou contra elle a condemnação definitiva. Brunialti, depois de condemnar o voto indirecto e citar uma lista de nomes immortaes que o repudiam, accrescenta: "e assim todos os maiores estadistas e melhores escriptores de sciencias politicas."

Nos Estados Unidos, unico paiz que o adoptou, em realidade elle desappareceu e não existe. Porque a unica eleição ali real, a decisiva, é a primeira. E a tal ponto, que apenas ella se ultima, o candidato vencido felicita o vencedor, sem dar a minima importancia aos votos dos eleitores que acabam de ser eleitos. E' que não ha exemplo de eleitor que tenha ali jámais votado, senão no candidato do partido que o elegeu. Têm occupado a Casa Branca Presidentes que representam a minoria popular, expressa pelo numero de votantes. Mas os historiadores e politicos americanos chegam a asseverar que se hoje um eleitor, traindo o seu partido, votasse no candidato opposto, o povo não reconheceria como Presidente o homem eleito por essa traição. Tanto variou o sentimento americano da Convenção de Philadelphia até hoje! A realidade é exactamente o opposto da ficção ideada pelos patriarchas.

NO BRASIL

Entre nós, a eleição indirecta despertou, no Imperio, os mais veementes protestos.

Em 1874, dirigia-se á Camara uma representação pedindo a eleição directa. O redactor deste documento memoravel chamava-se Ruy Barbosa. Nunca se escreveu contra o voto indirecto mais aspero requisitorio. Nelle entre outras coisas se dizia: "A grande causa da corrupção eleitoral em nosso paiz é o suffragio indirecto, instituição, que, na actualidade, tem sido rejeitada em todas as Nações, cuja organização politica é digna de servir para modelo a povos livres".

E foi tão grande o clamor contra as immoralidades do voto indirecto, que o Partido Liberal, em 1869, inscreveu como um dos pontos do seu programma, a eliminação de tal processo. Foi o que fez o Gabinete Saraiva, com a lei de 9 de janeiro de 1881. Na Constituinte de 91, foi repellido o voto indirecto, batendo-se, entre outros, Julio de Castilhos, pela adopção do suffragio popular directo, para a escolha do Presidente.

Mas, a propria Commissão dos 21 recusára o voto indirecto, nessas palavras: "Esse systema altera o da Constituição em dois pontos: 1.º — substitue a eleição indirecta pela directa, prescindindo, assim, de um processo artificial, tão *desacreditado* nos Estados Unidos, justamente em materia de eleição presidencial, quanto entre nós pela *amarga experiencia colhida sob o longo regime anterior* á lei de 1881".

E é esse processo "artificial, desacreditado" e, entre nós, "de amarga experiencia", que o substitutivo adoptou. A elle, um milhão de vezes preferivel o suffragio popular directo, como na Carta de 91.

O Brasil não pode volver ao processo por elle repellido desde 81, aceitando, 53 annos depois, o systema corruptor e condemnado.

O suffragio indirecto oscilla entre a inutilidade e a corrupção; entre a excrecencia e a tranquibernia; entre o mandato imperativo e a traição.

Distribuição de Rendas

E' dos trechos impugnados do ante-projecto o que tenha provocado, talvez, maior escarcéu. Contra elle trovejaram os suppostos defensores de uma federação de pacotilha; choveram as emendas dos representantes dos Estados; sideraram-no, por fim, os raios dos eminentes relatores parciaes. Não posso acompanhar, passo a passo, os brilhantes relatorios, o menor dos quaes se desdobra em perto de duas paginas do "Jornal do Commercio", na letra meuda e nas linhas compactas, que caracterizam o aspecto graphico desse diario. E não errará quem affirmar que o segundo desses documentos é dez vezes mais extenso que o primeiro. Demais, os preclaros relatores não se accordám. Divergem, ao contrario, em varios pontos. Não creio que a commissão acceite integralmente o substitutivo, tanto no fundo quanto sob a face da technica juridica. Aliás este ultimo aspecto correrá sob a responsabilidade do relator geral. O exame completo do assumpto só poderá, portanto, ser feito deante do texto definitivo. Não impede isso, todavia, que se faça desde logo a defesa do ante-projecto, nos seus dispositivos mais alvejados. A primeira arguição, a de que o ante-projecto attentava contra a Federação, por deixar os Estados sem rendas sufficientes á sua defesa, não tem a menor das procedencias. Antes de mais nada, somos das raras federações que attribuem privativamente aos Estados certos impostos. As demais, a começar pela norte-americana, o que fazem é conferir á União a exclusividade de uns tantos tributos; prohibir aos Estados certas tributações;

e em tudo o mais deixar o campo aberto á imposição cumulativa destes e daquella. E o substitutivo, na parte em que ambos os relatores estão de accordo, isto é, na tributação expressamente conferida aos Estados, limitou-se a trocar pelo imposto de vendas mercantis o de renda cedular; e eliminou o
de industria e profissões, que o ante-projecto attribuia ás unidades federativas. Bem verdade que os relatores, embora di-
vergindo entre si, suprimem o campo da tributação cumulativa e propõem em logar della umá das duas alternativas:
1ª) todos os impostos não taxativamente mencionados nos artigos anteriores "serão da competencia privativa da União,
que entregará 50 % das arrecadações respectivas a cada um
dos Estados donde provierem"; 2ª) "qualquer dos impostos
não mencionados nos artigos anteriores serão da competencia privativa dos Estados".

SOLUÇÕES INACCEITAVEIS

Parece-nos preferivel a qualquer das duas soluções, a do
ante-projecto, que deixa todo esse vasto território da tributação não privativa, aberto á competencia concorrente da
União e dos Estados: e, ao mesmo tempo, providencia para
que, de cinco em cinco annos, uma lei do Conselho Supremo,
sujeita ao voto da Assembléa, concilie esses interesses, possivelmente antagonicos, evitando "de qualquer modo, mesmo
sob denominações diversas, a dupla tributação". Surgem todos os dias novas formas de imposto, decorrente de modalidades novas do esforço humano. E, nesse largo campo indefinido, que a Constituição entregava á capacidade tributaria da
União e dos Estados, iriam estes e aquella abrir novas fontes
de renda para a satisfacção de suas despesas crescentes. A
primeira solução do substitutivo, porém, tolhe aos Estados a
iniciativa e os submette á tutela, e, possivelmente, nos dias
de crise politica, ao garrote da União. Além disto, não são
identicas as necessidades em todos os Estados. Não são eguaes
em todos elles os recursos. Se a exclusividade dos impostos
não expressos pertence á União, esta sómente verá o seu inte-

resse e não o dos Estados, maximé o dos pequenos. Por que haveria, então, a Assembléa Nacional de decretar um imposto incommodo aos grandes Estados, embora de facil lançamento e rendoso numa das pequenas unidades federativas? Salta aos olhos que semelhante lei jamais se votaria, e o pequeno ou os pequenos Estados ficariam sacrificados, pela impossibilidade de colher receita nesse campo tributario, cuja entrada o ante-projecto lhes facultava e o substitutivo lhes prohibe. E nos dias exaltados da luta politica seria uma arma formidavel nas mãos do Governo Federal, retendo nos seus cofres os 50 %, pertencentes aos Estados que lhe caissem no desagrado. A segunda solução ainda nos parece menos acceitavel, e não sei como se conformaria com o regime federativo, visto o estado de pobreza e mendicancia a que poderia, de futuro, ficar sujeita a União, quando, por uma crise ou transformação economica qualquer, lhe falhasse ou se reduzisse a nada um ou alguns dos impostos a ella privativamente conferidos, ou se lhe avolumasse, por novos e inevitaveis encargos, a cifra das suas despesas. Não teria ella senão que estender a mão á esmola dos Estados ricos, que certamente não lhe faltariam na amargura. Mas a Nação, a propria Patria teria desapparecido. Tudo aconselha, portanto, a se conservar o campo aberto da competencia concorrente, que existe em todas as federações da terra: que a Carta de 24 de fevereiro adoptou; e que o ante-projecto manteve, alvitrando, porém, a medida conciliatoria, capaz de evitar a dupla tributação. Se não é, porém, dahi que nasce o attentado contra os interesses ou melhor os exaggeros da famigerada autonomia, bradam outros que elle resulta de se arrancar aos Estados o imposto de exportação, em cujo gozo se encontravam. Mas o substitutivo tambem lhes véda esse tributo. Logo dahi não é que ha de provir o attentado. Nem era possivel continuarem os Estados no gozo dessa regalia. Ella fére, em sua essencia, a Federação, estabelecendo a desegualdade e a guerra economica entre os Estados, como veremos amanhã.

Imposto de Exportação

Do ponto de vista economico, a maior das vantagens de uma grande federação, é poder se tornar, como, os Estados Unidos, uma especie de continente, onde a producção livremente circule sem impostos, embaraços, ou barreiras.

O imposto de exportação estadual torna isto impossivel, porquanto não se poderá fazel-o incidir apenas sobre as mercadorias destinadas exclusivamente aos paizes estrangeiros. Seria collocar os Estados centraes numa situação de inferioridade tributaria, incompativel com o regime federativo. Passariam a ser uma especie de vassallos dos Estados maritimos, para cuja subsistencia entrariam a concorrer. A solução, portanto, seria a que se adoptou, e está vigente — de impostos de exportação de um para outro Estado, e até de um para outro municipio, numa guerra de tarifas, a que não se sabe por que milagres o Brasil tem, até agora, resistido.

Demais esse imposto, em mão dos Estados, cria um motivo de desegualdade entre elles, que lhes prejudica a producção.

Sobretudo entre novas e velhas culturas; entre Estados de cultura intensiva e extensiva. Imagine-se uma lavoura estabilizada, como a do café em S. Paulo, onde o Estado cobre, por exemplo, 15 %. ad valorem. E ao pé, nas terras virgens do Paraná, o governo faça concessões para esse plantio, com a isenção do mesmo imposto, por um trintennio. O mesmo entre o lavrador de cacáu na Bahia e no Espirito Santo, ou entre o productor de assucar em Pernambuco e outro Estado.

Essa situação de desegualdade tributaria colloca o productor antigo, parede meia com o novo, numa situação de inferioridade e de pobreza, que roça pela escravidão. Não é, porém, tudo. O imposto de exportação, entregue aos Estados, sem um limite, permittia aos governantes eleval-o, até a espoliação quasi total do productor. Morphinizado pelos intermediarios, não observava o lavrador distante que, se o seu trabalho mal lhe dava para comer, era que o Estado lhe retirava, pelo tal imposto, ás vezes, a 4.ª parte do valor bruto da producção. E, como o imposto se cobra nos portos de embarque, onde a mercadoria chega com o preço accrescido pelos impostos municipaes e todos os custos do transporte; e o tributo recae sobre o preço total, segue-se que o Estado abrange, no gravame iniquo, não sómente a renda bruta da producção, mas, tambem, as taxas municipaes e os fretes, sobre os quaes usufrue as mesmas porcentagens. Era com a iniquidade desse imposto, assim avolumado, que os Estados cobriam as despezas superfluas dos seus quadros administrativos transbordantes; os gastos criminosos de sua politicagem official; o custeio dos exercitos policiaes, destinados a sustentarem no poder situações popularmente condemnadas.

O IMPOSTO DE EXPORTAÇÃO E A UNIÃO

Nenhum desses males, porém, occorrerá se o imposto de exportação, dentro de um limite razoavel, passar á competencia privativa da União. E' o que o ante-projecto estabeleceu, fixando o maximo *até* 5 % ad valorem. Por todos os motivos esse imposto, dentro de taes limites, deve pertencer á União, que o não póde dispensar. E' que importação e exportação são as duas faces do mesmo phenomeno — o commercio exterior, que á União cabe privativamente regular. Ora, se um dos meios pelos quaes o governo federal regula a importação é o imposto, elevando-o ou reduzindo-o, conforme queira protejel-a ou embaraçal-a, podendo mesmo prohibil-a; evidente que pelo mesmo meio fiscal deve poder regular ou prohibir a exportação. Até mesmo porque, tanto uma como outra, influem no cambio e no valor do nosso meio circulante. Nem existirá o risco das porcentagens excessivas, como occorria aos Estados; porque, além do limite maximo ser 5 % ad valorem, só em casos excepcionaes, como de guerra, os Estados, pelas suas bancadas na Assembléa, consentiriam em attingir o ponto extremo. E, assim mesmo, muitos productos escapariam a esse ponto derradeiro.

Em tempos normaes, porém, nenhum governo obteria da Assembléa os 5 % extremos, tamanha a opposição que os productores estaduaes fariam á tentativa. Não tem, portanto, base o argumento, que consiste em calcular 5 % sobre o valor da exportação brasileira, e attribuir a essa previsão imaginaria o caracter de arrecadação real da União, si porventura se lhe conferir a faculdade da decretação privativa desse imposto. Allegam, porém, contra tudo isso, que o imposto de exportação, geralmente condemnado, não tem, no campo scientifico, autoridade seria que o ampare. Não é tanto assim. Não ha neste assumpto autoridade maior do que Nitti. Professor de finanças na Universidade de Napoles; tratadista da materia; relator de orçamentos; Ministro da Fazenda; Presidente do Conselho; chefe de Partido, no governo e na opposição; jurista, escriptor, parlamentar e sociologo; Nitti é um desses homens extraordinarios, que não somente em sciencia financeira, como em outros conhecimentos humanos, allia ao talento a experiencia e o saber.

E, como especialista em finanças, foi professor, tratadista, parlamentar e administrador. Rarissimos os que no mundo poderão reunir tantos titulos de competencia numa especialidade, combinando, ao mesmo tempo, a sabedoria doutrinaria com a pratica da administração e a experiencia da politica.

Pois, exactamente no seu Tratado de Finanças, o grande professor e homem de Estado, depois de condemnar em geral o imposto de exportação, accrescenta "que ha, porém, certos casos em que elle é não somente conveniente, mas opportuno". E, entre os paizes em que esse tributo é aconselhavel, cita exactamente o Brasil, cujas terras ferazes e cuja cultura extensiva permittem se lançar mão desse imposto, em vez de outros mais iniquos. E ahi bate o ponto. Dizem que o imposto estorva a producção e nos colloca em pé de inferioridade nos mercados estrangeiros. Isto era certo com o imposto sem limites, que a voracidade dos governos o elevava a porcentagens espoliadoras.

Reduzido, porém, ao minimo de que se cogita, já o mesmo não acontecerá. Poderá mesmo, dentro dessas proporções reduzidas, actuar como um estimulo ao productor, levando-o a melhorar os methodos ou, em summa, reduzir o custo da producção, compensando, por este meio, a pequena importancia que o fisco lhe tira. O que, porém, não é justo e assume as proporções de uma iniquidade clamorosa é o fisco cobrar ao operario rural, que, no interior do Brasil, ganha em muitos pontos 500 rs. diarios, cobrar a esse infeliz, um imposto sobre o algodão grosso, que sómente a pobreza usa, e dispensar do imposto modico de exportação o grande lavrador ou industrial, que arrecada dezenas, centenas ou milhares de contos. Os velhos argumentos do regime individualista não podem mais prevalecer. O imposto, além dos seus objectivos fiscaes, tem finalidades politicas e de justiça social, ás quaes nenhum Estado actualmente pode fechar os olhos. Esse diminuto imposto, facilmente cobravel, dará, pela sua extensão, uma grande receita aos cofres federaes. Cada productor pagará uma ninharia; mas a União recolherá bastante. A ella devem caber os impostos de facil percepção. E, gradativamente, aos municipios, os de menos facil recebimento. E' que todo o contribuinte paga muito mais satisfeito os tributos que vê applicados immediatamente em pontes, estradas e ruas, do que os dispendidos longe de suas vistas, em centros distantes, com esses grandes serviços que dizem respeito á existencia do paiz.

Divisão de Rendas

Num paiz de cultura extensiva e terras ferteis e virgens, o imposto de exportação, reduzido aos estreitos limites em que o ante-projecto o circumscreveu, não embaraça ou impede o surto da producção, podendo mesmo actuar como um estimulo, levando o productor a melhorar os methodos de trabalho, a baratear, em summa, o custo do producto, rehavendo, assim, a quantia diminuta que o fisco lhe tomou. Nem esse imposto modico, cujo limite extremo é 5 %, e que não attingirá nunca esse ponto, será capaz de tornar impossivel, ou mesmo, penosa, a competição dos nossos productos nos mercados estrangeiros. E' que a nossa producção, embora taxada até com 25 % ad valorem, pois até ahi chegava, sob varios nomes, o imposto de exportação estadual, concorria, penosamente é verdade, mas concorria com os productos similares, nas praças estrangeiras, para onde se escoava. Pois o nosso café, o nosso fumo, o nosso cacáo, os nossos couros não se vendiam, muito embora fosse o productor victima de uma extorsão immerecida? Mas, alliviada, agora, do gravame espoliativo, e sujeita a uma taxa que não passará de 2 ou 3 %, claro que a producção se desenvolverá sem peias que a estorvem, e concorrerá nos mercados exteriores em pé de egualdade, e não raro de superioridade, a outros paizes. E desse diminuto imposto individual, mas arrecadado facilmente em todo o paiz, retirará a União fartos recursos, para as suas despesas sempre crescentes. Aos Estados é que elle não deve pertencer, como já demonstrámos. Nem sabemos de federação em que lhes caiba esse tributo. Seligman, nos seus Essays in Taxation, diz: "Virtualmente, todas as Nações, por exemplo, reservam os direitos alfandegarios de importação e *exportação para o governo central*". Assim, pois, e deante de tudo quanto já expuzemos, torna-se evidente que o ante-projecto não desacertou: 1.º mantendo o imposto de exportação, dentro do limite maximo de 5 % ad valorem: 2.º conferindo privativamente á União esse tributo.

A ILLUSÃO DOS QUADROS

Mas, os defensores do systema actual, este bem, incompativel com o desenvolvimento da vida economica, bradam que arrancar aos Estados o imposto de exportação, como fazem o ante-projecto e o substitutivo, é lesar fundamente os orçamentos estaduaes, que se baseam, sobretudo, nesse tributo. E começam, dahi por deante, as estatisticas, exhibidas e commentadas, tanto nos relatorios como nas emendas, e todas tendentes a demonstrar que o systema do ante-projecto mataria á mingua os Estados, uma vez que lhes retirando o imposto de exportação não lhes dá contra-partida equivalente. Mas a estatistica ahi adoptada é bem a que Leibnitz qualifica de "arithmetica politica", muito diversa da verdadeira sciencia da estatistica. Namias, nos seus Principios de Sociologia, caracteriza bem esse processo, dizendo que "os resultados são um pouco elasticos, e cada qual é levado involuntariamente a tiral-os do lado em que pensa poderem elles ser uteis á sua propria these".

E confirma o que assevera, confrontando as estatisticas da exportação italiana, em 1926, com as da importação italica de outros paizes. Os departamentos officiaes dessas nações não se accordam nos seus numeros. Cada qual vê os algarismos pelo prisma de sua conveniencia. E' o que vae ainda uma vez resultar dessa multidão de quadros estatisticos, juntos ás emendas e ao substitutivo.

Já vimos que não procede o primeiro argumento da "arithmetica politica", baseada no quadro do imposto de exportação, e consistente em extrair 5 % da cifra global da producção exportavel e attribuir a esse algarismo imaginario uma realidade que não existe, nem existirá nunca, porquanto jámais poderá a lei gravar todos as mercadorias, indistinctivamente; nem as gravar com o maximo de 5 %. Só em situações anormaes, consentiriam as bancadas da Assembléa em subir ao ponto maximo, tão grande seria a opposição contra isso levantada pelos productores dos respectivos Estados.

O segundo quadro em que se firmam é o da somma do imposto de exportação actualmente cobrado pelos Estados, e a porcentagem desse tributo nas receitas dos orçamentos estaduaes. Demonstram com esses quadros que os Estados auferem de tal imposto grandes sommas, que se elevam desde 1.700 contos para o Piauhy, até 60 mil para São Paulo, numa porcentagem orçamentaria, que sóbe de 5,378 para o Rio Grande do Sul, a 65,871 para o Espirito Santo. E dahi concluem os defensores do imposto estadual, que as unidades federativas delle não podem abrir mão, porque essencial á sua vida, como fonte primacial de sua receita. Mas exactamente a conclusões contrarias deveriam chegar.

O quadro demonstrativo de que a *maioria* dos Estados tira mais de *um terço* de sua receita, exclusivamente do imposto de exportação, é a prova provada de que esse tributo não deve permanecer na competencia estadual, tão grandes os abusos que isso póde permittir. Porque se os Estados retiram somente desse imposto um terço de suas receitas, é porque o elevam a fortes porcentagens, que estiolam a producção e entravam o desenvolvimento economico do Brasil. E' que esse imposto de facil percepção, desde quando o productor o paga anesthesiado pelos intermediarios, que o desembolsam nos portos de embarque, permitte sugar á lavoura o melhor de suas energias, ao passo que se poupa indevidamente outras classes, outras fontes de riqueza, cujos protestos e cujas resistencias á espoliação tributaria, se fariam sentir com maior vivacidade e rapidez. A lavoura inerte, sem organização, e soffredora, é a grande martyr do imposto de exportação estadual. Mas a victima principal é o Brasil, impedido, peiado no seu desenvolvimento economico, por esse imposto maldito, donde alguns Estados tiram mais de 50 e a maioria mais de 33 % de suas receitas.

Os quadros, portanto, não provam a necessidade da manutenção de tal imposto. Ao contrario: bradam, em todas as vozes, pelo seu repudio.

IMPOSTO DE RENDA

Se, porém, o imposto de exportação é retirado á competencia dos Estados, como accordemente o ante-projecto e o substitutivo estabelecem, cumpre dar áquelles um ou alguns tributos, equivalentes á perda, que soffrem com a suppressão. E entram, agora em scena, novos quadros; e, como os primeiros, contraproducentes.

Delles se verifica que a União tem arrecadado, nos Estados, muito menor importancia, no imposto de renda, do que estes no de exportação. Assim, o imposto de renda se distribue de 100 contos, em Matto Grosso, a 20.500, em São Paulo. Delles se verifica, tambem, que, a arrecadação desse imposto no Districto Federal ultrapassa bastante o de S. Paulo, e é cerca de 10 vezes maior que a de Minas, cuja contribuição se resume a 3.500 contos e a da Bahia no valor de 3.000; superior perto de 20 vezes a de Pernambuco, estimada em 1.600 contos; e 5 vezes mais alta que a do Rio Grande do Sul, cujo computo não passa de 5.200 contos. Concluir-se-ia dahi que o Districto Federal é bem mais opulento que São Paulo; e possue uma riqueza cinco vezes maior que a do Rio Grande, decupla da de Minas ou Bahia, e vinte vezes superior a de Pernambuco.

Mas haverá no hospicio louco furioso, capaz de sustentar esse disparate? Logo, os quadros provam apenas uma coisa — é que os Estados não pagam o imposto de renda, que deveriam pagar. E por uma razão. O imposto de renda exige pesquisas locaes, a que os Estados não se prestam, porque esse tributo não lhes pertence. Não seria possivel, por exemplo, se esse imposto pertencesse aos Estados, que São Paulo fosse arrecadar menos, sob esse titulo, que o Districto Federal, ou que Pernambuco ficasse 20 vezes abaixo desta cidade. Logo, os quadros demonstram o contrario do que se pretendia provar, isto é, que o imposto de renda não daria para cobrir o de exportação. Os quadros evidenciam que se esse imposto passar á competencia privativa dos Estados, estes poderão delle tirar immensamente mais do que hoje produz para a União. Mas, não ha quem ignore, que, ainda no Districto Federal, ninguem paga o imposto devido. Não ha imposto nenhum que seja aqui tão fraudado. Um inquerito regular sobre sua arrecadação revelaria surpresas assombrosas. Vêr-se-iam grandes millionarios pagando bagatellas, empresas prosperas não pagando real, porque todos os beneficios desapparecem na prestidigitação das escriptas. Mas, ainda assim, o Districto Federal paga mais que todo o Estado de São Paulo! E 20 vezes mais que o de Pernambuco! Em resumo: só quem paga no Brasil devidamente o imposto é o funccionario, porque não tem outro geito, uma vez que recebe os vencimentos, com o desconto já feito do tributo.

SOLUÇÃO JUSTA

O ante-projecto, portanto, dava aos Estados um imposto de immensas possibilidades, em troca do que passava a pertencer á União. São os Estados muito mais aptos que esta, nas pesquisas locaes indispensaveis ao lançamento do imposto de renda. Por outro lado, não poderiam os Estados elevar, sem motivo sério, esse tributo, para com as rendas, assim avolumadas, fazerem face ás loucuras da politicagem official. E' que o contribuinte, attingido em sua bolsa, opporia uma resistencia invencivel a essas tropelias. Dois beneficios, portanto, resultariam da passagem do imposto de renda para os Estados — um o de tornal-o effectiva e efficientemente lançado, transformando-o numa grande fonte de renda e num instrumento de justiça social: outro o de impedir muita despesa criminosa, feita para fins da politicalha governista. Se, porém, ainda com o imposto de renda não pudessem os Estados satisfazer as necessidades normaes de sua vida, que se lhes accresce outro, como o de vendas mercantis que o substitutivo lhes confere.

O essencial, porém, é que não coubesse aos Estados o imposto de exportação; é que este, dentro de estreitos limites, passasse á competencia da União, que, por todos os motivos, não o deve dispensar.

O ante-projecto, portanto, attendeu aos interesses em jogo — aos da União e aos dos Estados; — e deu ao caso a solução compativel com o regime federativo, deixando para estes e aquella um largo campo indefinido, onde pudéssem concorrentemente tributar. E' o que occorre na America do Norte, onde os Estados, sem impostos privativos, descobrem sempre novas fontes de renda que vão abastecer os seus Erarios.

Irretroactividade da Lei

O ante-projecto não manteve o dispositivo do n. 3 do art. 11 da Carta de fevereiro, que vedava "á União como Estados prescreverem leis retroactivas." Não incluiu esse principio nas disposições preliminares, como querem alguns, não o consagrou na Declaração de Direitos, como desejam outros. Deliberadamente, essa disposição archaica, errada e mentirosa foi eliminada do texto do ante-projecto. Contra isso, porém, varias vozes, e algumas illustres, protestaram. Na Assembléa Constituinte, o Sr. João Simplicio affirmou que o ante-projecto "attenta contra as garantias universalmente reconhecidas, a não ser na Russia Sovietica, quando não estabelece como norma constitucional a irretroactividade das leis". E o Presidente da Commissão dos 26, discorrendo como especialista sobre o assumpto e, ali affirmando que o preceito se deveria inserir nas Declarações de Direitos, emphaticamente asseverou: "Ahi sim é que devia ser collocado e é ahi que se acha nas *constituições modernas da Europa*". A verdade, porém, é que o diletante e o technico equivocaram-se; e, tropeçando nesse equivoco, estenderam-se de fio ao comprido num erro de facto.

ERRO DE FACTO

Porque nenhuma Constituição moderna da Europa incluiu entre os seus canones o preceito absoluto da irretroactividade das leis. Semelhante preceito existe apènas no

EM TORNO DA CONSTITUIÇÃO

art. 97 da Constituição da Noruega, formulado neste teor: "Nenhuma lei terá effeito retroactivo". Mas a Constituição noruegueza não é moderna; é velhissima; é de 1814; e, apesar de centenaria, continúa, todavia, isolada. As outras nações européas não lhe acceitaram o modelo. Não inscreveram nas respectivas constituições o principio falso e insustentavel, se considerado no absoluto rigor da generalização prohibitoria.

Para encontrar nas Constituições a insersão de tal preceito, é preciso atravessar o Atlantico. Porque na Asia, a partir da Constituição japoneza de 1889, até á da Mandchuria de 1933; na Africa, desde a da Liberia de 1847 até á do Egypto de 1923; e na Oceania, todas as nações não incluiram essa regra, nos seus grandes Pactos politicos. E' na America, sobretudo na sua parte menos civilizada, que vamos encontrar essa restricção constitucional. Ainda assim, os paizes americanos mais cultos a repudiaram. O Canadá, os Estados Unidos, o Chile, a Argentina, o Uruguay não prescreveram nas suas Constituições a interdicção constante do art. 11 da nossa Carta de fevereiro. Onde vamos encontral-a é no art. 26 da Constituição da Costa Rica, que se expressa nestes termos: "A lei não tem effeito retroactivo". Identica prescripção nas seguintes constituições: Cuba, art. 12; Haiti, art. 12; Mexico, art. 14; Salvador, art. 24; Honduras, art. 49; Panamá, art. 32; Perú, art. 20; Paraguay, art. 32.

De sorte que, a ser verdade o que desembaraçadamente se affirmou, é nessas pequenas republicas da America Central e do mar das Antilhas que se foi refugiar a cultura juridica; e é desse fóco luminoso que ha de raiar para o mundo o novo dia da liberdade e da civilização, que a "Russia Sovietica", antes mesmo de nascer, haveria impedido de surgir em todas as plagas, onde cuidavamos que ambas, no zenith, batessem o pleno de sua claridade, de sua força e de seu esplendor. Porque, salvo a Noruega, cuja Constituição é de 1814, e as 9 republicas americanas acima referidas, em *nenhum paiz* existe a prescripção constitucional vetatoria da irretroactividade da lei.

A CONSTITUIÇÃO AMERICANA

Nos Estados Unidos, o que a Constituição prohibe, em absoluto, é a decretação de leis *ex post facto*. Este o preceito taxativo das secções IX e X n. 3 e n. 1 do artigo primeiro da Carta norte-americana. Mas lei ex post facto, não é o mesmo que lei retroactiva. E' tão sómente uma especie desse genero. Uma das suas modalidades. Não fôra assim, e o constituinte americano, em vez de locução latina, usaria de um dos termos inglezes, dizendo retroactive ou retrospective law, que é como se traduz nesse idioma, lei retroactiva. Assim, a lei ex post facto diz respeito exclusivamente a certas modalidades criminaes. Foi o que a Suprema Côrte, baseando-se em Blackstone e na common law, firmou, desde 1798, no caso Calder v. Bull. Lei ex post facto é a que incide num desses quatro casos: 1.º, "torna passivel de pena um facto não criminoso quando praticado"; 2.º, "aggrava ou torna maior o crime do que na época da sua perpetração"; 3.º, "muda a pena e inflige uma punição maior do que a vigorante, no momento do crime"; 4.º, "altera as regras legaes da prova e admitte, para condemnar o criminoso, menos ou differente testemunho do que o exigido no tempo em que o crime foi commettido". Eis ahi o que é lei ex post facto. Bem verdade que o n. 1 da Secção X tambem estabelece que "nenhum Estado poderá approvar lei que altere as obrigações dos contratos". Mas esta clausula não é applicavel á União. E' o que resulta da jurisprudencia firmada, ha longuissimos ánnos, pela Suprema Côrte, em Kuox v. Lee e, posteriormente, nos Sinking Fund Cases. E não foi senão por isso, que a Joint Resolution, sanccionada pelo Presidente Roosevelt em 6 de junho do anno passado, e que prohibe a clausula ouro, prescreve tambem "que qualquer obrigação *anteriormente contraida*, embora nella se contenha semelhante disposição, será resgatada pelo pagamento *dollar por dollar* em *qualquer* moeda metallica ou papel de curso legal". E' que a União não está sujeita á clausula impeditiva da legislação estadual modificadora de obrigações contratuaes.

Os Estados Unidos não soffrem essa limitação, que restringe os poderes de suas unidades federativas. Mas, apesar da restricção constitucional, os Estados vão alargando os seus direitos e modificando disposições contratuaes, graças á maneira por que a Suprema Côrte vae construindo e distendendo o *police power*, definido no caso Barbier & Connoly, em termos tão amplos, que Henri Galland, na sua monographia de 1932, sobre o Controle Judiciario de Constitucionalidade das Leis, divisou naquelle aresto "uma concepção quasi collectivista pela qual os Estados Unidos têm um ideal que, sob certo aspecto, se encontrará com o da Russia Sovietica".

Evidentemente o monographista francez exaggerou; mas no fundo de sua asserção existe alguma coisa de verdade. E', que, não obstante a prohibição do n. 1 da secção X do artigo 1.º, modificações de encargos contratuaes feita pelos Estados, no exercicio do seu Poder de Policia, têm sido sustentadas pela Suprema Côdte, em Southern Pacific v. Campbell; Tucker v. Fergusson; Rector of Chirst Church v. County of Philadelphia; West Wisconsin Railroad v. Board of Supervisons; Pennsylvania Hospital v. Philadelphia etc. E' que a vida vale muito mais do que as formulas caducas. E' que a sociedade vive de realidades e não de ficções. E as velhas regras dos codigos individualistas dos fins do seculo 18 não regem, nem podem mais reger, as necessidades, as aspirações e os destinos do mundo moderno.

O ANTE-PROJECTO

Mas, se o ante-projecto, não incluindo entre os seus mandamentos a irretroactividade das leis, outra coisa não fez que acompanhar as nações mais livres e mais cultas da terra, obvio, por isto mesmo, que nenhum attentado perpetrou contra "as garantias pessoaes universalmente reconhecidas", nem contra os direitos essenciaes á civilização humana.

Tomando, nesse ponto, por modelo, as Constituições de todos os grandes povos da terra, evidente que, por isso, não pode ser o ante-projecto padrão de ignorancia ou ignominia.

RETROACTIVIDADE DAS LEIS PENAES

O ante-projecto, porém, manteve todos os dispositivos da Carta de 91, relativos á irretroactividade das leis penaes. Ahi, bem, era o grande principio essencial á liberdade humana; acceito pela maioria das Constituições dos povos livres; constante do Pacto immortal de Philadelphia; proclamado no inciso 8 do artigo 1.º da Declaração dos Direitos do Homem e do Cidadão, adoptada pela Assembléa Constituinte Franceza, em 26 de agosto de 1789.

E' a prescripção do art. 116 da Constituição de Weimar, a primeira das Cartas politicas de após guerra. Não bastava, porém, isso. Cada povo deve ter a Constituição que seus habitos, sua vida social, sua civilização, sua cultura juridica permitte. Entre nós, já havia exemplo de leis retroactivas contra o deliquente. Duvida não ha que todo juiz applicaria a lei penal mais branda em beneficio do criminoso. Mas isso, no caso do silencio do legislador. Se, porém, a lei determinasse que essa applicação não se faria; isto é, se a lei prescrevesse que ella não retroagiria para beneficiar o criminoso; onde iria buscar o juiz autoridade para declarar que esse preceito era inconstitucional e o não applicar?

Porque a unica regra existente na Constituição era a prescripção absoluta de que a lei não retroage. E nella, exactamente, se firmava o legislador intolerante, para vedar a retroacção.

Dir-se-á ser isso impossivel. Já o vimos que não. E em povos muito mais civilizados e de cultura juridica immensamente maior que a nossa, tem-se visto, o que é muito mais grave, a lei penal, e até a de morte, applicada retroactivamente cóntra o criminoso, por facto anteriormente não punido ou não passivel de punição capital.

Tudo, pois, todos os precedentes, e todos os conselhos da prudencia ordenavam que o ante-projecto cercasse a liberdade humana de precauções e garantias insophismaveis, estabelecendo expressamente: 1.º que a lei penal não retroagiria em caso algum contra o deliquente; 2.º que em todos os casos retroagiria em seu favor.

Não foi portanto contra o juiz, mas contra o legislador intolerante ou despotico, que o ante-projecto estabeleceu essas medidas salvadoras.

Ahi, bem. Clara, patentemente expressa a irretroactividade da lei penal, salvo em beneficio do deliquente.

O que o ante-projecto, porém, não poderia fazer era repetir a disposição absoluta da Carta de fevereiro, que "prohibe á União como aos Estados prescreverem leis retroactivas".

Como já vimos, quasi todas as Constituições a repelliram; quasi todos os codigos civis modernos a rejeitam; os maiores tratadistas, no direito publico ou no privado, a repudiam.

Posta numa Constituição, é incompativel com o desenvolvimento da sociedade e com as funcções do Estado, como demonstraremos amanhã.

E' uma velharia, uma perfidia, uma mentira.

O Ante-Projecto e a Irretroactividade da Lei

Alguma razão alta deveria de haver, para que as Constituições de quasi todos os povos, e sobretudo a de todas as grandes nações cultas e livres, não inserissem nos seus textos um dispositivo do rigor absoluto do n. 3 do art. XI da Carta de 91, quando véda á "União como aos Estados decretarem leis retroactivas". A Constituição Americana, que é de 1787, não o incluiu entre os seus canones; nem tão pouco o mencionou, em seus principios immortaes, a Declaração de Direitos de 26 de agosto de 1789. Ahi se prescrevia exclusivamente a irretroactividade da lei penal, expressa nesta forma: "Ninguem poderá ser punido senão em virtude de lei anterior ao crime e applicada legalmente". E' na Constituição de 5 Fructidor do anno III, que tal dispositivo apparece, sob a formula de uma prohibição generalizada, que se enuncia deste teor: "Nenhuma lei *criminal ou civil* poderá ter effeito retroactivo". E' o dominio do direito individualista na intensidade do seu apogeu. Dahi é que se transplanta para o Codigo Civil Francez, de 5 de março de 1803, que assim prescreve, no art. 2.º: "A lei só dispõe para o futuro; e não tem effeito retroactivo". Do mesmo modo no Codigo Civil Italiano, de 1865, no Portuguez, de 1867, e em outros. Da Constituição do anno III, tirou a Noruega o art. 97 de sua Carta, expresso, agora, nesses termos absolutos: "Nenhuma lei terá effeito retroactivo". Não sómente a "lei criminal ou civil"; mas "nenhuma lei terá effeito retroactivo". Mas a

Constituição Noruegueza é de 17 de maio de 1814. E, todavia, a essa época, já a França tinha repellido, para sempre, de suas Constituições, o principio do anno III. Assim, nem a Carta de Luiz XVIII, após a abdicação de Fontaineblau; nem o Acto Addicional de 22 de abril de 1815; nem as Declarações de Direitos de 5 de julho do mesmo anno; nem a reforma de 1830; nem a Constituição de 4 de novembro de 1848; nem a Constituição de 1852; nem as leis constitucionaes de 1875, orá vigentes, nenhum desses grandes instrumentos politicos manteve, para a França, o preceito estabelecido a 5 de Fructidor do anno III, e por ella rejeitado. E, o que é mais, expressamente rejeitado. De facto, quando se discutiu na Assembléa Nacional, o capitulo 2.º da Constituição de 1848, Debeaux apresentou emenda mandando incluir o principio geral da irretroactividade, estabelecido pelo art. 2.º do Codigo Civil. Mas a emenda, apesar de fortemente sustentada, por um jurista do valor de Demante, foi rejeitada, destacando-se no combate contra ella, acima de todos, Odilon Barrot, argumentando com os factos da vida politica e social dos povos, e com a necessidade da retroacção, inherente a certas leis, como as que abrandam a pena, ou supprimem o crime. A Constituição Grega de 1827 consignava no seu art. 19 identica disposição. Mas a Constituição de 1864 eliminou-a para sempre, prescrevendo no seu art. 7 apenas a irretroactividade criminal, mantida pelo art. 8.º de Carta de 1927, ora vigente. Foi a Constituição da Noruega que, adoptando em 1814, a regra prohibitoria em moldes amplos, serviu de modelo, neste ponto, a nossa Carta Imperial, quando no art. 179, n. III, prescreveu que a lei "não terá effeito retroactivo". Dahi passou para a Carta de 91 e para as Constituições de alguns pequenos paizes da America. Cremos ter demonstrado até os ultimos limites da evidencia, que o ante-projecto, portanto, acertou, quando expungiu do seu texto o preceito archaico e ultra-individualista, repellido, como principio constitucional, na propria democracia onde pela primeira vez surgiu, e por todos os povos livres discutido e repudiado.

OS CODIGOS MODERNOS

Não é, porém, apenas nas Cartas politicas que o principio, enunciado sob a formula absoluta da irretroactividade da lei, desapparece. Os proprios Codigos Civis modernos não o acceitaram. Assim, no Codigo Civil Allemão, monumento sem par de cultura juridica, não existe nenhuma disposição geral sobre este assumpto. E os Motivos isso justificam, dizendo que a regra da irretroactividade não é bastante clara, nem na sua significação, nem no seu conteúdo, e sempre foi diversamente interpretada. E accrescentam que razões de *ordem politica, economica* ou *social* pódem, por vezes, determinar a retroactividade da lei. O Codigo Suisso, outro monumento juridico, e cuja entrada em vigor é de 1912, tambem não trasladou, entre os seus principios, a regra geral do Codigo Francez, promulgado mais de um seculo antes do elaborado por Eugenio Huber. Porque, se no art. 1.º do Titulo Final estabelece a sobrevivencia da lei antiga, para os effeitos juridicos de factos anteriores á entrada do Codigo em vigor", nos artigos subsequentes abre a longa série de excepções a tal principio. O nosso proprio Codigo Civil tambem não adoptou o principio abstracto, vago e indefinido do Codigo de Napoleão, acceito pela nossa Constituição de 91. Limitou-se a garantir "o direito adquirido, o acto juridico perfeito e a coisa julgada".

OS TRATADISTAS

E' que, diz Clovis, commentando o artigo, "sendo uma regra de direito universal, tem havido, entretanto, difficuldade em determinar, com precisão a idéa da *não retroactividade* e o modo de solver os conflictos que possam surgir entre os dispositivos de lei anterior e os da lei vigente". E Clovis não fazia senão repetir o que, ha mais de um seculo, dissera Merlim, quando affirmava que "não ha problema mais

complexo do que a irretroactividade das leis". E o ultimo
dos tratados de direito civil francez, o de Josserand, na edição
de 1932, disso não diverge. O decano da Faculdade de Lyon
interroga se é possivel applicar esta regra com todo rigor. E
responde: "Sim, si se trata de situações definitivamente re-
guladas, como as *condições de validade de uma convenção* ou
de *um pagamento*. Mas esses casos constituem as excepções".
E Ferrara, um dos modernos e mais sabios civilistas italianos,
assim discorre em seu Tratado: "Este principio, que parece
de intuitiva evidencia, abstractamente considerado, torna-se
obscuro na sua applicação, dando logar a espinhosas difficuldades. Encontrar uma formula que distinga essa variedade
de effeitos, pelos quaes ora o direito respeita o passado, *ora
o passado se sacrifica ao presente*, fixar a linha demarcatoria
entre os dois ordenamentos juridicos, no tempo, não é empresa facil, e isto explica o longo esforço da doutrina derredor
do problema, trabalho valioso e contraditorio, que em vez
de esclarecer o problema o tem obscurecido e embaraçado".
Não é no estreito espaço de um artigo jornalistico, que se poderia tratar desse problema tormentoso e agitado, em que os
grandes juristas não se entendem. E' sómente vêr, dentro do
seculo, os grandes tratados sobre essa especialidade, desde o
de Chassat, em 1847, o de Lassalle, em 1861, — a primeira
systematização juridica das idéas socialistas — o de Gabba,
em 1882, até o de Roubier, cujo segundo volume se estampou
no anno passado, e onde, ao meu aviso, a materia é estudada
com proficiencia, maestria, cultura e subtileza insuperaveis.
E' lêr as monographias e artigos de revista, a esse respeito; é
consultar os grandes mestres de Direito Civil e Publico, sobre
esse assumpto. E' verificar como divergem no conceito, na definição, no alcance, nos effeitos desse principio geral de direito. E' vêr como Bonnecase, no 2.º volume do Supplemento
de Baudry Lancantinerie, estudando a materia com amplidão
de uma verdadeira monographia, discorda de Planiol e Capitant, no que respeita á concepção formal ou material da
irretroactividade, assente no conceito de passado, no sentido

juridico ou material do termo. Bem de vêr, portanto, que o ante-projecto não poderia transformar em preceito constitucional, uma regra juridica, a cujo respeito tanto se controverte, se innova e se debate. A sua presença na Carta de fevereiro já era indesculpavel. Muito mais o seria, agora, quando os principaes Codigos Civis modernos não a reproduzem.

Leis Retroactivas e Direitos Adquiridos

Expressa numa Constituição, a irretroactividade da lei não passará nunca de uma garantia fallaz e mentirosa. Sob a formula absoluta da Carta de fevereiro, que prohibia a decretação de "leis retroactivas", essa regra imperiosa e vetatoria não poderia logica, juridica, ou sériamente ter excepção. Mas a isso se contrapõe a existencia do Estado, o progresso social e os mais elementares sentimentos humanos. Dahi começarem legistas e juizes a formular as excepções inevitaveis. A Constituição declara: nenhuma lei retroagirá. Mas uns e outros estabelecem: retroagem as leis penaes favoraveis ao criminoso; retroagem as leis politicas; retroagem as leis de processo, organização judiciaria e competencia; retroagem as leis de ordem publica, com toda a sua immensa latitude. E são tantas as bréchas da muralha, que Merlin pôde affirmar: "a retroactividade é a regra" e Landucci repetir: "a regra é a retroactividade das leis e a irretroactividade a excepção". O exaggero de ambos é evidente. Mas o grande principio bemfazejo soffre tantas excepções, que o inscrever numa Constituição, nos termos absolutos em que elle se enuncia, é estabelecer uma garantia fallaz e mentirosa. A nossa Constituição aboliu, por exemplo, a pena de morte, salvo em tempo de guerra. Que se diria se a jurisprudencia e a lei começassem a abrir no preceito taxativo as excepções, preceituando: a pena de morte póde ser applicada nos crimes politicos; nos crimes contra a Fazenda Nacional; nos que produzem grande abalo á ordem publica, e assïm por deante? Dir-se-ia, com certeza, que essa garantia não era senão ludibrio e zombaria.

GARANTIA FALLAZ

E' o que occorre com a irretroactividade. Porque nem mesmo quanto aos direitos patrimoniaes, póde ella sempre prevalecer, ainda quando se considere a irretroactividade circumscripta a respeitar os direitos adquiridos. Assegurava a Constituição do Imperio, no art. 179, uma série de garantias. Entre ellas, consignava no inciso III à irretroactividade da lei, e no XXII, "a garantia do direito de propriedade, em toda a sua plenitude, salvo desapropriação" para o bem publico, sendo "o proprietario préviamente indemnizado do valor della". E a lei de 13 de maio aboliu a escravidão, sem indemnização alguma, lesando o direito adquirido da propriedade, permittida por lei, sob sua garantia constituida, e fazendo parte do patrimonio individual do senhor. Para os defensores de todos os direitos adquiridos não poderia haver lei mais retroactiva. Porque feria o individuo num patrimonio legal. A civilização humana, porém, é que não podia permittir essa miseria, assegurada por uma supposta garantia juridica. Principios como o do respeito aos direitos adquiridos ou o da irretroactividade da lei cabem, quando muito, num codigo. São normas essenciaes á civilização e á vida juridica que, á semelhança de tantas outras, a jurisprudencia cria, firma, desdobra ou applica na solução dos pleitos humanos. São regras que devem limitar o juiz. São principios que o legislador não deve esquecer e que não póde violar nos dias normaes, tamanha a reacção que seu acto provocaria. Não pódem, porém, prevalecer, quando uma grande causa social ou humana exige outra solução.

LEIS RETROACTIVAS

Assim foi; assim é; e sempre será. Os que citam o latinorio rancecido da regra Theodosiana, consubstanciada no Codigo de Justiniano (1.14 Dec. Leg. 7); os que pretendem resolver com principios de uma sociedade para sempre extincta os anseios, os conflictos e as aspirações da vida moderna; os archaicos e bolorentos romanistas, fingem desconhecer as leis retroactivas, por necessidade do Estado, postas em execução naquella época, maxime sobre materia de prescripção. Numa dellas — De quadr. praescr, — Justiniano faz remontar a retroacção até o começo do seu reino. Mas é, sobretudo, na lei contra a usura, que o interesse social, predominando sobre o individual, se faz sentir, por intermedio do grande Imperador. Elle se levanta contra a jurisprudencia que applicava o *de usuris,* isto é, a taxa de juros 6 em logar de 12 %, apenas aos contratos concluidos após a lei. O Imperador censura a interpretação — *prava interpretatio* — e por um novo acto estabelece modificações, applicando aos pagamentos dos juros contratuaes a nova taxa. O Direito Canonico, muito mais avançado e subtil, e sobretudo muito mais humano em certos pontos que o de Roma, edificado na admiração da conquista e da força, consigna varias leis retroactivas, e entre ellas a Constituição de Alexandre III — De uzuris. Durante o periodo da Revolução Franceza, do qual, sobre os destroços do regime feudal, surge para o mundo um direito novo, são innumeras as leis qualificadas de retroactivas. E se a de 17 de Nivose do anno II mereceu criticas de grandes juristas, somente elogios recebe, por exemplo, a de 28 de agosto de 1792, qualificada de "Carta de alforria de propriedade territorial"; a de 17 de junho de 1793, que supprime, sem indemnização, os tributos feudaes conservados pelo decreto de 1792; e até mesmo o de 7 Brumario do anno II, que declara nullos os julgamentos nos processos por execussão de direitos feudaes e pune os juizes que proferirem taes sentenças. E Rubier commenta: "Quiz o legislador, por medidas radicaes, vencer, o mais depressa possivel, as difficuldades judiciarias, no meio das quaes se prolongava a resistencia ás reformas empreendidas. Póde-se compreender e até mesmo escusar inteiramente as formulas empregadas, deante do insuccesso pratico das leis que a Constituinte tinha votado sobre o mesmo assumpto". Retroactivas foram, em França, varias das leis relativas ás congregações religiosas, notadamente as de 1.º de julho de 1901 e 9 de dezembro de 1905. Assim tambem a de 29 de junho de 1899, relativa a accidentes de trabalho, e a de 19 de julho de 1907 sobre a capacidade da mulher casada, applicavel aos contratos anteriores á lei. E depois de 1914, em todos os paizes, uma série de leis retroactivas sobre moratorias, alugueis, arrendamentos, clausula ouro, vendas a termo, naturalização, etc. Ainda mais: a lei de 9 de maio de 1918, attingiu tambem a coisa julgada. Por ella os julgamentos e arestos, proferidos desde 1.º de agosto de 1914, sobre alugueis vencidos a partir daquella data, não impediriam o exercicio dos direitos concedidos por lei, isto é, a exoneração de todo ou parte do pagamento a que os devedores tinham sido condemnados. E, assim, em todas as nações. Na Allemanha, o decreto de 28 de setembro de 1914 prescrevia que "as convenções celebradas antes de 31 de julho de 1914, e pelas quaes o pagamento devia ser effectuado em ouro, cessam de obrigar as partes". E ainda a de 5 de julho do anno passado, nos Estados Unidos, a Joint Resolution que aboliu a clausula ouro, applicava-se expressamente a todas as convenções anteriores. Assim, pois, a clausula da irretroactividade da lei não deve, por todos os motivos, ser inscripta numa Constituição. Nos dias normaes, o legislador jamais lançará mão dessa medida extrema e delicada. Mas, nos momentos de crise ou de perigo, della usará sempre, sejam quaes forem os textos que a prohibam.

OS JURISTAS

E não é senão por isto que os maiores juristas a justificam, em casos taes. Para não nos alongarmos em citações, tomemos o ultimo dos tratadistas da materia; tomemos Roubier, e eis o que elle nos informa: "Quando se põe a questão do saber se *se deve*, ou não, inscrevel-a numa Constituição, os autores respondem, com muito poucas excepções, que isso não seria desejavel, porque póde haver circumstancias excepcionaes, em que a *retroactividade* possa ser admittida com *vantagem*". Essa é, aliás, tambem a opinião do tratadista in-

EM TORNO DA CONSTITUIÇÃO 161

signe e professor da Universidade de Lyon. Nem outra coisa diz, por exemplo, Planiol, quando assevera: "A retroactividade póde ser *benefica* e *legitima,* comtanto que o legislador a empregue com intelligencia e medida". Poderiamos encher columnas de citações, se gostassemos de tão insipido passa tempo. A opinião dos professores, dos tratadistas, dos scientes, leva-nos, portanto, como as Constituições dos povos livres e os codigos modernos, a não incluir no ante-projecto o principio abstracto e politicamente inapplicavel da irretroactividade da lei.

DIREITOS ADQUIRIDOS

Objectam, outros, que embora assim fosse, deveria o ante-projecto ter ao menos declarado que a lei não prejudicaria, em caso nenhum, os direitos adquiridos. De todas as Constituições do mundo só a da Columbia, no art. 31, garante expressamente o direito adquirido. Já vimos, com a lei de 13 de maio, a inanidade desse principio. Josserand, no seu Tratado, de 1932, quando examina as leis que férem os chamados direitos adquiridos, condemna a de 17 Nivose do anno II, mas applaude a de 27 de abril de 1848, que aboliu a escravidão nas colonias francezas. Demais, a doutrina dos direitos adquiridos que o nosso Codigo Civil consagrou, está, hoje, a bem dizer, abandonada. Rejeitam-na os maiores civilistas francezes, como Roubier, Planiol, Capitant. Josserand apenas com ella transige, mas affirmando que é um criterio "maleavel e fluctuante". Tambem a repudia Bonnecase, substituindo-a pela da situação juridica. Na Italia, basta lêr Ferrara, no capitulo sobre a intangibilidade dos direitos adquiridos. O grande professor de Pisa a anniquila. Ainda mais. No relatorio apresentado em fins de 930, sobre o livro 1.º do novo projecto do Codigo Civil Italiano, elaborado por uma série de grandes juristas, sob a presidencia de Scialoja, coube a Venzi a parte relativa a applicação das leis. Os Codigos Civis Brasileiro e Argentino são ali severamente criticados por terem inserido nos seus textos o respeito absoluto aos taes direitos adquiridos. E o jurista italiano commenta: "Il criterio del *diritto acquisito, cosi discusso nella dottrina*, non porta davvero, inserita nella legge, una luce particolare." Que não diria o mestre, se visse "o criterio tão discutido na doutrina", inserido numa Constituição? No campo do direito publico, não é menor a repulsa a tal principio. Duguit dá-lhe combate formidavel, demonstrando-lhe a improcedencia absoluta. E' lêr o seu grande tratado de Direito Constitucional. E em fevereiro de 1926, fazendo uma conferencia na Universidade do Cairo, assim se pronuncia: "Daqui a poucos mezes fará meio seculo que ensino direito. E não sei até hoje o que seja direito adquirido". E accrescentava: "A expressão direito adquirido deve ser, pois, impiedosamente rejeitada, porque não tem sentido". E' esta velharia, este não senso, esta doutrina abandonada, que se haveria agora de incluir como novidade, numa Constituição de 1934! A theoria do direito adquirido e da expectativa de direito está, por assim dizer, relegada para os recantos do museu juridico. Até mesmo porque, e como observa Duguit, ninguem disse até hoje, nem dirá jamais, "o que seja um *direito não adquirido*". Essas noções abstratas, metaphysicas e indemonstraveis, não podem figurar numa Constituição. Serão normas, principios ou theorias juridicas que orientarão o juiz ou inspirarão os juristas, nesse trabalho profundo e maravilhoso da investigação scientifica e da jurisprudencia. São ellas, paraphraseando Marx, que levantam sobre a infrastructura rija da lei a superstructura flexivel e alta do direito. Nem por não existirem na Constituição certos principios hão de desapparecer! Mas o seu mundo é outro. Não é num instrumento politico que elles pódem existir e florescer. Nem a sociedade, nem o Estado, nem a Nação se deixariam prender por esses artificios, nos seus transes de soffrimento ou de perigo. Em dias taes, o legislador deve ter as mãos livres para encontrar a formula politica capaz de salvar os interesses supremos. E buscar nessas commoções sociaes as ficções juridicas dos dias tranquillos, é procurar os templos de Atlantida submergida.

O Projecto, o Ante-Projecto e a Ordem Social

Acabamos de fazer, quasi de um lanço, a leitura do projecto da Commissão dos 3, tal como "A Nação" o estampou, no seu supplemento de hoje.

Não podemos neste momento fazer uma analyse circumstanciada e minudente do longo documento, apontando-lhe os méritos ou salientando-lhe os defeitos, sobretudo no confronto com o ante-projecto, a que visa substituir. Mas a impressão geral que o substitutivo nos deixa, é que, no tocante á organização dos Poderes e á distribuição das competencias entre a União e os Estados, mantem o novo texto as idéas centraes do ante-projecto.

A gritaria dos advogados das oligarchias estaduaes, blaterada como defesa da federação, não prevaleceu no substitutivo agora apresentado. Quasi todos os poderes que o ante-projecto conferiu á União foram mantidos; o pacto ultrafederalista de 91 reduzido, como devia ser; e circumscriptos os direitos dos Estados á orbita de sua competencia natural em nosso regime. E' lêr toda a extensa e miuda série de attribuições privativas da União enumeradas no art. 7.º. E quando o substitutivo não chega, como o ante-projecto, á unidade do processo, em todo o caso, declara caber privativamente á União "legislar sobre as normas fundamentaes do processo civil e criminal nas justiças dos Estados bem como do regime penitenciario".

Estamos certos, que a Assembléa restaurará por emenda,

a unidade do processo, como pede o Brasil inteiro, menos o Tribunal de São Paulo.

O mesmo quanto á organização judiciaria, restabelecido o systema eclectico do ante-projecto.

Não podemos crêr que a quasi totalidade dos Estados brasileiros se deixe annullar, abandonando os pedidos insistentes de suas populações por todos os seus orgãos, tão sómente para cortejar o Tribunal de um grande Estado. Demais surgiriam dora avante, novas difficuldades, no definir, segundo a jurisprudencia, tão variavel, o que são "normas fundamentaes do processo". Não se esqueçam os constituintes, que um dos mais brilhantes chronistas judiciarios do mundo, já definiu a jurisprudencia como "o registro das variações dos tribunaes". A que surprezas, portanto, não ficariam expostos ou pleiteantes, na annullação de processos, decorrente da definição de "normas fundamentaes", nas cambiantes daquellas mutações. O substitutivo mantem egualmente as disposições do ante-projecto no que respeita aos famosos exercitos policiaes, bem como no tocante á intervenção dos Estados.

Na organização do Poder Legislativo, se não attinge ao regime unicameral, disto anda perto, porque o Conselho dos Estados que elle adopta, não é o Senado reapparecido sob outro nome; mas antes o Conselho Supremo enroupado noutras vestes. Porque a maior parte das leis independem da collaboração dessa Camara, cuja participação, de egual por egual, sómente se faz nas materias enumeradas no art. 43. Ainda assim, nas que a Camara dos Representantes tem prioridade, se esta Casa rejeita as emendas daquella, o projecto sóbe logo á sancção. Todavia ha muito ainda que podar, caso prevaleça o systema bicameral mitigado, que o novo texto estabelece. Nas attribuições do Presidente, dos Ministros e da Justiça, bem como na Defesa Nacional, em summa, na organização dos Poderes e da administração, o substitutivo não diverge muito do ante-projecto.

REACCIONARISMO DO PROJECTO

Onde, porém, deste aquelle se differencia, é no espirito reaccionario que o anima, pondo-o, não raro, em riste contra a liberdade, nos seus direitos mais sagrados. Assim, submette á Justiça togada o julgamento dos crimes politicos, em vez de os entregar ao jury, garantia sem par aos delinquentes dessa especie, recommendada, em casos taes, mesmo pelos maiores adversarios dessa instituição.

Nem ao menos veiu á lembrança dos autores do novo texto, que essa foi exactamente, a medida adoptada, quando se quiz contar por certa a condemnação dos revoltosos de 22 e 24, que o jury mathematicamente absolveria. Egualmente afasta do jury a competencia para o julgamento dos delictos de imprensa, que por todos os motivos lhe deveria caber. Mas a esta ainda retira a garantia do paragrapho 14 do art. 102 do ante-projecto que estabelece: "O appareci-mento de livro ou periodico independente de licença de qualquer autoridade". Era a grande arma dos che-fetes locaes contra os jornaes do interior. Recusavam-lhe essa licença. Perde tambem a imprensa a garantia do paragrapho 17, que prescreve: "Nenhum imposto gravará di-rectamente o livro, o periodico, nem a profissão do jorna-lista". Era tambem uma das armas predilectas no arsenal da oppressão local. Arranca, outrosim, á imprensa a garan-tia para ella essencial, nos dias de sitio, e constante do pa-ragrapho 4.º do art. 131 do ante-projecto, que dispõe: "Du-rante o sitio, o presidente da Republica determinará, por de-creto, o objecto e os limites da censura, que não se exer-cerá senão nos termos estrictos desse acto. Da censura imme-recida haverá recurso para o Conselho Supremo, que, dentro de 72 horas, ouvida a autoridade coactora decidirá sobre a publicação do editorial censurado". Este dispositivo é vis-ceral ao exercicio da imprensa, nos dias de sitio, acabando com o abuso da censura arbitraria ou inepta, que permitte a um jornal o que prohibe a outro. Supprime o projecto a garantia do paragrapho 12 do art. 102 do ante-projecto, que declara: "Sómente a autoridade judiciaria poderá ordenar e por praso não maior de 3 dias a incommunicabilidade do preso". O projecto é adepto das incommunicabilidades policiaes. Elimina a seguinte garantia: "A lei penal retroagirá em beneficio do delinquente". E por isso permitte ao legislador, em épocas de paixões exaltadas, estatuir o contrario. O texto, apesar de sua numeração seguida, nada consigna sobre "habeas-corpus" e mandado de segurança. Trata-se, naturalmente, de um salto de copia, tão absurda seria a suppressão de qualquer dos dois.

ORDEM ECONOMICA E SOCIAL

Onde, porém, o projecto requinta no seu reaccionarismo, é no capitulo da ordem social.

Ahi tudo é garantia, carinho e conchego para os ricos. Escarneo, desprezo e impiedade para os pobres. Haveremos de examinar esses textos de biblia plutocratica. Se porém quizessemos precisar a physionomia moral desse capitulo, poderiamos photographal-a na dureza impia desses dois traços. O anteprojecto estabelecendo a expulsão de estrangeiros, exceptuava os que "fossem casados com brasileira ou tivessem filhos menores brasileiros". Era a satisfacção ao clamor levantado, ante operarios expulsos, por motivos duvidosos, deixando, no Brasil, no mais absoluto desamparo, crianças e mulheres brasileiras. O substitutivo porém, não se commove. Que morram á mingua as crianças proletarias, ou se prostituam as esposas pobres, cujos maridos ou paes o infortunio arroja das nossas para outras plagas. Suicidem-se. Filho de pobre que morra de fome. E' a philosophia dos que triumpharam na vida. O essencial é que o rico não seja perturbado no seu goso, pela inquietação do proletario.

Mas, o projecto sóbe ainda na sua impiedade para com a pobreza. O ante-projecto dizia, no art. 124, paragrapho 2.º: "A lei assegurará nas cidades e nos campos, um salario minimo, capaz de satisfazer, conforme as condições de cada região, as necessidades normaes de um trabalhador chefe de familia". Como se vê, a tudo attendia o texto. Não se tratava de um salario uniforme, senão peculiar a cada região.

O projecto, porém, modifica e determina: "O salario deverá satisfazer, conforme as condições de cada região, ás necessidades minimas de subsistencia do trabalhador."

E' o salario da fome. Em resumo: um punhado de farinha e um pouco de agua. Até ahi poderá ir a exploração capitalistica, no trato com o trabalhador faminto. E isto, depois de tudo conceder á riqueza, e tudo inclusive um minimo de horas de trabalho, recusar aos operarios. O que a nova Constituição lhes reconhece é o direito que já se concedia ao escravo — o de não morrer á fome. O dever do senhor de lhe dar, na senzala, um minimo de subsistencia. O ante-projecto não fôra até a formula do salario minimo, dada pelo juiz Higgins, da Côrte da Australia, quando o definia, "como o necessario para satisfazer as *necessidades normaes de um empregado médio, considerado como um sêr humano, que vive numa sociedade civilisada"*. E' vêr em Seligman — Principios de Economia — donde extraio a citação. O ante-projecto ficára muito aquem dessa formula, geralmente acceita. Não serviu, porém, ao substitutivo. O que este offerece não é o salario minimo. E' o salario da fome, duramente descripto na rudeza impiedosa de suas linhas sinistras.

Contra essa crueldade protestam, com as reivindicações proletarias, todos os sentimentos da civilisação christã.

Santo Deus! Esta revolução ter-se-ia coberto para sempre de opprobrio, se após tres annos de incertezas e transacções de toda a sorte, viesse affrontar os direitos da pobreza com esse escarneo, os sentimentos christãos com essa impiedade, os soffrimentos da miseria com esse ludibrio, a indignação do proletariado, consciente de sua força, com a provocação dessa innominavel zombaria.

Projecto Reaccionario

Não conhecemos, ainda, o texto definitivo do projecto da Commissão dos 3, desde quando se affirma que o publicado pelos jornaes se resente de falhas, se macula de erros, e se ensombra de equivocos, que o original revisto não apresenta. Ainda bem. Porque do ponto de vista do rigor da technica, da precisão do estilo e da pureza da lingua, o longo documento deixa muito a desejar. Não raro a technica é impropria; o estilo tropego; a lingua claudicante. Em mais de um trecho, o portuguez classico de João Ribeiro foi erradamente substituido por um dialecto de cunho duvidoso. Aguardemos, porém, o texto revisto, para o confronto inevitavel.

A MAIOR DO MUNDO

Desde logo, porém, alguns aspectos do projecto pódem ser, sem maior inconveniente, examinados. O que resalta logo aos olhos é a sua extensão maior que a do ante-projecto. De 136 artigos e 8 disposições transitorias, se compunha este; ao passo que aquelle se desdobra em 183, e mais 18 dispositivos das duas especies referidas. Em resumo: 144, contra 201 artigos. Não é de somenos importancia a extensão de uma Carta Politica. Já passou o tempo das constituições syntheticas — "curtas e obscuras", como queria Bonaparte. Todas as novas Constituições abrangem direitos e interesses que se não representavam nas antigas. O campo da materia constitucional se dilatou com as transformações economicas do mundo. Só a ignorancia poderia, hoje, restringir uma Constituição ás raias da organização dos Poderes do Estado e das garantias enumeradas na famosa Declaração, que constitue o credo egoistico do individualismo burguez. Mas, nem oito, nem oitenta. Se as Constituições não devem ser tão resumidas como as de outr'ora; não devem, todavia, ser tão longas quanto uma encyclopedia. A nossa ficará, se vingar o projecto, como a mais extensa do mundo. Valha-nos, ao menos, isto. Venceremos pela cauda. Porque, das Constituições modernas, a maior — a de Weimar — tem apenas 181 artigos, inclusive as disposições transitorias. E das antigas, se a hollandeza de todas destôa, com os seus 209 artigos, inclusive os transitorios, é de facto muito menor que a do projecto, porque não se desdobra, como este, numa longa série de letras, incisos e paragraphos.

O MODELO DE WEIMAR

Tambem diverge do ante-projecto, em certos aspectos que poderiamos dizer morphologicos, e nem sempre com felicidade, como se demonstrará. Assim, o projecto, tomando por modelo a Constituição de Weimar, dilata e empasta todo o capitulo preliminar com o ról das competencias, que terá de ser, mais adeante, em varios pontos repetido. E' que nem sempre o allemão é bom modelo. Goethe affirmava que esse povo "torna tudo difficil e tudo complica"; e Schopenhauer asseverava que o caracteristico do allemão é "enxergar o que se passa nas nuvens e não vêr o que está deante dos olhos". Não poderia haver mais altos nem mais insuspeitos julgadores. E se pularmos, de um salto, para os dias correntes, um dos grandes juristas e homens de Estado da Allemanha — Radbruch — pôde em sua Introducção da Sciencia do Direito, falando de Liszt, assegurar que foi "um dos poucos allemães que soube superar o espirito de pesadume". E todos esses defeitos germanicos se reflectem na grande Constituição, em cujo molde vasou o projecto o seu primeiro capitulo.

A VELHA CARTA

O ante-projecto, ao revés, preferira manter o aspecto claro da Constituição de 91, e de outras que regem as federações americanas. A competencia era ali fixada nas attribuições dos Poderes do Estado. O brasileiro já se affizera a essa configuração; já se acostumara a essa distribuição exterior. O ante-projecto timbrou em conservar melhorando; em conservar, tanto quanto possivel, a velha Carta, com a sua physionomia caracteristica, como quem num velho e glorioso solar mantem a architectura secular, embora accrescido de novas peças e munido de todas as installações do conforto da vida moderna. No ante-projecto, logo ao primeiro olhar, o povo reconheceria nelle a presença da velha Carta. Não sei se a divisará, se a perceberá, transubstanciada nas alterações do projecto. Quando nos occuparmos da technica do substitutivo, veremos que nem sempre foi feliz na distribuição dos assumptos. O que, porém, no capitulo preliminar, nos feriu a vista, com a aspereza de uma pedrada, foi a inserção de certos dispositivos, já de todo injustificaveis, em 91, e hoje absolutamente disparatados. Assim, para que vedar á União e aos Estados "fazer guerra entre si ou usar de represalia? Haveria possibilidade de sustentar alguem, juridicamente, essa loucura? Para que então a prohibição? Do mesmo jaez é a de que nem ella nem elles podem "estabelecer ou arrecadar quaesquer tributos com inobservancia dos artigos da Constituição". Para que essa pachouchada? Ao ante-projecto tambem não parecera necessario declarar que os poderes não enumerados pertencem aos Estados, como proclama o substitutivo. A disposição ali era inocua. No entanto se tem gritado contra isto. Não ha, porém, livrinho rudimentar sobre o regime federativo, onde não se leia que, se a Constituição attribue expressamente um ról de competencia a uma das partes componentes da federação, os poderes não enumerados pertencem á outra, a menos que em sentido contrario, taxativamente, se disponha. Ora, o ante-projecto conferira á União uma lista de poderes discriminados; logo, os não enumerados seriam dos Estados, sem necessidade de repetição superflua, do preceito do § 2.º do artigo 65 da Carta de fevereiro. Tudo isso será, a seu tempo, analysado.

O REACCIONARISMO DO PROJECTO

Mas o peccado mortal do projecto é o seu reaccionarismo. A sua attitude hostil á liberdade; a sua ogeriza aos moços, e a sua devoção á decrepitude; a sua consideração para os ricos e o seu desprezo para os pobres. Como projecto de uma revolução é um contrasenso! Porque elle se funde no tom ferreo da mais decidida reacção. E' um projecto *ancien regime.* Já hontem enumerámos varios dispositivos adversos á liberdade. E o ról não finda, ora por acção, ora pela suppressão de prescripções liberaes do ante-projecto. Assim, eliminou-se o § 30 do artigo 102 do ante-projecto, que prescreve: "Nem mesmo em estado de guerra, nenhum brasileiro poderá ser deportado ou expulso do territorio nacional." No mesmo artigo, § 25, dizia o ante-projecto: "A todos os brasileiros é licito reunirem-se livremente e sem armas, não podendo a *Policia intervir* senão para *manter a ordem perturbada* ou garantir o transito publico. Com este fim poderá designar o local onde a reunião deva realizar-se, comtanto que isto não importe em impossibilital-a ou frustral-a." Era completa a garantia da liberdade de reunião, contra a acção impeditiva da Policia, supprimindo preventivamente o comicio, a proposito de manter a ordem, ou designando aos promotores delle, um logar inadequado á sua realização. Tudo isso frauda, burla e elimina o projecto reaccionario, dispondo cosacamente nestes termos: "Sómente aos brasileiros é licito reunirem-se sem armas, em logradouros publicos, não podendo a Policia intervir senão para assegurar ou restabelecer a ordem ou para *prevenir* que seja *perturbada.*" De outra maneira não falava Trepoff, nas suas intimações aos operarios da Russia czariana. A Constituição de 91, que permittiu tantas violencias policiaes contra a liberdade de reunião na praça publica, não ia a tanto. Por ella, a Policia não podia "intervir senão para manter a ordem". Pudesse a Policia, a seu arbitrio, intervir "para *prevenir* a *perturbação da ordem*", como prescreve o projecto, e a Campanha Civilista, a Reacção Republicana e a Alliança Liberal não teriam, com certeza, attingido ás proporções que tomaram. O proprio chefe do Governo Provisorio, talvez, que não tivesse podido lêr a sua plataforma na Esplanada do Castello, porque a Policia poderia isso ter evitado, "para prevenir qualquer perturbação". Com esse dispositivo czariano, as campanhas politicas nas praças publicas estão mortas; porque só viverão, emquanto isso lhes permittir a generosidade, sempre tão precaria, dos governos. O substitutivo eliminou, ainda, a disposição do ante-projecto que dizia: "Não haverá prisão por dividas, multas ou contas". Taes prisões são um resquicio do regime dos privilegios, absolutamente incompativel com a moral, e a garantia de egualdade perante a lei. O rico tem dinheiro e paga a multa; o pobre não o possue e geme na cadeia... Poderá ser mais caracterizado e revoltante o privilegio da riqueza? E isto após uma revolução! E respeitado por uma Constituição della oriunda, é de revoltar, pelo seu instincto reaccionario, as pedras das calçadas. Da mesma forma, na sua devoção pelos ricos, rejeitou o substitutivo o texto do ante-projecto que prohibe "a fiança em dinheiro ou bens". E' outra peça de um regime condemnado. E' outro privilegio da riqueza. Será justo que o valdevinos ricó, que se embriaga a champagne e perturba a ordem, seja posto incontinente em liberdade, porque tem dinheiro para a fiança, emquanto o operario, que o não tem, fica no carcere, e, á falta do salario, no dia seguinte, os filhos soffrem fome? Onde a moralidade, a dignidade e o decôro sequer dessa distincção odiosa e negregada? Como se justificar tão abominavel differença num regime democratico e, sobretudo, numa Carta, proveniente de uma revolução popular? Estabelecia o ante-projecto, contra o meu voto, que o prazo inicial do sitio não seria maior de 60 dias, podendo ser prorogado, uma ou mais vezes, por egual tempo. Que faz o projecto? Restringe o termo para 30 dias, como eu propuzera? Não. Dilata-o, sem necessidade, para 90! No capitulo do funccionalismo, arranca-lhe varias das garantias que o ante-projecto lhe outorgára. Mas o ante-projecto, em compensação, prescrevera deveres, e entre elles o seguinte: "O funccionario que usar de sua autoridade em favor de um partido, ou exercer pressão partidaria sobre os seus subordinados será punido com a perda do cargo, se provado, em processo administrativo ou judiciario, que agiu por essa forma." Não ha medida mais necessaria do que essa, asseguradora da liberdade dos funccionarios subalternos. Pois o projecto, no seu afan contra a liberdade, a elimina.

PARAIZO DOS MACROBIOS

Mas o espirito reaccionario do projecto revela-se tambem na ogeriza aos moços e na sua adoração pela decrepitude. O ante-projecto dispunha: "São eleitores os maiores de 18 annos alistados na fórma da lei." O projecto repelle a innovação e decreta que serão sómente eleitores os "maiores na fórma da lei". E' o regime dos 21 annos. Exclue-se, assim, do eleitorado, a flor das nossas academias; a parte mais altiva, mais vibratil, mais enthusiastica das nossas faculdades e do nosso commercio; os que a Patria chama, em primeiro logar, para morrer, nos dias terriveis da guerra. O projecto reaccionario os repelle. Detesta a mocidade, coroada de rosas, e, em compensação, ama a velhice coberta de neve. Por isto, néga o direito de voto aos que impõe o dever de morrer; mas prolonga a aposentadoria compulsoria até aos 75 annos, transformando a administração publica no paraizo dos macrobios. Todos sabem porque a Commissão propoz essa medida. Antes o fizesse a descoberto, para os poucos a que visava cortejar. Mas entulhar a administração publica, emperral-a com a multidão dos valetudinarios, é que excede todos os limites da tolerancia e do bom senso. O que urge, o de que o Brasil precisa é exactamente do contrario: é do rejuvenescimento dos quadros. A isto volveremos com mais vagar e mais largueza.

ORDEM SOCIAL

Ahi é que o projecto ostenta todo o seu espirito de reacção, parecendo querer nos levar á edade média. Já examinamos alguns dispositivos deste capitulo. Proseguiremos hoje. E por deante, na tarefa de evidenciar o espirito de reacção, que orientou nessa parte o substitutivo. Não. Não é possivel que a Constituinte acceite esse capitulo reaccionario da Commissão dos 3. O ante-projecto, por exemplo, estabelecia: "O dia de trabalho não excederá de 8 horas, e nas industrias insalubres de 6. Em casos extraordinarios, poderá ser prorogado até por 3 horas, vencendo o trabalhador o duplo do salario normal. A prorogação não poderá ser feita consecutivamente por mais de tres dias, e não será permittida nas industrias insalubres, nem aos menores de 18 annos." Como se vê, todas as precauções eram tomadas, em defesa da saude do operario, açulado pelo desejo do ganho. Por outro lado, moderava-se no patrão o impulso de forçar o serviço, estipulando-se o salario duplo, na prorogação. O projecto, no entanto, substitue o dispositivo previdente e humano, por este texto impiedoso: "Sempre que possivel, sem maior inconveniente, o trabalho não deverá exceder de 8 horas." E' a escravização completa do operario. Porque o patrão achará sempre possivel que o trabalho exceda de 8 horas. E o que é mais: do excesso participarão os menores de 18 annos; poderá haver o excesso nas industrias insalubres; e, pelo excesso, não ganhará o trabalhador um real, sequer, além do seu salario. A escravidão no Brasil não revestiu, nunca, mais ignobil forma de exploração humana. E' a impiedade pela pobreza, levada aos seus ultimos limites. E isto, numa época em que a lei de 8 horas já está atrasada nas reivindicações proletarias. Nos Estados Unidos, a semana de trabalho actual é 36 horas. O Ministro do Trabalho pretende, agora, reduzil-a a 30. O melhor, porém, é que o Brasil assignou o tratado de Versailles. Nelle se comprometteu, pelo artigo 427, n. 4, "á adopção do dia de trabalho de 8 horas"; e, pelo n. 6, "á suppressão do trabalho dos menores e á obrigação de dar aos trabalhadores jovens de ambos os sexos as limitações necessarias que lhes permittam continuar sua educação ou assegurar seu desenvolvimento physico". Mas o projecto, para servir á ganancia cruel dos patrões, rompe com a fé dos tratados em que, na defesa do operario, empenhou o Brasil, com a sua palavra, a sua honra. Grande revolução!

Substitutivo Reaccionario

Deveriamos esperar que o substitutivo retornasse dos estaleiros, onde se concerta das avarias soffridas no combate dos 26, e de cujas peripecias saiu, ao que parece, nas condições do Glasgow da batalha de Coronel. Não lhe diminue isso, todavia, os méritos. Ao contrario. Com as suas 35 feridas, leva de vencida a gloria de Oudinot. Trinta e quatro apenas eram as do Duque de Reggio. E o substitutivo, honra lhe seja, galhardamente resistiu aos assaltos dos 23, com a mesma intrepidez, com que o general dos granadeiros, a 14 de junho, na vanguarda de Lannes e coberto de sangue, detinha o avanço russo na manhã de Friedland, e possibilitava a Napoleão, commemorar o setimo anniversario de Marengo com a gloria immortal de outra victima fulgurante. Emquanto, porém, o substitutivo não volta do dique, onde se remenda dos 35 rombos, poderemos ir commentando alguns de seus aspectos, no que respeita ao amôr da liberdade e á ordem economica e social moderna.

MEDIDAS REACCIONARIAS

Porque, neste sentido o projecto é um arsenal inesgotavel de medidas reaccionarias, empregadas sob a dupla fórma da inclusão de dispositivos reactores e da suppressão de providencias liberaes.

Não é pequeno o rol de textos dessa natureza, que já apresentamos nos artigos anteriores. Mas a lista ainda falta muito por completar.

O ante-projecto, por exemplo, prescreve, peremptorio, cohibindo os abusos do sitio: "A prisão não será accumulada com o desterro, nem este transformado em degredo". O substitutivo, porém, elimina essa prescripção, permittindo os excessos que ella procurava coarctar. E declara expressamente, na sua meia lingua: "A obrigação de permanencia não será imposta em logares desertos ou insalubres do territorio nacional". Se, porém, dissermos correctamente: "Não será imposta a obrigação de permanencia em logares desertos ou insalubres", duvida não póde haver que melhorará o estilo, evitando-se a ambiguidade. Mas a odiosidade, da medida perseguidora continúa. E' o degredo que ali declaradamente se permitte. E o que é mais, podendo vir accumulado com a prisão, desde quando isto se não véda. Da liberdade de opinião do povo desta metropole faz nenhum caso e zombaria, quando determina que, effectuada a mudança da Capital, este "Districto passará a constituir um Estado, a menos que os poderes competentes deliberem sua incorporação ao Estado do Rio".

Não sabemos quaes, numa democracia, os poderes capazes de adjudicar, contra a vontade popular, um territorio de cerca de dois milhões de almas, a um Estado de que elle não deseja fazer parte. O captiveiro a que se pretende reduzir esta cidade maravilhosa, não póde mesmo ser tomado a sério. Nenhum poder em nosso paiz, emquanto vivermos sob um regime livre, terá competencia para transformar o Districto num desses territorios irredentos, que o Tratado de Versailles annexou a outras nações. Mas o menospreso pela liberdade que o projecto estadeia nem por isso é menor.

CONTRA OS PROLETARIOS

Mas é sobretudo contra as garantias do proletariado ou os direitos da pobresa, que o substitutivo brande seus golpes, emquanto blinda e encouraça os privilegios da riqueza. O ante-projecto prescrevia taxativamente: "Caberá ao Ministerio Publico da União e dos Estados velar pela *estricta appli-cação das normas protectoras do trabalhador urbano e rural,* bem como *prestar-lhe, assistencia gratuita,* sem prejuizo das attribuições pertencentes aos orgãos especiaes que a lei criar para tal fim".

Quem conhece o abandono, o soffrimento, a desorgani-zação do proletariado rural, e, por isso mesmo, o mais explo-rado de todos, bem sabe, que as normas legaes protectoras do trabalho, fraudadas nos centros urbanos, quasi que não se executam no interior, onde, realmente, a propria lei de accidente de trabalho não se applica. Reduzido á miseria quasi extrema, pela ignominia de um salario de fome; anal-phabeto, insulado nas zonas agrarias e na disciplina das fa-zendas, não póde jámais o trabalhador campesino saber quaes sejam as leis que o beneficiam, e, sobretudo, encon-trar quem lhe advogue os interesses, quando os patrões as violam ou não as cumprem. Dahi o dispositivo humanita-rio, christão, absolutamente christão, de proteger esses de-samparados, para que os beneficios da Lei não se tornem, ludibrio ou irrisão. O Estado, que lhes outorgou os benefi-cios, tem obrigação de lhes dar um defensor, incumbido de velar pela "extricta applicação das garantias". Ao contra-rio, de facto nada lhes haveria dado, senão affrontado sua fraqueza com o aggravo de uma nova zombaria. O Ministe-rio Publico não terá nunca funcções mais nobres, do que essa de velar pela rigorosa applicação de leis, com que se busca mitigar os infortunios humanos e reduzir, tanto quan-to possivel, o nivel das differenças sociaes. Pois o projecto elimina a providencia bemfeitora, com uma indifferença, que nos deixa estarrecidos. Os Constituintes operarios, po-rém, é que não pódem deixar de repetir e reclamar, por emenda, a adopção da medida salvadora. Do contrario, quem velará, no interior do Brasil, pela applicação dessas leis? Quem servirá de patrono ao trabalhador espoliado, pelo menos emquanto não se criarem orgãos especiaes para esse fim?

A FAVOR DOS AGIOTAS

Mas o substitutivo que arranca ao proletario a garantia expressa da protecção do Ministro Publico, imposta aos seus representantes como dever, elimina uma disposição do ante-projecto contraria ao agiota, e sacrifica nas garras desse abutre, o pae de familia, pobre e atormentado. E' que o ante-projecto, dispondo sobre a usura, considerada crime, concluia por essas palavras, que o substitutivo supprimiu:

"Nos contratos vigentes o devedor não será obrigado a pagar o juro além do dobro da taxa legal, ainda quando se estipular o contrario". E' disposição de lei vigente, contra a qual se têm rebellado muitos usurarios. Os tribunaes não lhes têm satisfeito a inclemencia, porque o texto legal a isso prohibe. Se porém a constituição elimina a disposição taxativa de lei, repetida no ante-projecto, a situação juridica, evidentemente se transforma. Note-se bem, no ante-projecto, como na lei em vigôr, não se trata de uma disposição retroactiva; mas de uma prescripção de effeito immediato, para o fim de abranger no seu alcance os contratos em curso de execução. Ora, se ha lei que sempre tenha sido applicada, nos contratos em curso, com effeito immediato e até, retroactivamente, é a impeditiva da usura. Assim executou, Justiniano a — De usuris — pela segunda constituição, editada a tal respeito em 529, e não obstante a regra de irretroactividade que adoptara no seu Codigo. Assim no direito canonico. E bem mais: a Constituição — De usuris — do Papa Alexandre III prescreve que os juros extorquidos, antes de condemnados pelos concilios, sobretudo o de Latrão, sejam restituidos aos devedores, ou a seus herdeiros e na falta de um e de outros, aos pobres. E se abandonarmos o direito individualista romano; o direito canonico, e passarmos para uma exposição socialistica do direito, veremos que é uma das leis prohibitivas, cuja retroacção Lassale justifica, no seu grande tratado sobre Theoria dos Direitos Adquiridos. Essa a regra geral das leis anti-espoliadoras. E não é senão por isso que o Codigo Civil suisso determina, na alinea 2.ª do art. 35: "Todo pacto commissorio, concluido anteriormente, fica sem effeito, desde a entrada em vigor do presente codigo". Pouco importou ao codificador suisso, e era nada menos que Huber, a immoralidade anteriormente praticada. Foi o que fez a nossa lei vigente contra a usura, quando prescreveu que a nova taxa se applicaria aos contratos em vigor. E' mesmo um dos poucos actos innovadores e altos, quebrando a monotonia burocratica dessa revolução cartoraria. O ante-projecto consignou na ordem social a medida benemerita. O substitutivo a eliminou, na defesa da agiotagem, santificada assim pelos contratos, pactuados com a dilaceração dos sentimentos humanos.

Novo Parenthese

O DIARIO CARIOCA transformou no artigo de hoje a nota de hontem, abrindo um parenthese, de 24 horas, na analyse que venho fazendo das tendencias reaccionarias do substitutivo, no que respeita á liberdade e, sobretudo, á ordem social. O artigo já escripto sobre este assumpto será, assim, publicado, num dia de descanso, em cuja folga o proletariado reflectirá melhor sobre a injustiça que lhe fazem. Ahi vae, pois, a nota de hontem.

Um ligeiro commentario ao brilhante discurso proferido traz-ante-hontem, por notavel jurista, na Assembléa. E' que s. ex. procurou defender o substitutivo que se encontra, por assim dizer, em debate, criticando o ante-projecto, que não está em discussão. Até mesmo porque, se este fosse uma rodilha de sandices, isso não apagaria, nem diminuiria sequer, os dislates que porventura enxameassem no substitutivo. O criminoso não se escusa do delicto, apontando a falta alheia. O certo, porém, é que o preclaro jurista não tem a minima razão, em nada do que disse, a tal respeito.

Não é exacto que se houvesse classificado de pachouchada, o texto do substitutivo que veda "á União e aos Estados fazer guerra entre si, ou usar de represalias". O que affirmamos foi que esse dispositivo "nos feriu a vista com a asperesa de uma pedrada". E isso pela desnecessidade absoluta da presença dessa monstruosidade, em nossa Constituição, como se fosse possivel a hypothese sinistra, e houvesse alguem capaz de juridicamente sustental-a. Evidentemente não é do mesmo porte o dispositivo do ante-projecto, que declara não poderem "os Estados recusar fé aos documentos publicos, de qualquer natureza, da União ou de outro Estado". Ahi bem; á falta de uma disposição taxativa, poderia, em certas épocas ou para certos fins, recusar um Estado fé ao documento de outro.

O que nos permittimos denominar de pachouchada foi o dispositivo que veda "á União e aos Estados estabelecer ou arrecadar quaesquer tributos com inobservancia dos artigos da Constituição". Ahi é o dominio da anecdota. E se empregamos o termo popular, foi para não empregar o que rigorosamente caberia, e que era, talvez, menos suave. Não tem o mesmo caracter o dispositivo do ante-projecto, que institue a appellação ex-officio nas acções de annullação e nullidade de casamento. Dessa prescripção, tudo se poderá dizer: que é boa, que é má, que não tem efficiencia. Menos que pertence ao anecdotario de La Palisse. Muito menos razão poderá ainda ter o emerito constituinte, quando se aproveita do equivoco evidente do linotypista, para censurar, no art. 124 do ante-projecto, as palavras "gestação operaria", qualificadas de pittorescas. O artigo é de redacção do dr. Castro Nunes, cuja intelligencia notoria o exime da culpa dessa tolice. O que elle escreveu foi "gestante operaria" e é o que todo o mundo comprehenderá que deva ser. E' o que está nas brochuras distribuidas á sub-commissão do Itamaraty, e das quaes, pelo menos dois dos membros da Commissão dos 26 receberam os respectivos exemplares. Assim consta do exemplar submettido á revisão de João Ribeiro, que tenho em meu poder, com as raras correcções que fez ao texto. Foi na composição derradeira, ao introduzir as emendas de redacção acceitas na ultima assentada da sub-commissão, que o linotypista, levantando a linha, commetteu o erro de trocar gestante por gestação. E não só este, como outros pequenos descuidos, que escaparam ao texto publicado, cuja ultima prova não revi. Tambem não procede a censura contra o numero 1 do art. 102 da Declaração de Direitos.

Votei contra o accrescimo "desde que não se opponham ás de Patria". Temia que, sob esse pretexto e na latitude desses sentimentos de Patria, se fizesse muita violencia ás opiniões alheias politicas, religiosas ou philosophicas. Foi suggestão victoriosa do General Góes Monteiro. E' um dos pontos em que estou de accôrdo com o substitutivo. Mas a restricção não tem nada de confusa. São eguaes perante a lei, sem distincção ou sem privilegio, de crenças religiosas e idéas politicas, desde que se não opponham ás de Patria. Tanto vale dizer, se taes crenças ou idéas se oppuzerem ás de Patria, não serão eguaes, perante a lei, a outras que com as de Patria combinarem.

E, subindo de gráo na improcedencia da critica, o eximio advogado impugna, como impreciso e defeituoso, o art. 67, que dispõe: "Fica instituido na capital da União, o Conselho Supremo, composto de 35 conselheiros effectivos e *mais tantos extraordinarios,* quantos forem os *cidadãos, sobreviventes,* depois de haverem exercido, por mais de 3 annos, a presidencia da Republica". O artigo redigido pelo sr. Mello Franco é de uma clareza de meio dia no equador. Por elle se vê que ha duas classes de Conselheiros — 1.ª, os effectivos, em numero fixo de 35; 2.ª, os extraordinarios, sem numero prefixo, porque são todos os cidadãos sobreviventes, após terem exercido por mais de 3 annos a presidencia. Concretizando, seriam, no momento, os srs. Wenceslau Braz, Epitacio Pessôa, Arthur Bernardes e Washington Luis. Pois, deante disto, s. ex. commenta e interroga: "Temos 4 Presidentes sobreviventes. Quer dizer: haverá mais 4 conselheiros? Ou serão todos aquelles que tenham exercido o cargo de Presidente?".

Parece impossivel que um espirito de sua vivacidade se tenha deixado obnubilar, ao ponto de fazer as duas interrogações contradictorias. Pois se o artigo declara expressamente "*e mais tantos* extraordinarios, quantos forem os cidadãos sobreviventes, depois de terem exercido a presidencia"; evidente que "haverá mais 4 conselheiros", além dos 35 effectivos. E a segunda pergunta é absolutamente injustificada, porque o artigo não diz que serão conselheiros extraordinarios os que tiverem exercido a presidencia, mas exclusivamente os que por mais de *3 annos* houverem occupado esse cargo. E adduz ainda s. ex.: "Por outro lado, não diz como seriam nomeados". Parece incrivel! Mas está no discurso. O artigo não diz, nem poderia dizer, como são nomeados esses conselheiros, que não dependem de nomeação. Elles seriam membros natos, digamos, do Conselho. Dar-lhes-ia a Constituição essa qualidade.

O ante-projecto e o substitutivo, por exemplo, determinam que o Tribunal Especial, no julgamento dos crimes presidenciaes, seja presidido pelo Presidente do Supremo Tribunal. E' a repetição do dispositivo analogo da Carta de 91 e pelo qual o Senado, em casos taes, teria o mesmo Presidente. Mas nem a velha Constituição, nem o ante-projecto, nem o substitutivo, dizem "como será nomeado o presidente desse Tribunal Especial". A Carta de fevereiro, no art. 32, dizia que o Vice-Presidente da Republica seria o Presidente do Senado. Não disse, porém, como "seria nomeado", para esse posto. E' que, em casos taes, não ha, nem póde haver nomeação. A qualidade ou a competencia resulta da prescripção constitucional, que a fixa expressamente. Ponto é que se verifique a condição, e a qualidade surge automaticamente no individuo, a que a Carta Magna conferiu esse poder ou essa funcção.

E' realmente incrivel, ou melhor, imprevisivel, que um jurista, dessa eminencia, pretenda, para casos taes, um acto especial de nomeação. E s. ex. accrescenta: "Não digo sobre a elegancia da phrase, sobre a correcção grammatical". Quanto á grammatica, a phrase parece absolutamente correcta. Submettida ao esmeril de um philologo e grammatico da ordem de João Ribeiro não soffreu alterações. Subscripta por tão grande autoridade, é natural que esteja certa. Quanto á elegancia da phrase, ahi é questão de gosto. Nestes assumptos de estilo, os criterios são pessoaes. Dependem da cultura literaria, não ha duvida; mas, sobretudo de qualidades intimas, ingenitas, personalissimas. Por isto, cada qual julga a seu modo. Quer vêr o eminente jurista, num exemplo, como se passam as coisas? Tenho um amigo a quem dei para lêr a Oração na Acropole de Renan. Achou-a pretensiosa, delambida, detestavel; uma xaropada, em summa, que não pôde engulir até o fim. E declarou que preferia o estilo claro, preciso, modesto e chão de Montepin, nos Fantoches de Madame Diabo. — "uma belleza", — disse-me, que estava relendo pela terceira vez.

Fundo de Reserva do Trabalho e Instrucção nas Fazendas

Uma das prescripções mais justas, mais equanimes, mais bemfazejas do ante-projecto era a que no artigo 124, paragrapho 5.º, se expressava nestes termos: "Toda empresa commercial ou industrial constituirá parallelamente com o fundo de reserva do capital, e desde que este logre uma remuneração justa, nos termos do art. 121, um *fundo de reserva do trabalho*, capaz de assegurar aos operarios ou empregados o ordenado ou o salario de um anno, se por qualquer motivo a empresa desapparecer". Como se vê, o dispositivo começa por garantir o capital com "uma justa remuneração". Sómente depois disto, é que, parallelamente ao fundo de reserva do capital, se constituiria o do trabalho. De facto, se o capital já teve a sua retribuição justa; se assim já se lhe premiou a contribuição; se, desta fórma, já se lhe compensaram os riscos; não poderá haver maior iniquidade do que se lhe attribuir todos os lucros restantes, excluindo de sua participação o trabalho de cuja força elles resultaram, e que, em dois terços pelo menos se compõem da parte do salario não pago devidamente, na proporção do esforço despendido na criação da riqueza. Ainda assim, o ante-projecto se restringiu a prescrever a criação de dois fundos — um do capital, illimitado; e outro, o do trabalho, circumscripto ás condições prefixadas. Uma vez este constituido, o que se faria ao cabo de pouco tempo, todos os lucros excedentes pertenceriam exclusivamente ao capital. O que, por-

EM TORNO DA CONSTITUIÇÃO

tanto, se poderia accusar ao ante-projecto não era o seu extremismo; mas a sua tolerancia, a sua moderação, o seu espirito conservador, ante os ultimos alentos de um regime, destinado á proxima extincção. O dispositivo era uma garantia proficua, não sómente aos operarios, mas aos empregados do commercio — ao empregado emfim — contra os abusos, a impiedade, as iniquidades que todos os dias testemunhamos. Funda-se uma fabrica ou uma casa de commercio. Correm prosperos os negocios? Os proprietarios accumulam os lucros; esbanjam-nos em dissipações; compromettem-nos em aventuras. Em nada disso tem a minima parte o operario ou o empregado, reduzidos a uma situação de subalternidade, incompativel com os seus interesses vitaes jogados na partida, ou com a contribuição primordial daquelle no systema de producção. Mas um dia a empresa estoura; ou a casa fecha, porque não tenha podido supportar por mais tempo as aventuras do dono; ou porque, este fatigado, não queira continuar naquelle ramo de vida; ou o negocio não dê mais o resultado que esperava.

O proprietario previdente vae gosar tranquillo os rendimentos da fortuna, que ajuntára; o esbanjador soffre as consequencias das proprias dissipações; o temerario paga o preço das aventuras que jogára. E isto, quando ainda nessas duas especies de insensato, um resquicio apagado de prudencia não os levou a constituir, á parte ou sob nome de terceiro, uma reserva, um bem de familia, ou, pelo menos, um seguro valioso. Ao operario ou empregado, porém, é que isso não acontece. Fallencia, prejuizos, cansaço do capitalista, seja o que fôr, se a empresa fecha as portas, uma horda de trabalhadores ou empregados é atirada com suas familias, no dia seguinte, á miseria e ào desespero. Esta metropole já presenciou o caso da "Colombo". Os proprietarios não haveriam de continuar com o negocio deficitario e que no entanto enriquecera, nos bons tempos, os seus paes. Mas a deliberação, que todo homem sensato tomaria, e elles tomaram, lançava automaticamente á indigencia a multidão dos empregados da empresa. Caso igual tem occorrido em varias fabricas, algumas das quaes se fecham, por manobras commerciaes, para diminuir a concorrencia. Operarios e empregados ficam, em casos taes, numa dessas situações desesperadas, que só avalia quem já sentiu a fome em casa e não encontra, de subito, uma collocação, embora modesta, que lhe forneça ao menos os parcos vencimentos, indispensaveis á moradia e ao pão. Se, porém, o capital fosse menos voraz, e désse, depois de justamente retribuido, uma parte minima dos lucros excedentes para a constituição do fundo de reserva do trabalho, nos dias terriveis do fechamento das portas, o empregado e o operario encontrariam nessa especie de seguro, um anno de ordenado ou de salario, que lhes permittiria procurar, sem afflicções, uma nova collocação. Nada, portanto, poderia justificar a eliminação desse dispositivo, que estamos certos os Deputados operarios restabelecerão. Era uma disposição, que ainda não vimos em legislação nenhuma. O fundo de reserva do trabalho seria, pois, uma innovação brasileira, de accordo com as nossas necessidades, a nossa indole e a nossa moderação. Nem se diga, como já li, que uma grande fabrica, cujo quadro operario varia segundo as condições economicas do mercado, ficaria exposta aos imprevistos. Não procede a increpação. O fundo de reserva deve ser feito ao nivel do maximo de producção. Nem se argumente que seria immobilisar esse capital. Porque depositado nas Caixas Economicas activaria e fecundaria, sob outros aspectos, a producção. Por este fundo poder-se-iam, tambem, fazer a juro muito modico, emprestimos aos operarios ou empregados. Eis, além de outras, a benemerencia dessa reserva especial, a que a lei poderia dar applicações de grande beneficio. Demais, essa porção dos lucros, retirada para tal fim, seria apenas uma parte do salario não pago, na proporção dos productos que elle cria. De direito e de justiça; perante Deus e perante os homens, essa parcella dos proventos, depois de retribuido o capital, deveria caber, pelo menos sob a fórma de uma reserva para os dias tristes, aos que pelo trabalho permittiram tão fartos beneficios. Dê-se ao trabalho essa participação pequena nos ganhos excessivos da producção ou do commercio, e ainda ficará o decuplo para o capital. O substitutivo, porém, eliminou a providencia bemfazeja, considerando que todos os lucros excedentes da justa retribuição do capital devem exclusivamente ao capitalista pertencer, de nada participando nelle o trabalhador. A injustiça é flagrante. A readopção da medida, por emenda, será obra da mais elementar justiça. Assim como o capital precisa de um fundo de reserva para os dias magros, o trabalho deve ter o soccorro da mesma previdencia para as horas de afflicção.

A INSTRUCÇÃO PRIMARIA NAS FAZENDAS

Supprimiu, tambem, o substitutivo, o paragrapho n.º do artigo 124 do ante-projecto, que obrigava "toda empresa, fóra dos centros escolares e onde trabalharem mais de 50 pessoas, a manter pelo menos uma escola primaria, para o ensino gratuito dos empregados e trabalhadores, e seus filhos". Até onde póde attingir o nosso entendimento não descobrimos razão nenhuma que possa justificar a suppressão dessa medida, acauteladora dos direitos proletarios e dos interesses da Nação. Uma empresa, que, longe dos centros escolares, movimenta tão grande força de trabalho e por isto mesmo dispõe de não pequeno capital, tem para com os seus empregados e trabalhadores, e para com a Nação, o dever elementar de proporcionar aos filhos daquelles proletarios, a instrucção primaria, que o Estado gratuitamente lhes daria, se não estivessem naquellas zonas distantes, a serviço do capitalista que os retem. Para a empresa será insignificante o custeio dessa instrucção; para o proletario que a recebe, e para a Nação, será de grandes beneficios e, possivelmente, de projecção incalculavel. O que não é justo é continuarem grandes fazendas, grandes industrias, grandes empresas pelo interior afóra, sem que os patrões providenciem, por maneira nenhuma, sobre instrucção primaria aos filhos do numeroso pessoal, que mantem sob suas ordens, e de cuja sorte em absoluto se descuidam, reduzidos na ignorancia total das primeiras letras, á condição miseravel de manada. Os dois paragraphos supressos devem ser, portanto, restaurados.

Não são medidas extremistas; não são principios de nenhuma doutrina; não são artigos de nenhum programa partidario. São anseios e aspirações que rebentam de todo coração bem formado. São interesses que a Nação tem o dever imperioso de attender. Por elles se erguem todas as vozes da Justiça; por elles bradam todos os clamores de equidade; por elles palpitam os melhores sentimentos humanos, desabrochados na sympathia irreprimivel das almas fortes para com os fracos e os desprotegidos.

Herança Collateral e Imposto Progressivo

O artigo 122 do ante-projecto, no seu primeiro periodo, se enunciava deste teor: "Será reconhecida a herança exclusivamente na linha directa ou entre conjuges". Mas o substitutivo, que não sympathiza, como já vimos, com as reinvidicações proletarias, é todo carinho e desvelo para os privilegios da riqueza. Dahi a suppressão do dispositivo, cuja integra se acaba de transcrever. O ante-projecto não havia decretado a abolição de herança. Se até ahi chegasse, poder-se-ia cobrir e defender com autoridades formidaveis. E sem as procurar nas linhas avançadas da esquerda, ou entre autores socialistas, bastava ao ante-projecto escudar-se, além de outros, em Bentham ou Stuart Mill. Nem é tão facil, quanto a principio parece, a justificação de herança, cuja legitimidade Cimbali, com todo o seu talento vigoroso e innovador, não logrou demonstrar.

PRIVILEGIO DA RIQUEZA

Muito menos o demonstraria hoje, quando vão caindo, por toda a parte, os resquicios dos derradeiros privilegios, de que este, por ser talvez o mais humano, é tambem o mais tenaz. Porque, em summa, a herança não é senão um privilegio de riqueza, cujo dono, depois de usufruir, emquanto vivo, todas as innumeras vantagens que ella dá, ainda a transmitte e perpetúa, estabelecendo, no mundo, uma desegualdade formidavel entre os que herdam e os que nada têm que herdar. E' a classe dos afortunados, que, ao nascerem já levam sobre os desherdados, esse enorme privilegio artificial e de justiça duvidosa que a lei, exclusivamente a lei, lhes confere, graças ao qual occupam os altos postos individuos que, por suas qualidades naturaes, não poderiam preencher senão os logares mais subalternos do serviço. E, por essa inversão artificiosa, não raro prejudicam o Estado; estorvam o serviço publico; embaraçam o commercio; emperram a industria, e entravam o desenvolvimento da producção. E emquanto esses principes transformam os postos de commando da producção, ou do Estado, em passatempo de sua incapacidade doirada, os pobres investem a rocha abrupta da vida, numa escalada alpina, em que a maior parte succumbe, ou fica esmorecida pelas encostas, e um ou outro, da multidão dos assaltantes, suando sangue vivo e agonias, attinge, extenuado, o cimo da montanha, onde a injustiça da lei collocou, sem nenhum trabalho, o felizardo. No entanto, o alpinista da vida só poderá realizar victoriosamente a ascensão, se reunir pelo menos tres qualidades, que raramente numa pessoa se congregam — intelligencia de ouro; saúde de ferro; vontade de aço. E' com esses tres requisitos que se parte do chão razo da pobreza, ou dos socavões da miseria, para o pino dos postos de relevo, offerecidos, como presentes de Deus, aos mediocres que a lei privilegiou, ao nascerem, nos seus berços dourados. Mas, seja como fôr, o ante-projecto não ia a esse extremo. Ao contrario, reconhecia, sem restricção nenhuma, a transmissão testamentaria, e acatava, por legitima, a herança ab intestato, na linha directa ao entre os conjuges. O que se supprimia, portanto, era a herança na linha collateral. Nada justifica este privilegio, reflexo dum systema já desapparecido. Ainda os que sustentam a herança, como Guefi ou Cimbali, limitam-na "á unidade da familia". Essa unidade, porém, varia com o tempo, restringindo-se. A unidade familiar moderna, maximé nos tempos actuaes, não é a romana nem a medieval. O nosso Codigo Civil, hoje um tanto atrasado, caracterizou essa unidade até o 6.º gráo dos collateraes. E' zombar da realidade affirmar que, até o 6.º gráo, a familia, entre nós, constitue uma unidade e disso mantem a consciencia. Nem tal seria possivel com o systema actual de produção, com as transformações economicas que reagem sobre a· familia e sobre a vida. Não é da propriedade que_ a herança forçosamente decorre. Ninguem o caracterizou melhor do que um dos grandes estadistas inglezes — Harcourt — quando, Chanceller do Thesouro, dizia, em 1894, á Camara dos Communs, á proposito do imposto successorio: "A natureza não dá ao homem nenhum poder após a morte sobre os bens terrestres. O direito de testar, de succeder é obra da lei, do direito positivo". E o grande homem de Estado britannico não fazia senão reproduzir, em outros termos, as palavras de Mirabeau, no seu discurso lido por Talleyrand em 1791. Tambem nada tem que ver a. herança com "a consciencia da unidade de familia, como um tòdo ethico". E tanto assim, que, exactamente nas familias pobres é que essa consciencia da unidade se revela em toda a sua pujança, porque a solidariedade dos sentimentos affectivos não se perturba pelas ambições hereditarias. Mas se é a lei, apenas a lei, que estabelece a herança e determina a successão, deve, por isto mesmo, limital-a ao minimo, em que esse privilegio, moral e socialmente, se justifique. Como tal, é restringil-o á familia na sua verdadeira unidade nuclear — o casal com seus descendentes e ascendentes. Foi o que fez o ante-projecto. Não impediu, com isso, a quem quer que fosse, de deixar, em testamento, o que pudesse "a irmã menor, ao irmão desvalido, ao sobrinho muitas vezes criado e educado pelo tio", como se disse na Assembléa. Quem possue essas reservas de affeição e de bondade não aguarda o momento final: ampara ainda em vida esses entes tão amados e para elles dispõe expressamente nas verbas do testamento. A esses o dispositivo do anteprojecto não attinge. O que, porém, elle visa é impedir o absurdo, o disparate, a monstruosidade de surgirem, exclusivamente para o recebimento de herança, parentes longinquos, que não conheciam sequer o morto ou lhe eram mesmo desaffectos.

O TIO DA AMERICA

Demais somos um paiz de immigração e devemos fazer as nossas leis attendendo a essa situação especial. Em todas as nações, como a nossa, é commum aportarem estrangeiros, que venham receber heranças de tios e primos da America. São homens que para aqui vieram pobres, aqui enriqueceram no trabalho, sem o minimo contacto com os parentes desconhecidos de ultra-mar. Aqui se fizeram brasileiros. E, quando um dia fecham os olhos, surgem sorridentes os parentes, da outra banda do mundo, disputando as successões ab intestato do morto, a quem nunca haviam conhecido. E ao fim de poucos dias, transportam para terras estranhas riquezas aqui accumuladas.

E' justa a continuação desse evidente disparate? Deveremos continuar nos almanaks da galhofa, como o paraiso dos parentes vadios e desconhecidos da Europa? Tudo, pois, tudo está impondo entre nós a suppressão da herança collateral. As despesas do Estado se avolumam com o accrescimo de gastos novos, sobretudo no serviço de assistencia social. Que fossem, portanto, em falta de testamento, para o Estado esses bens. O ante-projecto prescrevia que seriam applicados exclusivamente "na instrucção primaria e na assistencia social". Era o destino que lhes dava Laurent, no ante-projecto de revisão do Codigo Belga.

IMPOSTO PROGRESSIVO

Mas o substitutivo eliminou tambem o imposto progressivo, que o ante-projecto decretava, para as heranças superiores a 10 contos, e para todos os legados. Não é nos estreitos limites deste artigo, que se pode justificar, do ponto de vista economico, ou "do politico-social" como dizia Adolpho Wagner, a necessidade desse imposto. Foi o grande economista allemão quem viu primeiro que todos o aspecto social e politico desse tributo. Desde então, foi elle por muitos

EM TORNO DA CONSTITUIÇÃO

annos um campo aberto e acceso de combate. E' ver em
Masé Dari — La Imposta Progressiva — e em Seligman —
Progressive Taxation in Theory and Practice — todos os
argumentos pró e contra o imposto debatido. Mas à ultima
dessas duas monographias tem sua 2.ª edição datada de 1908.
A italiana é de 1897. Aliás dentro de certo limite, elle era
defendido até por Adam Smith, pae da economia classica,
quando dizia na sua Wealth of Nations: "Não é fóra de razão
que o rico contribua para a despesa publica, não sómente em
proporção de sua renda, porém, um pouco mais do que nesta
proporção". Mas, de 1908 a esta parte, o mundo se transformou e o imposto progressivo foi introduzido em quasi todos
os paizes. Moye, em seu "Curso de Legislação Financeira",
apesar de contrario á tal imposto, isso reconhece, declarando
"que elle estende constantemente a sua esphera de acção".
Não divergem disso Alix na sua — Legislação Financeira —
e Jéze no Curso de Sciencia das Finanças. O mesmo em
Nitti, nos seus Principios de Sciencia das Finanças. Mas
se ha caso em que o imposto progressivo reuna a unanimidade, é quando recáe sobre a herança. Jéze depõe: "O imposto sobre as successões sendo um imposto sobre a fortuna
global, a applicação da tarifa progressiva é mais facil. *Em
geral, os adversarios da progressividade abrem excepção para
tal imposto*". E cita Adam Smith, que opina neste sentido,
considerando "*justo e necessario* applical-o aos legados e ás
successões". Seligman, que em 1908, embora não adepto do
imposto progressivo, já o admittia para as heranças, assim
fala, em 1923, na 2.ª edição dos seus Essays in Taxation:
"Esta questão já foi longamente discutida, com a conclusão
de que o imposto progressivo se applica mais ás heranças do
que a qualquer outra parte do systema fiscal; e seja que
nos baseemos na theoria da limitação da herança, na da faculdade, ou na compensatoria, uma *escala progressiva é não
sómente desejavel, mas tambem praticavel*. No Canadá, na
Australia, na Suissa, na Inglaterra, as taxas são altamente
progressivas. Nos Estados Unidos verifica-se a mesma tendencia". Disso não dissente Lutz, no seu tratado sobre Public
Finance, muito posterior ao de Seligman. Em França, como

na Hollanda, como na Allemanha, como em toda a parte, vigora o imposto progressivo sobre as successões. E' por assim dizer um phenomeno universal. Em todos os povos elle se justifica como instrumento fiscal e, sobretudo, de justiça social. Mais ainda se justificará num paiz como o nosso, onde pesado imposto de consumo, sobre os generos de primeira necessidade, constitue um verdadeiro imposto progressivo ás avessas, recaindo de preferencia sobre as familias pobres, geralmente mais numerosas. No entanto já passou o tempo em que o Cardeal Sens podia dizer a Richelieu: "O natural é que o povo contribua com seus bens; a nobreza com seu sangue; e o cléro com as suas orações". O imposto não póde ter hoje apenas objectivos fiscaes. O imposto progressivo attende a tudo isso. E' um meio dos ricos, ao receberem, sem trabalho, grandes sommas, dellas contribuirem com uma parte não pequena, para a assistencia social aos pobres. Não tenham os autores do substitutivo receio de reformas. Imbuam-se dessas palavras verdadeiras, proferidas por Deschanel na Camara Franceza: "Tout ce qui sera donner aux reformes sera oter à la revolution". O que derdes ás reformas tereis tirado á revolução.

Privilegios da riqueza

O ante-projecto procurava cautelosamente, e sem exagge-ros, conciliar os direitos individuaes com os interesses colle-ctivos, entre os quaes nenhum sobre-excede ao de defesa nacional. Buscava salvaguardar o futuro da Nação, forne-cer-lhe amplos recursos, para os novos serviços sociaes, sem, comtudo, chegar ao ponto extremo de sacrificar o patrimo-nio individual no que elle possa ter de respeitavel.

MINAS E QUEDAS DAGUA

Por isto mesmo dispuzera, na letra "d" do art. 19, que pertenceriam "á Nação as riquezas do sub-solo e as quédas dagua, se estas ou aquellas ainda inexploradas". Dahi se vê, que o ante-projecto resguardava a propriedade particular da-quellas riquezas, em exploração. O que, porém, não per-mittia era a continuação do dominio inerte, prejudicando os interesses nacionaes, emquanto o trabalho collectivo valori-zava a riquesa parasitaria. Não era, porém, tudo. Premidos pelas necessidades, ou seduzidos por propostas vantajosas, os proprietarios iam passando as quédas dagua e as minas a companhias, mais ou menos estrangeiras, que detinham assim, de facto, o monopolio de taes bens, neste grande paiz, reduzido á situação semi-colonial. O substitutivo, porém, eliminou o texto do ante-projecto, para manter, injustamente, a propriedade integral das riquezas do sub-solo e das quédas

dagua, nas mãos do proprietario incapaz, que não as explora ou do especulador esperto, que aguarda, confiante e sem
trabalho, a valorização decorrente do progresso social, ou do
estrangeiro que reserva, para melhores dias, ou momentos decisivos, ensinar ao paiz incompetente e descuidado, como se
devem resguardar esses interesses supremos.   Nenhuma razão
moral, juridica, politica ou economica justifica a propriedade dessas riquezas inexploradas. E' um privilegio odioso
concedido ao capitalista inepto ou especulador, e nada mais.
Até mesmo porque a exploração regular das minas exige,
hoje, a partir dos seus estudos, tão grandes sommas, que
somente uma opulenta companhia ou o Estado podem isso fi-
nanciar. Porque, então, continuar paralysada tamanha riqueza, nas mãos do proprietario do solo, sem recursos para a
transformar em utilidade, ou que ao contrario, repleto de
dinheiro, póde, por uma especulação contra a collectividade,
aguardar, tranquillo, por annos e annos, a valorização daquelles bens? Bem verdade que o substitutivo, á guiza de
ficha de consolação, prescreve cauteloso: "A lei regulará a
nacionalização progressiva das minas e quédas dagua julgadas basicas ou essenciaes á defesa economica ou militar da
Nação". Este dispositivo poderia, quando muito, ser aplicado ás minas em exploração. Ahi bem, se o interesse da
defesa nacional o exigisse, ellas seriam progressivamente na-
cionalizadas. Até mesmo porque, todas as minas e quédas
dagua são, a bem dizer, essenciaes á defesa economica ou
militar da Nação. Guerras, sem conta, através da historia,
têm sido determinadas pela posse de bacias e veios mineraes. Só um povo indifferente á sua sorte permittiria, nesta
época, adjudicar-se, sem motivo, taes riquezas inexploradas
ao dominio particular, mascarado, talvez, amanhã, no inimigo
estrangeiro. Do ponto de vista politico, como do juridico e
economico, tudo impõe que essas riquezas formidaveis do
sub-sólo e das aguas, que os individuos não souberam, por
inepcia, ou não quizeram, por especulação, aproveitar, vol-
vam á Nação, que as transformará em effectivas forças pro-
ductoras, auferindo grandes beneficios, applicados por ella,
no bem estar collectivo, ou na melhoria dos serviços sociaes.

Os novos encargos do Estado impõem o augmento de sua receita. E de poucas fontes poderá elle usufruir para o bem publico tão grandes rendimentos, quanto da nacionalização de taes riquezas, com os serviços dellas decorrentes. Mas, onde o ante-projecto só viu a Nação, o substitutivo só divisou os individuos. O ante-projecto, por exemplo, dispunha: "a União poderá fazer concessões para exploração dessas riquezas".

O substitutivo, visando, antes de tudo, o individuo, prescreve que a concessão poderá ser feita "resalvada ao proprietario respectivo, preferencia ou coparticipação nos resultados". Isto é: ainda quando o proprietario do solo não queira a concessão, "terá coparticipação nos resultados". Sobre a collectividade, sobre a Nação, nada se providenciou. O essencial é garantir, resguardar e defender os privilegios do rico, que, nesse caso, é o proprietario do solo.

MEXICO E ESTADOS UNIDOS

No entanto, exactamente o contrario faz o Mexico, no artigo 27 de sua Carta vigente, promulgada em 17 de janeiro de 1917. E se os defensores do substitutivo nos objectarem que não nos tem servido em nada de modelo esse grande povo, no qual, juntamente com o nosso, Vargas Villa viu as duas "unicas Nações americanas"; então lhe faremos emmudecer a palavra na garganta, com o exemplo do que se passa nos Estados Unidos, de muito temerosos do aspecto, que taes problemas ali começaram a revelar. E' na mais ultra individualista e ultra capitalista, até ha pouco, das Nações da terra, que se vae ver, como os governos previdentes encaram taes assumptos, examinando-os do angulo dos interesses collectivos e das conveniencias sociaes. Em 1908, Roosevelt, alarmado pelo que praticavam individuos e companhias com os recursos naturaes da Nação, e sobre os quaes não podia o Congresso Federal legislar, com a latitude necessaria aos interesses nacionaes, convocou para a Casa Branca a reunião dos Governadores Americanos. A longa declaração dirigida, então, ao povo por todos os Governadores, terminava por dizer: "Nós reconhecemos nas aguas o mais valioso acervo do *Povo dos Estados Unidos*: recommendámos a promulgação de leis preventivas do desperdicio nas minas e na extracção do petroleo e outros mineraes, tendo em vista uma sabia conservação para o uso do povo e a protecção da vida humana nas minas. Nós queremos conservar os fundamentos da nossa prosperidade".

O grito partido da Casa Branca repercutiu por toda America do Norte, desenvolvendo-se numa corrente, hoje victoriosa, pela nacionalização ou estadualisação de certas riquezas e certos serviços. Al Smith, na sua mensagem de 1927, á Assembléa de Nova York, no capitulo intitulado — Water Power — estudava este assumpto, nos ultimos vinte annos, e chegava á conclusão que "nesse poder, tinha o Povo seu ultimo e grande recurso natural, e mais que isto, a chave de um futuro de immensa importancia commercial, industrial e social". Dizia que a época das concessões liberaes de 1905 já findara. E terminava por affirmar que as empresas privadas não podiam continuar na detenção de tal poder. "Tentar proteger o consumidor unicamente pelo poder regulamentar do Estado, é fazer uma promessa que não podemos cumprir. O unico meio seguro é guardar a propriedade e o controle nas mãos do Poder Publico". Em 1928, The Forum abria um debate sobre esse titulo: "Póde o governo ignorar o super poder?" E' que essas reservas naturaes, quando não pertencem ao Estado, armam as empresas que as possuem de um poder verdadeiramente formidavel. Porque delle usam em beneficio proprio, no objectivo do lucro, sotopondo a isso o interesse social. Respondendo á interrogação, Hapgood, quasi ao mesmo tempo que o senador Norris, no Congresso, fazia uma demonstração irrefutavel, de que taes forças e serviços não poderiam continuar em mãos particulares. Norris evidenciava que, em 1926, se a luz electrica nos Estados Unidos fosse paga, como em Ontario, onde pertence ao poder publico, os consumidores teriam poupado 600 milhões de dollares. E Hapgood demonstrava que, no Estado de Washington, o preço de energia electrica em Seatle era metade do de Snokane e um terço de Walla-Walla. E a razão era que, na primeira localidade, se tratava de um serviço municipal.

NOS ULTIMOS ANNOS

Em 931 — um dos maiores escriptores americanos — Theodoro Dreiser — nesse inquerito formidavel que é a America Tragica, e ao qual não escapou nem a Suprema Côrte, com as ligações excusas dos seus juizes com as grandes companhias, Dreiser relata-nos como, em 1927, as opulentas empresas de serviços publicos formaram a National Utility Association, para enfrentar o problema e impedir a estadualisação do gaz e da electricidade. O inquerito governamental sobre esse escandalo revelou factos sensacionaes. A Association mobilizou, em favor de sua campanha, o exercito de seus empregados — 25.986 da distribuição electrica: 262.725 dos caminhos electricos: 75.285 do gaz. Só em pequenos annuncios despendeu 28 milhões de dollares. E podia gabar-se que "dos 250 jornaes da Georgia, apenas quatro defendiam o serviço do Governo". Nem os collegios e as universidades ficaram immunes, assevera Dreiser, a essa onda corruptora. Mas, apesar de tudo, o Poder Publico sae victorioso e assume, aos poucos, a propriedade e o controle desses serviços collectivos. E não obstante se terem baixado as taxas, proporcionam ellas, ás vezes, rendimentos taes, que, em Kansas, Chanute é denominada — a cidade sem impostos, porque alli tudo se custeia com as rendas de taes serviços. E o actual presidente Roosevelt — em Looking Forward — pôde escrever estas palavras: "Como uma parte importante desta politica, os recursos naturaes hydro-electricos pertencem ao povo e devem ficar em seu poder. Esta politica é tão radical, como a liberdade americana, tão radical como a Constituição dos Estados Unidos". Ali, num paiz ultra-capitalista, e com uma Carta de 1787, a Nação reage, por seus representantes, na defesa de seus interesses e dos seus destinos, chamando a si, por todos os modos, reservas e serviços que a imprevidencia entregára á cupidez particular. Aqui, após uma revolução, quando o ante-projecto, na defesa dos interesses supremos, declara nacionaes as minas e quédas dagua, *inexploradas*, quando, assim reserva esses recursos naturaes desaproveitados, para o patrimonio da Nação, liberando-a no futuro do garrote das empresas privadas; o substitutivo zomba de tudo isso e restitue á inercia do capitalista desleixado, a riqueza que elle não conquistou pelo trabalho, e que não encontra, na moral e no direito, titulo nenhum que a legitime. Não haveria ninguem capaz de suppôr que, em nenhum paiz, na hora actual, uma revolução, na sua Carta, mantivesse tão odioso privilegio da riqueza.

Serviços Publicos

O ante-projecto, no art. 121, assim dispunha: "A lei determinará o modo e os meios pelos quaes o governo *intervirá em todas* as empresas ou sociedades que desempenhem serviços publicos, no sentido de limitar-lhes o lucro á justa retribuição do capital, pertencendo o excesso em dois terços á União, aos Estados ou aos Municipios". Na sub-commissão, propuz, e fui vencido, que se definisse desde logo essa justa retribuição, como a que não excedesse de 50 % a taxa legal de juro. Continúo a pensar que, assim como se caracterizou a usura no excesso do dobro do juro legal, da mesma fórma se deveria ter precisado, pela formula referida, o que seria justa retribuição do capital. E' de tal importancia este criterio, que não deve ser deixado ao legislador ordinario. De facto, nada justifica que uma empresa de serviço publico retire de beneficio mais do que 50 % sobre a taxa legal de juros. No momento actual, mais de 9 %. Tudo que exceder esse limite é usurpação, espoliação da collectividade, com a connivencia dos governos.

AS EMPRESAS DE SERVIÇO PUBLICO

Porque, sob nenhum aspecto, uma empresa de serviço publico está na mesma situação das outras empresas economicas. Antes de tudo, porque desempenha um *serviço publico*, isto é, substitue o governo, que o deveria dirigir. Além disto, todo o objectivo do serviço publico é, e não póde deixar de ser, um beneficio á collectividade. Este, por assim dizer, o caracteristico que o distingue dos·serviços particulares. Se, porém, o Estado céde a uma empresa o exercicio dessa attribuição do Poder Publico, nem por isto perde o serviço transferido a qualidade precipua, ingenita, essencial, a cuja natureza a companhia se submetteu, acceitando a transferencia. O bem publico, dominando os interesses privados, essa a condição, a categoria, no sentido de Kant, o meio moral, dentro do qual vive o contrato, a atmosphera em que respira a vida juridica das partes contratantes. Este o presupposto e o postulado, sob cuja prevalencia as partes contrataram. O interesse privado da empresa que preenche a funcção do Estado, só apparece no intuito de um lucro, remunerativo do seu trabalho ou da applicação do seu capital. Sómente ahi, exclusivamente ahi, e em nada mais. Todavia, ainda neste ponto, o bem da collectividade prevalece. Não pódem as companhias de serviços publicos delles auferir lucros illimitados, ou excessivos. Primeiro, porque seria exactamente o opposto do objectivo de taes serviços, que se não installam, em bem dos individuos isolados, mas, precipuamente, da sociedade em seu conjunto. Segundo, porque taes serviços constituem, *por lei ou de facto, um monopolio,* que subtráe a empresa, que o dirige aos riscos da livre concorrencia. Os serviços de agua, esgotos, energia electrica, illuminação e outros são indispensaveis á vida, quasi tanto como o pão. Sem uns, não póde passar o homem moderno. Sem outros, não póde egualmente existir o commercio, a industria e o trabalho; não póde o homem locomover-se, no grangeio da vida. E é esse monopolio quasi directo sobre a existencia humana, que o Estado transfere a uma entidade privada, cujo capital se garante pela posse desse privilegio formidavel. E se o Estado lhe confére tal monopolio, que a colloca, desde logo, num pé de desegualdade com as demais empresas economicas, não seria justo que a deixasse opulentar-se iniquamente, lesando o povo a que serve, com a obtenção de ganhos excessivos, arrancados á collectividade dos clientes, cuja maioria se compõe exactamente da pobreza.

EM TORNO DA CONSTITUIÇÃO 205

Para isto, prescreve o ante-projecto que "o governo intervirá em todas as empresas de serviços publicos, pelo modo e
os meios que a lei determinar".

E' que os dividendos e lucros podem apparecer modi-
cos no rosto das escriptas, ou no corpo dos balancetes e relatorios, porque a voracidade, alliada com a manha, tudo
ocultou e subverteu numa série de artificios. Directorias
transbordantes, com honorarios nababescos e commissões
principescas, obras simuladas, corrupção da imprensa, e, sobretudo, aguamento de capital, tudo isso burlaria o intuito
do legislador e a fiscalização do governo, maximé, quando a
maioria das acções estivesse em poder de 2 ou 3 desses gran
duques da industria ou das finanças. Por isto, o ante-projecto armava o Governo com o poder de intervir, pelos modos que a lei determinasse. Não haveria limite para esta,
na escolha do processo, pelo qual pudesse o Governo pesquisar e averiguar, o que seria a justa retribuição do capital.

REVISÃO DE TARIFAS

O substitutivo, porém, altera a disposição efficiente e
colloca em seu logar uma cataplasma, embebida em agua de
rosa capitalistica. E' assim que prescreve: "A lei federal
regulará a revisão, baseada em indices economicos, das tarifas de concessionarios de serviço publico, para que os lucros,
por estes obtidos, não excedam a justa retribuição do capital".

Em primeiro logar, não nos parece benefica a suppressão da parte final do artigo do ante-projecto, que facultava ao governo a alternativa de baixar a tarifa, até o limite
de justa restricção do capital, ou mantel-a, embora reduzida, a um nivel, capaz de produzir lucros excedentes, dos
quaes 2 terços caberiam ao Poder Publico. E' que, ainda
sob taxas modicas, podem taes serviços tanta renda produzir,
que ao Estado, onerado de encargos pezadissimos, não seja

licito dellas completamente abrir mão. Basta dizer que Chanute, no Estado Americano de Kansas, é denominada — a cidade sem impostos — porque, sendo municipaes esses serviços, dão elles renda sufficiente para o custeio de todos os outros. Demais, se a empresa de ante-mão já sabe que nenhum lucro lhe advirá do excesso da justa retribuição do capital, obvio que não empregára esforços no sentido de reduzir as despezas normaes do custeio, para, no liquido, auferir esses rendimentos supplementares. Nem se trata, tão pouco, exclusivamente de "rever tarifas, baseando-se em indices economicos". Não. Trata-se de muito mais — de armar o governo com a faculdade de intervir, pelos meios que a lei determinar, em todas as *empresas,* que desempenhem serviço publico, limitando-lhes o lucro a uma justa retribuição do capital". O primeiro equivoco do substitutivo é falar exclusivamente em "concessionarios", quando nem sempre o desempenho dos serviços publicos, por empresas privadas, reveste o caracter juridico de uma concessão. O substitutivo, portanto, restringe, onde o ante-projecto generaliza. O mais grave, porém, é que circumscreve a intervenção do Poder Publico, a "uma revisão de tarifas, baseada em indices economicos". Não basta. E' preciso que o governo fiscalize e verifique se as escriptas são verdadeiras; se os honorarios e as commissões dos directores são justos; se os gastos são legitimos; se o capital é effectivo ou aguado. Porque são todos esses artificios illicitos em beneficio da fortuna de poucos, contra os interesses de todos, que augmentam as despesas apparentemente legitimas e fazem crescer o capital realmente dispendido, tudo isso avolumado por essa levedura criminosa. E empolado o capital, e accrescidas as despesas, evidente que "a revisão de tarifas", embora "baseada nos indices economicos", não dará remedio a esses males. De que servem por exemplo "os indices" na "revisão das tarifas", quando se toma, por ponto de referencia a retribuição de um capital aguado de cem mil contos, e que, na realidade, não é senão de 50, 20 ou 10 mil? Que hão de fazer os indices com essa prestidigitação?

NOS ESTADOS UNIDOS

E é por todos esses passes e manigancias combinados, que, segundo Dreiser, em Otawa, capital do Canadá, onde o serviço é do governo, "o preço médio da electricidade domestica é inferior a um cent., por Kwh, ao passo que nos Estados Unidos os habitantes das pequenas cidades pagam 15 cents." E accrescenta, que no Canadá, "em toda a província de Ontario, a electricidade custa menos de 2 cents., ao passo que nós outros Americanos pagamos na média 8 cents." E, em Looking Forward, o actual Presidente dos Estados Unidos, falando sobre as commissões controladoras e fiscalizadoras das empresas de serviços publicos, assim opina:

"Essa Commissão deve ser um *tribuno do povo,* pondo em acção todos os seus recursos de engenharia, contabilidade e direito, afim de apreender os factos e fazer justiça, tanto aos consumidores como aos que empregam capitaes nesses serviços. Isto implica protecção activa e positiva do publico contra a *voracidade privada.*" Não se poderia falar melhor. A applicação cabe, como se fosse uma luva, ás nossas empresas de serviços publicos. E Roosevelt, que hoje enfrenta o capitalismo americano, reduzindo-lhe os arrojos em que se viciara, e collocando-o na orbita normal em que deve permanecer sotoposto aos interesses da Nação, no livro de que acabamos de transcrever aquella phrase, aponta os abusos praticados por essas empresas, "auferindo lucros desarrasoados e aguando o capital no decuplo da somma realmente despendida". E accrescenta: "Isto quer dizer que o povo dos Estados Unidos foi chamado a remunerar um capital aguado — Watered Stock. Isto quer dizer que alguns tiraram lucros de uma capitalização, na qual não tinham posto nenhum capital. Isto quer dizer que o povo teve de pagar por taxas muito altas esses lucros iniquos".

Será que não haja entre nós empresas de serviços publicos com o capital aguado?.

Roosevelt propõe uma séde de medidas, que se estão transformando em lei.

O ANTE-PROJECTO

O ante-projecto propunha a intervenção do governo. O substitutivo a elimina. O artigo deve ser restabelecido. E será melhor que se fixe, desde logo, como na usura, a justa retribuição do capital. A Nação precisa de rendas crescentes para attender á importancia montante de seus serviços. Não ha de entregal-as de mão beijada, e sem intervenção efficaz de sua parte, ás companhias que desempenham serviços publicos, e neste monopolio, sob mil artificios, enriquecem indevidamente e escorcham o povo. Se assim não fosse, teriamos uma revolução sui-generis — revolução retrograda, reaccionaria e involutiva, que afasta das urnas a flor da nossa mocidade, com o seu enthusiasmo, o seu desinteresse e o seu idealismo; que impede o rejuvenescimento dos quadros e emperra o dynamismo do serviço, ankylosado pela decrepitude; que repelle as revindicações proletarias, geralmente acceitas, e resguarda, sob pretexto de contratos, a agiotagem dos onzeneiros e os abusos do capitalismo, universalmente condemnados.

A ordem social e a prescripção das dividas

O substitutivo supprimiu o art. 119 do ante-projecto, que assim determinava: "Todas as dividas, inclusive as fiscaes, prescreverão em cinco annos". Contra este dispositivo dois unicos argumentos se apresentaram. Diziam uns que era uma disposição de direito privado, impropria de figurar numa Constituição, e por isto mesmo já incluida em nosso Codigo Civil. Bastava a menção das dividas fiscaes, para desde logo se ver, que se não tratava de um preceito de direito privado regido pelo Codigo Civil, que não é nem póde ser a lei reguladora das relações entre o contribuinte e o fisco.

A regra é que os bens do Estado são imprescriptiveis. A lei porém abriu uma excepção, estabelecendo todavia prazos especiaes para a prescripção dos creditos fiscaes. Nem é certo, que uma Carta Politica não tenha disposições que se relacionem com o direito privado. Disposições dessa natureza encontram-se em todas as Constituições de após guerra, e no substitutivo da commissão dos 26.

Mas tambem com ellas nos deparamos, nas velhas Cartas, anteriores a 1914. E, para citar apenas uma, que é senão um preceito relativo ao direito privado, o que firma a Constituição Belga, no seu art. 117, de referencia aos polders e wateringem? São regras relativas a associações particulares belgas, formadas entre proprietarios, para cultivar, graças a um systema de diques, terrenos abaixo do nivel do mar e nos quaes aquelles, por uma despesa commum, executam obras de defesa.

Disposição analoga, contém o art. 100 da Constituição Hollandeza.

DIREITO PUBLICO E DIREITO PRIVADO

Demais, o direito privado, perdido o cunho exaggerada-mente individualistico do systema romano e do liberalismo burguez do fim do seculo 18, apresenta um aspecto social, tão preponderante em alguns de seus ramos ou de suas ins-tituições, que não ha como lhe demarcar exactamente o cam-po, extremando-o do direito publico. Razão tem Sauer, num de seus livros recentes — A Philosophia Juridica e Social — quando nos ensina: "O direito privado abarca, portanto desde os valores vitaes do individuo até o interesse publico do Direito Politico. Em alguns dos seus ramos é especial-mente clara esta tendencia para o direito politico". E como o professor de Könisgherg — tão hostil ao socialismo — pen-sa Radbruch, socialista militante e professor em Heidelberg, quando na sua Introducção á Sciencia do Direito leciona: "A profunda transformação da vida juridica do nosso tempo se manifesta com superlativa claridade, no concernente á rela-ção do direito publico com o privado, no phenomeno de uma nova e reciproca penetração de ambos; no appareci-mento de novos ramos juridicos, como o Direito Economi-co e o Operario, que não podem ser incluidos no sector pu-blico, nem tão pouco na ordem privada". Já, em 1917 — Philomusi Guelfi, na 7.ª edição de sua Encyclopedia Juridica, antecipava o phenomeno, depois de analysar as varias theo-rias apparecidas, após Savigny, na impugnação do texto famo-so de Ulpiano, em que se caracterizava a divisão bi-partida do direito. E' assim que falava o professor de Roma. "Já ti-nhamos d'outra vez observado que é bastante difficil que a sciencia consiga enfrentar a formula precisa da distincção entre o direito publico e o privado. E tinhamos notado que o tempo mais favoravel a tal distincção já passou, porque era o do conceito Kantiano, da coexistencia dos direitos, ou do direito limite. Ora, o conceito moderno da sociedade, o aspecto social sobre o qual se consideram todas as relações do direito privado, a subordinação, que "se reclama do indivíduo á organização" social tornam bastante difficil a distincção sentida entre as duas espheras juridicas. Numa organização socialistica o direito privado desapparecerá". E Alimena, na sua monographia de 931 — Osservazioni sulla distinzione del Diritto in Publico e Privato — tambem nos diz: "O certo é que a quasi "generalidade dos estudiosos" do direito, directa ou indirectamente, se dão conta que o fundamento de todas as relações juridicas, ainda as concernentes aos interesses privados, deve encontrar-se numa exigencia que supere os interesses individuaes e abranja á necessidade de vida em commum. E assim, de um modo ou de outro, através raciocinios scientificos ou intuições geniaes, os estudos juridicos confirmam sempre a "unidade real e substancial do direito". E' a mesma a conclusão do professor Donati, no seu grande trabalho, editado em 1927, sobre a Fundação da Sciencia do Direito: "que todas as relações juridicas têm por conteudo um interesse collectivo". Dahi terem as Cartas politicas modernas disposto sobre materias, que, no ambito do direito romano, com o seu cunho "individualista egoistico" se consideravam de interesse privado, e que no entanto revestem, hoje, um aspecto definitivamente collectivo ou social. No "estado socialistico, desapparecerá o direito privado", dizia Guelfi. No estado actual, embora não socialista, mas onde o direito se transforma cada vez mais em social, abandonado para sempre o seu pendor liberal individualistico, obvio que o dominio do direito privado se restringe, e varios dos seus antigos ramos, institutos, ou preceitos, a serviço dos interesses collectivos, penetram o campo do direito publico. Nada, portanto, mais logico, que, em se tratando da ordem economica, se dispuzesse, por um preceito fundamental, sobre a prescripção de todas as dividas, garantia essencial e basica da estabilidade juridico-social, nas collectividades humanas.

Não é sem razão que Jére, no seu Direito Administrativo, nos assegura: "O "interesse social exige que as relações entre os individuos tenham uma grande estabilidade. A prescripção responde, apesar de suas injustiças, a esta necessidade de estabilidade. E' de verdade a "patrona generis humani". Não é, portanto, de estranhar, que, no capitulo de ordem economica e social de uma Constituição de 1934, se consigne essa garantia, indispensavel á segurança das relações juridicas e, sobretudo, aos modestos patrimonios da pequena burguezia, da classe média e de certa parte do operariado que logrou alguns recursos. O insigne mestre de direito civil, a cuja observação respondemos, tal como nol-a transmittiu o telegrapho, num resumo de sua entrevista, não nos parece estar com a razão. Encerrado no campo de sua especialidade, o mestre eminente não quiz subir ao cimo de onde descortinasse os largos horizontes politicos e a immensidade onde se agitam os problemas e as transformações economico-sociaes do mundo moderno. Sómente, assim, se poderia considerar estranho ao capitulo Ordem Economica de uma Constituição, e privativo do Codigo Civil, um preceito geral, que, estabelecendo um lapso curto, para a prescripção de todas as dividas, inclusive as fiscaes, criava um elemento firme de garantia e segurança na estabilidade social. A materia não diria, portanto, respeito, nem privativa nem secundariamente ao Direito Civil, considerado como direito individual; mas sobretudo á sociedade um de cujos interesses superiores é a estabilidade dos patrimonios e das relações juridicas.

O NOSSO CODIGO

E tanto mais subia de importancia o dispositivo do anteprojecto, quanto o nosso Codigo Civil, atrasado e rotineiro, tomou neste ponto, por modelo, o Codigo Francez, cujo art. 2.262 estabeleceu o prazo de 30 annos para a prescripção das acções pessoaes. E' tambem o que determina o art. 177 do nosso Codigo, que não quiz acompanhar o art. 127 do Codigo das Obrigações Suisso, quando estabelece prescreverem "em dez annos todas as acções. Mais ali se trata de um paiz, cuja transformação se opera lentamente. As gerações succedem-se, quasi sem se observar a mudança, nas cidades e aldeias, cuja physionomia o tempo parece immobilizar na perpetuidade dos traços em que ellas se criaram, desenvolveram e fixaram. Tudo, por assim dizer, material e espiritualmente, ali estabilizado. E sómente a mão invisivel do tempo altera, imperceptivelmente, ao longo dos seculos, a face daquella civilização. Todavia, ali se considerou que, para a segurança social, para a estabilidade das relações juridicas, o lapso prescribente, nas acções pessoaes, não deveria exceder de 10 annos. Nós, ao contrario somos um paiz de immigração, de colonização, de transformações instantaneas e radicaes. Muita cidade florescente, a 10 annos era matta virgem. Muita povoação prospera de 1924 hoje é tapera e ruina. Num decendio a sociedade urbana e rural se transmuda. Difficil senão impossivel, ás vezes, recompor cadastros, archivos, testemunhos, documentos, provas de 30 annos atrás.

Quem leva 10 annos sem ir a uma cidade, quando volta, encontra, por assim dizer, uma população nova e para elle desconhecida. O que urge, em noso caso, acima de tudo, é tornar certa, estavel, indiscutivel a propriedade, o patrimonio, a segurança tranquilla do que se possue. Esse um dos nossos grandes problemas sociaes, que o ante-projecto procurou resolver, maxime quando o Codigo Civil, sem attender as nossas realidades, e sem mesmo seguir os passos do Codigo das Obrigações Suisso, delle proximo no tempo, foi tomar como guia o Codigo de Napoleão, então já centenario.

O ESSENCIAL

O que entre nós é essencial, é que todos saibam exactamente o que possuem. Que viuva e orphãos não sejam surpreendidos por dividas, algumas vezes já pagas, no curso das transacções da vida, e que o credor deshonesto guardou para as recobrar, de cilada, aos herdeiros do morto. O que a tudo sobreleva, num meio como o nosso, é que cada um saiba ao certo o que possue, e que esse pouco não esteja sujeito, após um quinquennio, á execução de nenhuma divida anterior, nem mesmo de creditos fiscaes. Nada poderá haver de melhor á segurança das familias e dos orphãos.

Quem, por 5 annos não reclamou o seu credito, nem interrompeu a prescripção, é que o quiz doar ao devedor; e não é justo que revogue depois a doação. Até mesmo porque, pode acontecer que se exigido naquella época fosse facil o pagamento; e reclamado, annos depois, seja de ruinosa execução.

IMPUGNAÇÃO IMPROCEDENTE

Um jurista eminente impugnou ainda este dispositivo, pelo fundamento de que "acobertava os magnates, que tem elementos, para deter durante 5 annos as cobranças das dividas fiscaes". Não sabemos, em toda a nossa longa e agitada vida politica, de um magnate que se tenha eximido a essas dividas. O que os magnates, não da politica, mas da riqueza fazem, é diminuir as suas rendas na occasião dos lançamentos.

Um inquerito a tal respeito seria sensacional. Vi uma lista que revelava coisas assombrosas, nesse genero. Demais, a lei teria muitos meios de impedir que os magnates consummassem a prescripção, a menos que tudo no paiz estivesse apodrecido, o que não está, não esteve, nem estará jamais. O que tenho observado, na minha longa e dura experiencia de politico opposicionista, é justamente o contrario. Os magnates pagam menos do que devem: mas pagam e têm com o que pagar. O iniquo é rebuscar nos archivos do Estado ou dos municipios pequenos creditos, cujos suppostos devedores delles não tiveram conhecimento, oriundos, não raro de lançamentos clandestinos, e com esses creditos fantasticos, accrescidos de commissões, multas e custas, que elevam as vezes ao decuplo a somma originaria, atirarem-se os agentes dos governos contra opposicionistas de pequenos recursos, na cobrança ignobil de dividas de seus paes, e cuja execução vae recair nos poucos bens já partilhados. E' o que se tem visto por ahi afóra. E' o que têm presenciado os que conhecem o interior do Brasil, com as perseguições, as injustiças, as villanias que a politicagem engendra e executa. Foi attendendo a esse grande interesse social, e sobretudo na defesa dos pequenos devedores, suas viuvas e seus orphãos, que o ante-projecto estabeleceu a regra benemerita, que o substitutivo eliminou do seu texto, para ficar com a prescripção do Codigo Civil, incompativel com as condições do nosso meio, a realidade da nossa vida e o estadio da nossa civilização.

A propriedade no ante-projecto substitutivo

O ante-projecto não manteve, nem poderia manter, o conceito de propriedade da Constituição de 91, que outro não era senão o do velho dominio quiritario, que, juntamente com o imperio, no direito publico, caracterizava, nas duas espheras juridicas, a expressão absoluta do Poder. Nem seria possivel repetir, numa Constituição de 934, a declaração do individualismo liberal e burguez, que assegurava, a manutenção do "direito de propriedade, em toda a sua plenitude, salvo a desapropriação por necessidade ou utilidade publica mediante indemnização prévia".

PRINCIPIO ARCHAICO

Em 91, essa declaração já era retrograda e anachronica. Nos termos em que se enunciava, a propriedade, excepto o caso de desapropriação, se mantinha "em toda a sua plenitude". Era literalmente o conceito romano, com o "jus utendi et abutendi".

O principio archaico, "individualista-egoistico", como todo o direito romano, não mais prevalecia naquella época de 91, hoje distante. As doutrinas juridicas, os arestos das jurisprudencia, o surto dominador das tendencias sociaes tinham reduzido, circumscripto, interpretado o principio vetusto de uma cultura desapparecida e morta, adaptando-o ás exigencias irresistiveis da sociedade e á expansão organica da vida. E na "revolta dos factos contra os codigos", o principio obsoleto não viveu entre nós, senão pela sua fraudação constante, mediante textos legaes contrarios áquella plenitude, proclamados constitucionaes pelas sentenças da justiça, acumpliciada na violação inevitavel e bemfazeja do principio individualista, incompativel com a civilização, a producção, a economia, a estructura da sociedade moderna. A regra juridica que regulou o fuso, quando a matrona romana tinha como titulo de nobreza fiar a lã, emquanto o marido estava no forum ou na guerra, não póde reger a producção collectiva, absolutamente anti-individual, inherente á machinaria dos nossos dias. A producção, profundamente social na sua estructura, nas suas relações e no seu destino, sómente por leis adequadas a essa condição se poderá reger.

FUNCÇÃO SOCIAL DA PROPRIEDADE

Mas a propriedade não póde ter um caracter, ou uma funcção diversa da fonte donde ella se origina. A época da acquisição da propriedade pela occupação individual, a bem dizer, já passou. Hoje, seja qual fôr o criterio que se adopte, funde-se ella no trabalho, no capital, ou no complexo de ambos, o caracteristico destes, e por consequencia daquella, é a sua origem, a sua funcção, o seu destino social. Dahi os deveres sociaes a que toda propriedade se obriga na civilização vigente. Se é a lei, exclusivamente a lei; se é a sociedade, e sómente ella, que, para o seu melhor desenvolvimento, reconhece esse direito do individuo á posse exclusiva, ou á direcção privativa de certos bens, por isto mesmo lhe impõe obrigações, que limitam o dominio sobre essa parte da riqueza social, que elle detem. Até mesmo porque, a riqueza implica um termo de comparação com outras utilidades, uma relação social, sem a qual ella se não poderia revelar e, que, por isso mesmo, desappareceria, se a sociedade se extinguisse.

Nos proprios economistas classicos, desprezada a baboseira de ser a propriedade um direito natural, imprescriptivel e inviolavel; relegado, por imprestavel, o fundamento de que ella decorre do trabalho; é na sua utilidade social, que os seus defensores vão encontrar, no dizer de Gide, em seu Curso de Economia, "a ultima rocha onde se abriguem, mas esta bastante forte para resistir a todos os assaltos". Assim toda riqueza é social, porque só a sociedade a cria e lhe torna possivel a existencia. Nem por outro motivo a Constituição de Weimar prescreveu, no seu art. 153: "A propriedade é garantida pela Constituição. Seu conteúdo e seus limites serão fixados em lei. A propriedade acarreta obrigações. Seu uso deve ser egualmente no interesse geral". Dahi, é que o ante-projecto foi buscar o conceito de propriedade, vasado no art. 114, nessa fórma lapidar: "E' garantido o direito de propriedade com o conteúdo e os limites que a lei determinar. A propriedade terá antes de tudo uma funcção social e não poderá ser exercida contra o interesse collectivo". Como o ante-projecto, outras Constituições modernas transladaram para seus textos o dispositivo da Carta Allemã. Na sua monographia "Novas Tendencias do Direito Constitucional", Guetzevitch assignala como tal, "a limitação do direito de propriedade". E' um fato caracteristico da sociedade actual; é uma realidade da vida civilizada moderna; é uma exigencia absoluta e inevitavel do presente systema de producção.

Não falemos dos socialistas, que pleiteiam a abolição da propriedade privada, pelo menos quanto aos meios de producção. O ante-projecto não se alistou no socialismo. Ao contrario, reconheceu, proclamou e garantiu a propriedade privada. Mas assim o fazendo, ficou com a carta de Weimar, com a torrente dos pensadores contemporaneos, que todos elles rejeitam a concepção individualista da propriedade, que o proprio substitutivo, apesar de reaccionario, não abraçou. O ante-projecto, portanto, não foi para a esquerda, nem para a direita. Não aboliu a propriedade, nem lhe conferiu, tambem, o cunho individualista, peculiar ao dominio romano e ao liberalismo burguez. Como sempre, ficou no meio termo. Não retrogradou ao passado; não antecipou o futuro. Permaneceu no presente, considerando que a propriedade tem uma funcção social, que á lei compete regular. Nisto combinam, nisto se accordam philosophos, juristas, economistas, historiadores e sociologos modernos, numa dessas unanimidades consagradoras dos factos evidentes e inevitaveis.

DEPOIMENTOS

Já em 1850, no Systema de Politica Positivista, Comte, com a sua visão genial, affirmava que na "propriedade, o positivismo vê sobretudo uma indispensavel funcção social, destinada a formar e administrar os capitaes nos quaes cada geração prepara os trabalhos da seguinte". Duguit, em 1912, fazia, em Buenos Aires, a sua ruidosa conferencia sobre "A Propriedade, funcção social", que forma o sexto capitulo de seu livro sobre As Transformações do Direito Privado. Nella, o mais profundo, o mais brilhante, o mais original, o maior dos Constitucionalistas francezes colloca a questão em termos taes e a resolve de tal maneira, que torna a sua doutrina, a bem dizer, victoriosa. Ninguem mais sustentará, como Baudwy, em 1908, que "o proprietario pode legitimamente fazer sobre seus bens, qualquer acto ainda que não tenha nisso nenhum interesse confessavel". Ninguem dirá, como Cheneaux, em 1912, que "o proprietario goza como entende dos seus bens, e, mesmo se o quer de uma forma abusiva". E' que a propriedade, ensina o mestre insigne, "não é mais o direito subjectivo do proprietario; e sim a funcção social do detentor da riqueza". E muitos annos depois, na 2.ª edição do seu grande tratado de Direito Constitucional, desenvolve, reforça e comprova, com a legislação posterior, a these sustentada em 1912, na Faculdade de Buenos Aires. "Este o caracter que no direito moderno reveste a propriedade e particularmente o capitalista: o detentor de capitaes apparece cada vez mais, e sobretudo depois da guerra, como um productor social, investido de uma funcção social, que implica numa serie de encargos que a Lei directamente lhe impõe". E enumera a longa serie de leis que, após a guerra, tem disciplinado o exercicio da funcção social da propriedade, sotopondo a esse criterio collectivo o direito individual do proprietario. E, se, de um salto, passarmos do mais avançado dos constitucionalistas francezes, para os mais conservadores dos seus recentes civilistas, de muito não varia nelles o conceito de propriedade. Planiol, em 1928, na 11.ª edição do seu Tratado, falando do pseudo direito do proprietario de destruir os bens que lhe pertencem, accrescenta: "Todavia essas destruições inuteis parecem contrarias ao *papel social* da propriedade individual". Saleilles assignala, a legislação protectora das obras d'arte, como "o indicio de uma evolução da idéa de propriedade, que á concepção individualista da antiguidade romana substitue um systema em que o direito de propriedade é dominado pelas *necessidades sociaes* e o *interesse geral*". No mesmo sentido Collin Capitant, quando, no 1.º volume da 4.ª edição do seu Curso, reconhece que "de facto, a propriedade, instituição individualista, está, sob os nossos olhos, submettida a um regime de restricções, que lhe conferem, numa larga medida, *um caracter social*". Não precisamos citar Joserrand ou Morin. Repellem ambos a concepção individualista da propriedade. Assim, ainda os que divergem do conceito de Duguit, reconhecem a funcção social da propriedade e os deveres a que ella se tem de submetter. Ninguem, até certo ponto, o caracterizou melhor que Bossuet, no seu famoso sermão sobre a Eminente Dignidade dos Pobres, quando assim proclamava: "A Providencia provê ás necessidades dos pobres, dando assignações aos necessitados sobre o superfluo dos opulentos". E se passarmos o canal da Mancha, veremos que na Inglaterra, o maior dos actuaes professores de Direito Publico — Harold Laski — num estudo profundo e brilhante sobre a propriedade, em "The Grammar of Politics", depois de asseverar que "a historia da propriedade privada não é senão a narrativa dos limites successivos impostos ao exercicio dos seus poderes", estabelece que "esse direito é ligado a um dever", e conclue por affirmar que "considerada como o resultado da funcção, ella cabe naturalmente, no logar que lhe é devido na sociedade. Cessa de dominar os espiritos. Seu excesso não cria a ociosidade e o desperdicio;

nem a impossibilidade de ganhar um salario minimo engendrará no homem o sentimento de estar fóra da lei ou a inveja febril dos outros". Na Allemanha, Sauer, tão contrario ao socialismo, opina desta forma, na "Philosophia Juridica e Social": "A Justiça ordena que o particular disponha dos valores produzidos como contraprestação do seu trabalho; porém, lhe impõe, como *ser social,* que os utilise, em serviço da collectividade, uma vez que somente em relação á totalidade são valores". E accrescenta "que se deve repellir tanto o conceito individualista que da propriedade tinham os juristas romanos, os philosophos da época das luzes e os economistas liberaes, como a opinião socialista e communista". Mas o socialismo não tem maior adversario que Spengler. Todavia, na "Decadencia do Occidente", o grande philosopho, historiador e sociologo germanico, assevera sem hesitações, sem reticencias, "que a propriedade não é uma presa individual e privada; mas um encargo imposto pela collectividade; um bem por ella confiado e pela administração do qual o proprietario deve contas ao Estado; porquanto o poder que se liga á propriedade é conferido pela sociedade, pelo Estado". E se na Austria formos hoje buscar o primeiro dos seus economistas, e tambem sociologo, veremos com Schwiedland, na sua "Economia Sociologica", exactamente o mesmo conceito. Eis como fala o professor de Vienna, adepto intransigente da propriedade privada:

"Pode-se considerar a riqueza como injusta, quando existe sem a equivalencia de um serviço para o mundo. Onde falhe a funcção social da propriedade, que consiste em desenvolver e espalhar a civilisação, a sociedade deve empregar os meios necessarios a restabelecer essa funcção. Devemos pois nos oppôr aos effeitos do regime de propriedade actual, no que tem de dissolvente e deprimente para a collectividade, e nada nos impede de reconhecer os inconvenientes de uma ordem economica e legal, de procurar diminuir os seus rigôres e fixar a determinação exacta de obrigações insufficientemente definidas". E que a propriedade tem uma funcção social, tem *deveres* para com a sociedade, é o que tambem affirma a encyclica Quadragesimo Anno, rememorando e desdobrando o que, a tal respeito, em germen se continha na insigne Rerum Novarum. Em ambas se declara que o dominio tem deveres: em ambas se assenta que "o direito de propriedade é distincto do seu uso".

O ANTE-PROJECTO

Quando, portanto, o ante-projecto estabeleceu, que a propriedade terá "o conteudo e os limites que a lei determinar", não fez senão consagrar uma realidade irremovivel. Porque, nem tudo que já foi objecto de propriedade, poderá hoje constituir-lhe conteudo. E a lei restringe, sem cessar, em todos os povos, e através do tempo, os limites do dominio circumscripto ás raias, que os interesses da collectividade demarcam, a tal privilegio. Quando, a 13 de maio, abolimos a propriedade servil, que fizemos senão modificar, entre nós, o conteudo do dominio? E quando as leis sociaes reduzem o juro, determinam o preço dos alugueis, ou dos generos, prescrevem indemnizações por accidentes, defendem o trabalho, amparam o proletario, estabelecem o imposto progressivo, cerceam o arbitrio do proprietario, ou quando a jurisprudencia cria e forma toda a theoria do abuso do direito, que outra coisa fazem legisladores e juizes, senão fixar limites á propriedade, tal como expressamente o ante-projecto declarava?

DOIS ERROS

Mas o substitutivo eliminou o texto preciso e lapidar, expresso na Ordem Social, e collocou em logar delle, na Declaração de Direitos, o dispositivo chocho e anemico, que nestes termos se dissimula e se enuncia: "E' garantido o direito de propriedade, salvo as restricções ao seu exercicio, impostas por lei, no interessé collectivo". O primeiro erro do substitutivo é de technica, retirando da Ordem Economica e Social, onde precisamente deveria estar, para collocar na Declaração de Direitos, a disposição relativa á propriedade. Quando esta era exclusivamente um direito individual, como em Roma e no liberalismo burguez, bem se comprehendia, que ella figurasse na lista dos famosos direitos assegurados na tal Declaração. Hoje, porém, o mesmo não acontece. E é na ordem Economica e Social, que sobre tal materia se deveria dispôr. Ponto é vêr todas as constituições modernas que possuem esses capitulos. A allemã, a servia, a hespanhola. Nas tres, é na parte da Ordem Economica e Social, e não entre os direitos individuaes, que se incluem os principios relativos á propriedade. Technica igual á do substitutivo só existe na Constituição da Lithuania, que, apesar do capitulo XI consagrado ás Bases Economicas da Politica, incluiu no II, dedicado aos cidadãos lithuanos, a garantia da propriedade. Como padrão de cultura juridica, duvida não póde haver que o Estado Baltico sobreexcede a Allemanha ou a Hespanha. E, deste ponto, ficamos bem servidos. Não é porém tudo.

Convém collocar face a face os dois textos, confrontando-os na forma e no fundo. Proclama o ante-projecto: "E' garantido o direito de propriedade, com o conteudo e os limites que a lei determinar". E no paragrapho primeiro: A propriedade tem, antes de tudo, uma funcção social e não poderá ser exercida contra o interesse collectivo". Balbucia o substitutivo: "E' garantido o direito de propriedade, salvo as restricções impostas por lei, no interesse collectivo". A energia do texto expresso do primeiro esmorece na forma velada do segundo. No entanto, não consigna este o conceito individualista. Prescreve que a lei poderá impor, se preciso, restricções illimitadas á propriedade, desde que determinadas pelo "interesse collectivo". Se assim é, conclue-se que este, no substitutivo, prevalece ao individual. E a inducção inevitavel e fatal de tudo isso é que "a propriedade tem, antes de tudo, uma funcção social, e não póde ser exercida contra o interesse collectivo". E se assim é, dever-se-ia, então, ter seguido o methodo juridico, a bôa technica legislativa; e, ao invés de por uma série de illações, inferencias, e raciocinios chegar-se á inducção do principio dominante, fixar-se desde logo este, para delle se deduzirem as consequencias. Era o que ante-projecto fazia, enunciando expressamente o principio constitucional, donde legisladores e juizes deduziriam normas e corollarios na feitura ou na applicação da Lei. E' o que o substitutivo subentende, deixando transparecer, dissimulado nas entre linhas, o principio, que se vae induzir pelos processos do raciocinio e do argumento. Parece que o substitutivo tem medo ás palavras. Receia affirmar que a propriedade tem uma funcção social, que lhe impede o exercicio contra o interesse collectivo, ante cuja exigencia o do proprietario céde, recua ou desapparece. E porque o substitutivo tenha assim hesitado, no capitulo improprio onde incluiu o texto examinado, na Ordem Social se tresmalha e se perde, como veremos, abandonando pelo estatico o conceito dynamico da propriedade, e sobrepondo ao valor activo, honesto e productivo do trabalho, o dominio inerte, illicito e parasitario.

Ordem Social, Emphyteuse e Propriedade

Spengler exaggera quando affirma, que, "por desgraça, em 1030, Amalfi descobriu, casualmente, o manuscripto unico das Pandectas". Todavia, no cerne dessa affirmativa insolita, ha muita coisa de razão e de verdade.

Substituiu-se o direito que se ia formando, ao impulso da vida e pela força das necessidades economicas, por uma escolastica juridica, segundo a qual a substancia, a realidade é o conceito abstracto, e o direito consiste mais na applicação complicada e subtil desses entes de razão, do que no reconhecimento de factos, usos e costumes peculiares a cada povo e a cada civilisação. Foi isto "a causa de que se tenha esquecido que o direito privado deve representar o espirito da existencia social e economica. Nem o Codigo de Napoleão, nem o direito territorial prussiano, nem Grocio, nem Mommsen, disto se deram conta. E disto resultou que o nosso direito privado se funda numa sombra, pois tem sua base na economia do mundo antigo. O que hoje chamamos sciencia do direito é, portanto, philologia do idioma juridico ou uma escolastica dos conceitos juridicos. E' a unica sciencia que ainda hoje, deriva de conceitos, eternos fundamentaes o sentido de vida".

Mas, a reacção, em que pese a affirmativa do sociologo e philosopho allemão, já se vinha desencadeando, quando elle escreveu, no seu livro formidavel, muitas paginas verdadeiramente geniaes. Hoje, a resistencia contra a applicação dos conceitos romanistas á civilização dos nossos dias, pode-se dizer que é geral. Felizmente que a mentalidade illustre de Francisco Campos supprimiu a cadeira inutil em nossos cursos juridicos, substituindo-a por disciplinas adequadas á vida. O direito romano, ou melhor a sua historia, é conhecimento essencial para completar a cultura generalisada e profunda do jurista. No curso ordinario do bacharelado é um anachronismo.

No prefacio da 3.ª edição do seu Direito Administrativo, em 1925, Jeze pôde com desassombro assegurar: "Os estudos do Direito Romano, levam, fatalmente á escolastica. Habituam a interpretar textos mortos, quando o Direito é vivo. Dão o habito de vêr no Direito, antes de tudo e acima de tudo, a interpretação dos textos. Opera-se em cadaveres. E' trabalho de amphitheatro. Na minha opinião o estudo actual do *meio* é o *principal*. A regra actual é o promulgamento da solução dada momentaneamente ao problema social. Os estudos *economicos, sociologicos, politicos devem* ser a base dos estudos juridicos. Sem elles teremos *legistas* e não *jurisconsultos; empiricos* e não *sabios.*"

Imaginem-se taes palavras, num meio como o nosso, em que juizes, advogados e professores, e dos mais illustres, se abstraem por completo ao estudo dos phenomenos, economicos, dos principios sociologicos, das doutrinas politicas, e andam a resolver os conflictos do nosso tempo com as regras e os conceitos de uma cultura mumificada, numa lingua morta.

A EMPHYTEUSE NO ANTE-PROJECTO

E é de lá, desse direito resultante de uma economia peculiar a antiguidade, que nos vem a emphyteuse, que o ante-projecto supprime e o substitutivo restaura. O ante-projecto dispunha no "paragrapho 20 do art. 116: "Sómente as pessoas de direito publico poderão dar aforamentos. Nos contratos anteriormente celebrados entre particulares, o foreiro poderá em qualquer tempo resgatar o aforamento pelo preço de 30 unidades, pagas de uma vez". O substitutivo elimina essa prescripção, e, eliminando-a, mantem o instituto obsoleto, que responde a um systema economico diverso do

EM TORNO DA CONSTITUIÇÃO

nosso. O ante-projecto era logico. Se declarava, expressamente, que a propriedade tem "antes de tudo uma funcção social" e não poderá ser exercida "contra o interesse collectivo", não podia manter como licita, a emphyteuse, que o nosso Codigo Civil havia conservado. Peça do mundo antigo, e base do regime feudal, nada justifica esse captiveiro perpetuo do trabalho ao dono da terra que não a desbrava, não a cultiva, não a explora. Essa vassallagem, caracteristica da servidão feudal, só por um preconceito injustificavel pode ser actualmente conservada. O ante-projecto dera-lhe um golpe de morte, permittindo esse contrato apenas ás pessoas de direito publico. Ahi bem. Será para a collectividade, que o foreiro trabalha a terra commum, e guardando, para si todo o fruto do seu labor, paga á sociedade uma contribuição modica, pelo goso do bem que elle não criou.

Poder-se-ia tambem conceder ás fundações e aos institutos de beneficencia, o mesmo poder de aforar as suas terras. Mas trabalhar um homem a vida inteira para tornar a terra productiva, nella construir ou plantar, para que outro aufira, negligentemente e sem cansaço, parte do esforço da labuta desse servo, isso é que não se ajusta, nem mesmo com os que fazem da propriedade privada columna do progresso ou pilar da ordem. Philipovich, na "Politica Agraria", nos mostra como a campanha, que afinal culminou com a votação da noite historica de 4 de agosto, não teve por objectivo "senão conceder ao camponio a plena propriedade do solo, isto é, supprimir toda a propriedade eminente e toda a relação de feudo, de censo hereditario ou de *emphyteuse*". Nem é senão por isso que os codigos modernos vêm abolindo ou restringindo essa instituição parasitaria, com que o rico usufrue ou dissipa, sem nenhum esforço, o resultado que o outro obteve com o suor de seu rosto. O nosso Codigo Civil, embora mantendo a emphyteuse, restringiu-lhe o objecto e o alcance. E além disto estabeleceu, no art. 693, que "todos os aforamentos, salvo accordo entre as partes, são resgataveis 30 annos depois de constituidos, mediante o pagamento, *de 20 pensões* annuaes pelo foreiro, que não poderá renunciar o direito ao resgate". Permittia, assim, o nosso Codigo, a possibilidade do foreiro, ao cabo de 30 annos, pôr termo á sua exploração pelo senhorio, resgatando o sólo, pelo pagamento de 20 annuidades. Um homem ou seus successores não seriam mais servos perpetuos de outro individuo, ou de outra familia. O ante-projecto, porem, mais radical, extinguiu essa fórma illicita de contrato, pelo qual se entrega o sólo baldio ou inculto, para outrem nelle construir ou plantar, e se passa, em seguida, a viver parasitariamente, do trabalho alheio, tornando productiva a terra que é a "mãe commum e nutriz de todos os homens", como se dizia no poema grego. Respeitou, porém, os contratos vigentes. Apenas, ao invés de fixar o prazo de 30 annos para o resgate mediante 20 annuidades, como o Codigo Civil, determinou que os aforamentos seriam, desde logo resgataveis, pelo pagamento de 30 pensões, de uma só vez.

TRES EQUIVOCOS EVIDENTES

A isto, um dos mais eminentes juristas da Commissão dos tres, objectou, em discurso na Assembléa, sustentando a eliminação do dispositivo do ante-projecto: "Sendo foreiro, não *sendo emphyteuta* de propriedade alguma, confesso que teria vergonha de me valer desse dispositivo para adquirir o dominio directo alheio. O Codigo fala de 30 *annuidades* e um laudemio. O *laudemio é o ponto* capital, e esse o ante-projecto supprimiu, deixando as 30 irrisorias annuidades". Tres periodos assignalados cada qual por um equivoco patente! No primeiro se affirma que "sendo foreiro e não sendo emphyteuta se tinha vergonha de adquirir pela fórma prescripta o dominio directo alheio". Ora quem é foreiro é por força emphyteuta, pois essas palavras são em direito e em português absolutamente synonimas. A parte que, no contracto de aforamento ou emphyteuse, guarda o dominio directo, e com tal se oppõe ao foreiro ou emphyteuta, chama-se senhorio. Sempre assim foi considerado, tanto que o art. 768 do nosso Codigo Civil, expressamente se enuncia nestes termos: "Dá-se emphyteuse, aforamento ou emprazamento, quando, por acto entre vivos ou de ultima vontade, o proprietario attribue a outrem o dominio util, do immovel, pagando a pessoa que o adquire, e assim se constitue *emphyteuta*, ao *senhorio* directo uma pensão ou fôro annual, certa e invariavel". E no artigo 683 prescreve: "O *emphyteuta ou foreiro* não pode vender o dominio util sem prévio aviso ao senhorio directo, para que este exerça a opção". E em varios outros artigos o nosso Codigo, como o Portuguez, em todo o longo Capitulo XIII do Titulo II, emprega indistinctamente ora emphyteuta, ora foreiro, como absolutamente synonimos, representado a pessoa a quem se dá aforamento ou emphyteuse. Tambem não poderia haver nenhuma vergonha em usar de uma prescripção legal. E mais do que isto justa, equanime, moralizadora e moderada. Porque não vae ao ponto de tomar a propriedade da terra inexplorada a quem não tenha capacidade economica para a possuir, tornando-a productiva; mas colloca acima dessa propriedade inerte, acima desse interesse parasitario, o direito justo, humano e benefico de quem transformou em riqueza o sólo abandonado, e que ainda indemniza, com o preço de 30 annuidades, a um felizardo, senhor da terra, que deveria ser commum a todos os homens. O equivoco do segundo periodo, é dizer que a nossa lei fala em 30 annuidades, quando o art. 693 só exige 20. O equivoco do terceiro, é dizer que o laudemio é o "ponto capital e justamente isso o ante-projecto supprimiu". Ora, o art. 693 do Codigo Civil, acima transcripto, não fala de laudemio, e nem poderia falar. Na hypothese, trata-se de consolidação e não propriamente de alienação de dominio. E o laudemio só existe quando se verifica transferencia do *dominio util* feito pelo foreiro; e o senhorio não exerceu a opção. E' um premio que se lhe confere por ter aberto mão desse privilegio. E' o que o art. 686 do Codigo Civil dispõe, nesses termos de uma clareza inexcedivel: "Sempre que se realizar a *transferencia do dominio util,* por venda ou dação em pagamento, o senhorio directo *que não usar da opção* terá direito de *receber* do alienante, um *laudemio,* que será de 2 e mais por cento sobre o preço da alienação, se outro não se tiver fixado no titulo de aforamento". Assim, o laudemio só tem cabida, pelo nosso Codigo, quando ha "transferencia do dominio util", o que se não verifica no caso de resgate, porque então o *foreiro* ou emphyteuta nada transfere; ao contrario, adquire.

E não basta que se transfira: é preciso que a transferencia se faça por venda ou dação em pagamento. Nos outros casos, como doação, herança, legado, não ha laudemio. E não ha laudemio, porque, não houve desistencia de opção pelo senhorio directo. E' o que o art. 688 determina: "E' licito ao emphyteuta *doar*, dar em permuta ou trocar por coisa não fungivel o predio aforado, avisando ao senhorio, dentro de 60 dias, do acto da transmissão, sob pena de continuar a responder pelo pagamento do fôro". A impugnação, que se levanta sobre taes equivocos, está, portanto, literalmente arrasada.

ELIMINAÇÃO INJUSTA

O substitutivo eliminou egualmente o § 30 do art. 116, que assim resava: "A plantação, o edificio e todo producto do trabalho incorporado ao sólo, se valerem *pelo menos*, metade deste, serão considerados principal, cabendo ao proprietario do terreno a *justa* indemnisação do seu valor". E' exactamente o contrario do nosso systema legal. Mas o anteprojecto não attentava em coisa nenhuma contra a propriedade. O que fazia era *preferir* o proprietario activo ao inerte; o trabalho productivo ao capital paralysado.

Era collocar acima da propriedade estatica a propriedade dynamica. Não ha razão social ou moral, capaz de conferir ao dono inerte, e, economicamente, inutil do sólo, um privilegio sobre o espirito empreendedor ou o braço robusto, que transforma em beneficios para a sociedade a terra inculta de que o outro se apoderou, e que deveria ser commum, á semelhança do ar que se aspira e do qual o capitalismo não adquiriu a propriedade, pela impossibilidade material de conquistal-o. Emfim, que se reconheça, no periodo actual da civilização, a propriedade da terra. Seja! Mas que se lhe dê preferencia sobre os productos do trabalho, isso não.

O ante-projecto é um todo harmonico na sua Ordem Econo-mica e Social. Não aboliu a propriedade. Ao contrario — garantiu-a. Mas ao seu conceito estatico preferiu o dynamico.

O primeiro ainda é ranço do direito romano, ao qual já se denominou "a estatica juridica". Na grande obra de Spengler, ha umas paginas maravilhosas, sobre as Relações entre as Culturas. Nellas o formidavel historiador e socio-logo nos debuxa o quadro do direito antigo, como um direi-to de corpos, sob a influencia da geometria Euclydiana; e o pensar juridico proximo parente do pensar mathematico, E mostra-nos obcessos destes conceitos, incompativeis com o nosso tempo, e dos quaes o direito lentamente se liberta. E conclue: "O direito antigo era um direito de corpos; o nos-so é de funcções. Os romances criaram uma estatica juridi-ca: criemos uma dynamica juridica. Para nós, as pessôas não são corpos, senão unidades de força ou de vontade; e as coisas não são corpos, senão fins, meios e criações d'aquellas unidades. A relação antiga entre os corpos era a posição; a relação entre as forças chama-se acção". Foram essas ob-servações tiradas da experiencia diaria da vida; foram essas aspirações das massas; foram esses imperativos do dynamis-mo crescente da sociedade contemporanea; foram esses an-seios de justiça social, que levaram o ante-projecto a procla-mar que a propriedade tem uma funcção mais altá que a individual, "e não póde ser exercida contra o interesse col-lectivo". E, como dedução desse principio, collocar o pro-ducto do trabalho, a propriedade incarnada pelo soffrimen-to humano, acima do dominio paralysado na inercia, fossi-lisado no tempo, ou degradado no parasitismo.

DISPARATE

Por isto mesmo, não ha como justificar a disposição do substitutivo que outorga, de mão beijada, o dominio de 50 hectares de terra, a quem por 5 annos, sem nella trabalhar, occupou o sólo alheio. Não. Incapaz por incapaz, fique o primitivo dono. Tem ao menos uma presumpção de justiça, e traz pelo menos um titulo de seu direito. O que o ante-projecto estabelecia, no art. 116, não era o usocapião de 5 annos, como, tão sem razão, se andou dizendo. Era apenas o reconhecimento da sociedade ao trabalho productivo e bemfeitor que transformou em utilidade social a terra baldia; e, do abandono em que ella se encontrava, fez, para beneficio de todos, surgir a riqueza criadora.

MEDIDA JUSTA

Era justo que a sociedade conferisse esse premio ao trabalho activo, e punisse, com a perda do dominio, o proprietario descuidado ou preguiçoso, que esterilizava, com a sua incapacidade, a terra nutriz e fecunda. E se a doutrina, hoje corrente, ainda entre os mais ardentes defensores da propriedade privada, é que seu exclusivo fundamento é a sua utilidade social, obvio que attendia a este principio o ante-projecto, quando reconhecia, ao cabo de cinco annos, o dominio da terra a quem por esse lapso, sem opposição, nem reconhecimento de direito alheio, convertera em riqueza o trecho de sólo abandonado, que transformara pelo seu trabalho. Mas conceder a propriedade da terra ao vagabundo ou aventureiro, que invadiu a gleba alheia, occupando-a sem nada nella fazer, é um disparate. Isto não faria o ante-projecto, que, neste, como em todos os outros assumptos, sabia exactamente o que queria, quando em tudo guardou um meio termo. Meio termo, porém, que é avanço e não recuo; luz e não sombra; progresso e não reaccionarismo; esperança e não desillusão.

Cremos ter justificado todas as medidas da ordem Economica e Social, adoptadas no ante-projecto e que o substitutivo modificou, mutilou ou eliminou. Algumas já foram restauradas por emendas. Outras o serão. O proletariado brasileiro ha de reivindicar, com a garantia dos seus interesses, aquillo que, em nossos dias, deante dos ricos e dos poderosos, não é mais implorado por esmola, porque constitue, ante o Estado, em toda a sua força e em todos os seus termos — Os Direitos da Pobreza.

O Discurso do Relator

Honrou-me o sr. Raul Fernandes com algumas, ou melhor, duas objecções á série de artigos que venho fazendo em defesa do ante-projecto, e por isto, inevitavel, mas secundariamente, analysando o substitutivo na parte em que repelle, ou modifica inteiramente, disposições essenciaes daquelle. Aguardei, todavia, fazer a leitura do brilhante discurso, já revisto por s. exa., e no "Diario da Assembléa", tão aspero e azêdo me pareceu elle, na integra que a imprensa publicou. Infelizmente a primeira publicação era fiel. Arredio da tribuna parlamentar ha tantos annos, cuido eu que desde a embaixada na Belgica, s. ex. conservou na tribuna quasi todos os preciosos dotes que exornam a sua personalidade illustre. Perdeu, porém, aquella doçura, aquella tolerancia, aquella flexibilidade que peculiarizavam o habilissimo politico e arguto embaixador. Veiu, ao contrario, inclemente e terrivel como um inquisidor, espinhoso e eriçado como um ouriço. Não parecia, como asseverara, ter lido, á noite da vespera, o Sermão da Montanha, nos trechos referentes aos pacificos, aos misericordiosos e ao temor dos julgamentos, e cujos versiculos citou. Pelo menos quanto a mim, não foi pacifico nem misericordioso, attribuindo-me faltas que não commetti; emprestando-me "allusões pessoaes", que não as fiz; incriminando-me de paixões e vaidades, que não as possuo, nem havia motivos para ellas; varando-me o fundo da consciencia, para julgar-me, nas minhas intenções; e, o que é mais, condemnando-me por apostasia, e sem appello. Se os que rezam todas as noites, "pelos proprios peccados", como s. ex. o faz, e relêm, nos dias de tribulação, a pagina divina da Montanha, perdem, assim, a mansidão que ella abençôa, e o reino do céu que ella lhes abre, e passam a julgar, temerariamente, os que, sem intenção, lhes feriram a vaidade, que farão os outros, que não se beatificam nessas leituras sagradas? E agora interrogo com o versiculo do sermão do Senhor: "Si sal evanuerit, in quo salietur"? A préce resmungada materialmente todas as noites, como dever de officio, pelo praticante somnolento, não é muita vez senão uma fórma larvada de superstição e não raro de interesse. Ao meu vêr, a oração para não se profanar exige o fervor mystico, o ardor extremado que transmuda de verdade a alma do crente, elevando-a, no seu extase, até Deus. Dessas alturas santas, dessa exaltação immaculada, nas ardentias desse fogo sagrado, é que se deve orar. E a não serem os entes privilegiados, a quem uma vida inteira de abnegação, de renuncia e de fé, outorga, pelo simples recolhimento, a presença do Senhor, pouca valia terá, segundo penso, a reza bocejada entre dois cochilos, na noite que separa, no curso permanente dos interesses, o negocio do dia ao do postridio. Nem dos Evangelhos talvez seja a pagina mais sublime o Sermão da Montanha. Prefiro a scena do encontro com o moço rico, que satisfizera todos os mandamentos religiosos, e cuja crença não tinha, comtudo, forças para, em troca do reino do céu, despegar-se da riqueza da terra.

Colloco acima de tudo a parabola do Bom Samaritano. Ahi e nas palavras á mulher de Samaria, no poço de Jacob, a conjuncção da qualidade humana com a condição divina attinge o seu apice supremo. Tenho sempre á mesa de trabalho uma estampa do Bom Samaritano. Deu-ma uma pessôa que reza todas as noites, não pelos seus peccados, que os não têm. Presente de uma freira que, desde os meus primeiros annos, conhece como eu, o avesso da minha alma e o fundo do meu coração. Rezar é santo. Mas os phariseus rezavam. E continuam a rezar. Delles estão repletas as synagogas. O difficil é descer da sella; soccorrer o pobre; tomal-o nos braços; pensar-lhes as feridas; conduzil-o ao albergue; pagar-lhe a hospedagem; custear-lhe o tratamento. E partir, em seguida, sem procurar nem sequer receber o agradecimento do favorecido. Por isto mesmo, o moço rico, com todas as suas rezas e todos os seus deveres religiosos cumpridos, não logrou o reino do Céu, onde o Samaritano entrou apenas pela sua piedade.

E agora conversemos tranquillamente, com o preclaro relator, imbuido eu da mesma admiração, que sempre tive pelos seus altos méritos.

AS DUAS OBJECÇÕES

A tudo quanto eu tenho dito em defesa do ante-projecto, e não é pouco, o eminente relator oppoz apenas duas objecções. E tanto basta para se inferir do fundamento e da plausibilidade de tudo o mais que tenho escripto. Um dos reparos de s. ex. é o seguinte: "Diz o sr. João Mangabeira que o ante-projecto, em relação aos pobres, estabelecia na declaração de direitos que o réu preso pudesse se defender, quando a lei admittisse, prestando fiança *em dinheiro ou bens* (o grypho é do relator), porque o pobre póde ter bens e não ter dinheiro. Vem o substitutivo reaccionario, e adorando o bezerro de ouro, influenciado pelas classes capitalistas, faz tabua raza dessa liberalidade, prescrevendo que o réu póde prestar fiança idonea para se livrar solto. O substitutivo diz fiança idonea e, portanto inclue a fiança fidejussoria, puramente pessoal. *Fiança idonea,* diz mais que o ante-projecto: é mais liberal, permitte aos pobres que não *têm bens nem dinheiro* recorrer á fiança pessoal do amigo solvavel". Responder assim, com a inversão *absoluta e material das palavras impressas,* é facilimo. Porque, o paragrapho 6.º do artigo 102 do ante-projecto, por mim relatado e defendido na sub-commissão, diz textualmente: "Ninguem poderá ser conservado em prisão, se prestar *fiança idonea,* nos casos, que a lei determina. A *fiança não poderá* ser *em dinheiro ou bens*". O ante-projecto diz, portanto, (exactamente o opposto do que o sr. Raul Fernandes lhe attribue. Prohibe expressamente a fiança em *dinheiro ou bens,* só admittindo "fiança idonea", isto é, a "fiança pessoal do amigo solvavel". O ante-projecto acabou com os privilegios dos ricos desordeiros prestarem fiança "em dinheiro ou bens". Egualou-os aos pobres. Só permittiu a fiança pessoal idonea, o que é mais difficil para os turbulentos contumazes, pela responsabilidade dos fiadores no caso de quebramento de fiança. O substitutivo, porém, no artigo 142, n. 11, conservou a disposição do ante-projecto que permittia a "fiança idonea", e supprimiu a prohibição de poder ser ella "prestada em dinheiro ou bens". Mas, restaurando esse privilegio dos ricos, porque só elles pódem prestar fiança "em dinheiro ou bens", o substitutivo é por isso mesmo evidentemente reaccionario. Porque, um dos caracteristicos do reaccionarismo é o seu pendor pelos privilegios da nobreza ou da riqueza. Pelo substitutivo, o valdevinos rico, contumaz na desordem, desclassificado moral, que difficilmente encontraria fiador *idoneo*, póde impunemente praticar seguidas tropelias, prestando diminuta fiança em bens, o que, em verdade, nada lhe custa. A fiança criminal, em bens ou dinheiro, é mesmo incompativel com a egualdade perante a lei que o ante-projecto e o substitutivo proclamam. Como serem *todos iguaes perante a lei*, se esta concede privilegios aos ricos, estabelecendo duas modalidades de fiança, materialmente recusadas aos pobres? A objecção do relator estriba, portanto, na inversão material da verdade impressa, e por isto mesmo não possue, nem sequer apparencia de razão. Só queremos vêr, se neste particular, o eminente relator ainda estrebucha.

HORAS DE TRABALHO

A outra objecção é relativa a horas de trabalho. Analysemol-a. Diz s. ex.: "O ante-projecto dizia: O trabalho será de 8 horas, menos em tal caso que era de 6, podendo ser prorogado até 11 horas, 3 dias por semana. Era uma regra que não attendia ás realidades consagradas na Convenção de Washington que é a *matriz* de todas as leis sobre a duração do trabalho. O sr. João Mangabeira não póde deixar de conhecer os precedentes. Tem illustração bastante neste par-

EM TORNO DA CONSTITUIÇÃO 237

ticular, sobretudo depois que *abjurando as doutrinas liberaes de* Ruy Barbosa, descambou para o socialismo *extremado, quasi bolchevisante*".

Vamos, por partes. Vae ver o eminente relator, que, se não bastante, como s. ex. diz, conheço, pelo menos, um pouco deste assumpto. E não sómente do ponto de vista "bolchevisante", mas tambem do christão. Antes de tudo, não é exacto que a Convenção de Washington seja "a matriz de todas as leis sobre a duração do trabalho". Basta dizer que a Convenção se installou em Washington a 29 de outubro de 1919. E' a data de sua sessão inaugural. E só para não sair da França, é de 23 de abril do mesmo anno, isto é, 7 mezes antes, a lei que prescreve as 8 horas de trabalho nos "estabelecimentos industriaes e commerciaes de qualquer natureza". E' de 24 de junho, a que estabelece as 8 horas de trabalho nas minas, e de 2 de agosto a que fixa o mesmo horario, para o serviço maritimo, no qual aliás, os empregados das "machinas" já gosavam deste beneficio, desde a lei de 7 de abril de 1907. Demais não ha quem ignore o ambiente reinante na Convenção de Washington, com os patrões, ainda crentes que eram os donos do mundo, e as exigencias que os seus delegados ali oppuzeram ás reivindicações proletarias. Mas estas já vão hoje muito além da Convenção de Washington. 1919 quasi que já se confunde com 1819, tanto temos avançado nestes 15 annos! Ali mesmo a Assembléa acaba de votar a semana de 30 horas. Mas, contra o preclaro relator, ha um argumento fulminante, que o deixa completamente siderado. Tanto, eu tinha razão quando chrismava de *reaccionario* o texto do substitutivo, que deixara ao patrão o direito de estender, além de 8 horas, como quizesse, e sem um salario supplementar, o dia de trabalho, que a maioria da Commissão dos 26 restabeleceu a restricção bemfazeja. Lá está ella na letra "c" do artigo 158 do substitutivo definitivo. Logo, o texto da Commissão dos 3, que armava o patrão com aquella faculdade deshumana, era profundamente reaccionario, porque burlava as conquistas operarias menos contestadas. Nem o dia de 8 horas é medida "bolchevisante". Se tem duvida, abra o Precis de La Doctrine Sociale Catholique de Cavallera — Professor no Instituto Catholico de Tolouse, edição de 1931. E' assim que nos diz no seu capitulo — Lei de oito horas — "E esta lei que responde a um dos desiderata mais formaes dos catholicos sociaes é uma simples applicação dos principios geraes concernentes á organização christã".

RUY E O INDIVIDUALISMO

Tambem se equivoca o brilhante parlamentar, quando julga que abjurei as "doutrinas liberaes de Ruy Barbosa". Relatando, na sub-commissão, a Declaração de Direitos e o Estado de Sitio, inclui nos respectivos textos todas as medidas liberaes, garantidoras do individuo, que o grande homem de Estado aconselhava; e outras de que elle jámais cogitára. Se, porém, o brilhante parlamentar, a quem tenho a honra de responder, se refere ao liberalismo economico ou contractual, então o seu desengano vae ser cruel, nesta materia. Quasi sempre, politicamente, numa hostilidade aberta e desenganada ao "immenso Ruy", desde o hermismo de que o preclaro relator foi um dos leaders, parece que s. ex. não conhece sufficientemente os ensinamentos do grande homem. Senão, veria, que a 20 de maio de 1919, isto é, 5 mezes antes da Convenção de Washington, na sua conferencia do Theatro Lyrico, já Ruy defendia a limitação das 8 horas de trabalho, e protestava contra o horario que "geralmente nivela sexos e idades entre os extremos habituaes de 9 e 10 "horas de canseira". Antes, porém, assim falava, de referencia ao liberalismo retrogrado, a que parece alludir agora o relator: "A concepção individual dos direitos humanos tem evoluido rapidamente com os tremendos successos deste seculo, para uma *transformação incommensuravel* nas noções juridicas do individualismo, restringidas, agora, por uma extensão cada vez maior *dos direitos sociaes*. Já se não vê na sociedade um mero agregado, uma juxtaposição de unidades individuaes, acastelladas cada qual no seu direito intratavel, mas uma entidade naturalmente organica, em que a *esphera do individuo* tem por limites inevitaveis, de todos os lados, *a collectividade*. O direito vae cedendo á moral, *o individuo á associação, o* egoismo á *solidariedade humana*". Onde, nessas palavras augustas, o velho liberalismo individualista, a decrepita democracia liberal? Não pense, por outro lado, o eminente politico, que o socialismo seja inimigo da liberdade, no seu verdadeiro sentido. Releia, se já leu, Jaurés na sua conferencia sobre Socialismo e Liberdade. E se não temesse perturbar o seu catholicismo praticante com uma presença amaldiçoada, aconselharia que ao menos passasse os olhos por um livro capital, como o Anti-Duhring, de Engels. Nelle veria que "socialismo é passagem do reino da necessidade para o da liberdade?". Mas o ante-projecto não é socialista e muito menos bolchevisante. E o certo é que os dispositivos da ordem social, que o substitutivo reaccionario eliminou, vão sendo restaurados ou reapresentados por emendas. Assim o do fundo de reserva do trabalho. Assim o da intervenção do governo nas companhias concessionarias de serviços publicos, para limitar-lhes o lucro á justa retribuição do capital. Porque a disposição do substitutivo era o biombo, onde ellas continuariam, no jogo das escriptas, no aguamento do capital e por outros artificios, a lesar a causa publica. Estou certo que Ruy não destoaria destas medidas. As palavras memoraveis, acima citadas, proferiu-as em 1919. Que não diria, se fosse vivo, 15 annos depois, quando a situação economica do mundo assume novas fórmas? Estou, portanto, com elle. Não abjurei. O mundo é que se transformou. As forças de producção é que variaram, cresceram de poder, varrendo um liberalismo archaico e caduco. E sómente alguns reaccionarios, obstinados e atreitos ao capitalismo mais atrasado, cuidam salvar com palavras ôcas e vãs, um regime em perdição, como se a borrasca que os ameaça se dissipasse com a feitiçaria desses exconjuros.

Appendice

Discurso proferido a 28 de Janeiro de 1926, offerecendo, em nome dos Deputados, a toga ao
Ministro Herculano de Freitas, no acto de
sua posse no Supremo Tribunal.

"Se a carreira de uma vida, desdobrada, num contraste
de todos os dias, entre o suave remanso da academia e a
fragoa fervente da politica, devesse de ter por coroa de seus
dias, terminar o curso de ascensão numa esplanada augusta,
intermedia ao valle rasteiro onde se estreitam e se chocam
os nossos interesses e o azul infinito e escampo da immensidade divina, seria de certo no cimo desta eminencia fulgurante, donde a justiça resplandece, decidindo, sem appello,
na voz de seus oraculos, as grandes causas do regime.

Vossa prolongada estada no magisterio, vossa vasta
experiencia nos altos ramos da administração publica, vosso
longo tirocinio parlamentar, vosso largo renome de constitucionalista, uma existencia inteira, activa, proficiente, militante, na cathedra, no fôro, no governo, no parlamento, na
politica, tudo vos indicava para a preclara investidura, que
a Nação, por seus orgãos constitucionais, vos conferiu.

Porque bem pouco sabem das coisas deste regime, bem
pouco percebem do tino das nossas instituições, bem pouco
apprehendem do espirito do nosso systema, bem pouco aquila-
tam das funcções deste tribunal, os que pensam dever essa
magistratura suprema se compor exclusivamente de juizes
amadurecidos no serviço austero da judicatura, encanecidos na
pratica serena do julgamento de pleitos de direito privado ou
de processos crimes, nas côrtes estaduaes.

Fosse esta a orientação prevalecente no espirito dos patriarchas do regime, quando elle alvorejava sua manhã no

outro hemispherio, e o meio dia portentoso que allumia a mais poderosa nação da terra não teria o deslumbramento daquelle sol, a cujo esplendor inegualado se ostenta á face do mundo, formidavel e magnifico, o imperio norte americano.

Tomemos ali os presidentes da Suprema Côrte, ordinariamente os seus maiores juizes.

Mas de Jay a Elsworth, de Elsworth a Marshall, de Marshall a Taney, de Taney a Chase, de Chase a White, de White a Fuller, de Fuller a White, de White a Taft, apenas o penultimo ascende immediatamente da magistratura ao posto supremo. Mas ainda neste caso, se é da Suprema Côrte que White, como um dos seus justices, se eleva, em 1910, pela escolha de Taft, á chefia da justiça federal, é da politica, é do Senado, como representante da Lousiania que, em 94, Cleveland o foi tirar para esse tribunal augusto. Mas, no systema orographico daquella presidencia, os cimos alcantilados chamam-se Chase, Taney e Marshall, sendo este o grande pico solitario e inattingido, perpetuamente coberto de gloria e de luz. Mas, como os dois primeiros do Ministerio da Fazenda, vinha Marshall da Secretaria do Estado para a veneranda curul.

JUIZES POLITICOS

Nenhum dos tres houvera, um instante sequer, em sua vida, exercido a judicatura. Todos elles vinham, como vós, dos prelios dos partidos, das luctas da politica, das lides do governo. Eram, como vós, homens de partido, homens da politica, homens de governo. O que elles tinham era o fulgor de uma intelligencia que os vossos inimigos nunca vos contestaram, era a inteireza de uma probidade pessoal de que os vossos desaffectos nunca duvidaram, era a sobranceria de uma altivez que os vossos adversarios nunca vos negaram. Bem de ver que precedentes tão altos não inquinam de desacerto a escolha actual do presidente Bernardes, por ter ella recaido numa grande figura politica. Não se infira de tudo isto que vá eu sustentar que desta excelsa côrte não devam par-

EM TORNO DA CONSTITUIÇÃO 245

ticipar juizes de carreïra. Temol-os tido sempre, felizmente, aqui, e ainda felizmente os temos, dos mais brilhantes e eruditos, que se têm assentado nesta casa, e capazes de illustrar qualquer grande tribunal das mais civilizadas nações do globo. Haveremos de tel-os, sempre, como elementos essenciaes á composição desta magistratura. O que eu contesto é que delles se deva ella exclusivamente compor; o que eu refuto, sem temor de contradita, é que se não deva buscar, na politica, lidadores ainda quentes dos combates partidarios para as severas e inclytas funcções deste plenario. E' que o Supremo Tribunal nos paizes do nosso regime não é uma côrte commum de appellação; mas um formidavel poder politico, um "paramount power", como lhe chamam os americanos, não sómente guarda, senão "master of the constitution", como o qualifica Dicey, decidindo, sem appello, até onde se estendem as faculdades constitucionaes dos outros poderes; chave de abobada da federação, julgando, sem recurso, até onde se dilatam os direitos da União e até onde se circumscrevem os privilegios dos Estados. E evolvendo e subindo da theoria dos poderes implicitos á dos poderes resultantes, e pesquisando e compassando as raias da soberania, para dentro desses horizontes longinquos e quasi infinitos, não raro interpretar senão construir a constituição, o Supremo Tribunal é, sob a fórma de uma judicatura, um orgão eminentemente politico, de cujo voto pendem muita vez, com os interesses do presente, os destinos e o futuro da Nação.

Num livro intitulado "Our Federal Republic", e saido á luz em fins do anno passado, como um libello energico e uma reivindicação vehemente do direito periclitante dos Estados, ante a expansão crescente do poder central, uma das maiores autoridades nos estudos juridico-politicos americanos, o professor Judson, presidente da Universidade de Chicago, com a sua visão segura de jurista, historiador e sociologo, concluia por affirmar que os Estados Unidos com a immensidade de sua força actual, originaria das 13 pequenas colonias que, libertadas da Grã-Bretanha, formaram como estados independentes aquella humilde confederação vacillante e precaria, é um phenomeno sem parelha na his-

toria, cujas causas se encontram nestas tres grandes forças
fecundas e geradoras — a Convenção de Philadelphia, as
medidas administrativas de Hamilton e a interpretação juridica de Marshall. Vede, como a figura do excelso magistrado já sobreexcede na formação da nacionalidade — as de
Washington e Lincoln, com as quaes sempre se vinha nive-
lando até ha bem pouco, formando, na opinião de todos os
competentes, a trindade das "leading personalities" da historia norte-americana.

Nem era senão isto o que de Marshall, e a proposito de
uma de suas sentenças, nos dizia Ruy, na harmonia orches-
tral do seu estilo, quando asseverava que "sob a toga do juiz,
era o genio do estadista que falava, prophetico na magnifi-
cencia luminosa do seu descortino, lançando os alicerces
constitucionaes da Nação". Difficilmente um homem exclusivo do fôro — advogado ou juiz — se animaria a iniciativa
do lançamento desses alicerces. Basta ler as suas duas maiores sentenças — Marbury "versus" Madison e Mac Culloh
"versus" Maryland.

Em ambas despreza Marshall o mesquinho recurso processual; rejeita o subterfugio manhoso da praxe; abandona o
ramerrão da rotina judiciaria; e, ao invés de se amurar na
declaração da incompetencia daquelle tribunal no primeiro
caso e da incapacidade do Estado tributar um serviço federal, no segundo; entra o grande juiz politico no merecimento
da causa, enfrenta e resolve os problemas politicos nella en-
volvidos e firma o dever judicial de decretar a inconstitucionalidade das leis, estabelece a distincção entre deveres executivos e ministeriaes, constróe a theoria dos poderes implicitos e,
nestes obiter dicta, alevanta a fortaleza inexpugnavel da supremacia daquella côrte na interpretação constitucional e
dos direitos da União contra a doutrina da soberania dos Estados, que haveria de morrer, definitivamente, com a rendição de Lee, no Campos de Apomatox. Debalde a cada uma
dessas grandes sentenças politicas, firmadoras de principios
essencialmente politicos, Jefferson rugia "que Marshall li-
dava por fazer uma nova constituição"; debalde os Estados,
por seus governos, suas legislaturas e algumas vezes até por

suas côrtes, protestavam; debalde a maioria popular, filiada ao partido republicano, protestava tambem. O futuro decidiu definitivamente contra Jefferson e a favor de Marshall. Na historia norte-americana, nos destinos dessa nacionalidade, a acção predominante não é a do grande cidadão, autor da declaração da independencia, e duas vezes eleito para a presidencia da Republica, mas a do excelso juiz politico, que transpunha com sua visão os horizontes da actualidade para descobrir o futuro, e na construcção da grande carta, fortalecendo e expandindo o poder central, e firmando a supremacia judicial, na interpretação da lei basica, erguia sobre alicerces indestructiveis o edificio do governo constitucional dos Estados Unidos. E quando Taney, o juiz que na historia da Suprema Côrte fulgura logo após elle, em grandeza e capacidade, na mais combatida das sentenças até hoje proferidas á face da terra, decidia o caso Dred Scott, e o decidindo precipitava o paiz na guerra civil, a sabedoria do jurista não errava; não claudicavam os fundamentos juridicos do accordam; o rigor do raciocinio juridico em que se estribava o julgamento era impeccavel. O que se equivocava era o tacto do politico, o que falhava era a previsão do estadista, declarando a inconstitucionalidade do Missouri Compromise e interpretando a constituição pelo captiveiro contra a liberdade. E' que nestes tribunaes supremos, não raro se devem alliar num julgamento o criterio do juiz com a visão do estadista, a logica do magistrado com o descortino do politico.

TRIBUNAL POLITICO

"Extraordinario tribunal juridico-politico" é como á Suprema Côrte denomina James Beck, Solicitador geral dos Estados Unidos, num livro recente, prefaciado pelo presidente Coolidge, e que logrou ali o mais brilhante exito. E o consummado jurista para logo accrescenta: — "A Suprema Côrte é uma permanente convenção constitucional, que continua a desenvolver a obra de 1787, e, adaptando ao meio actual a grande carta de governo, desempenha funcções tão

politicas, no mais alto sentido da palavra, quanto judiciaes."
Vindo, portanto, do ensino juridico como professor de direito constitucional e da politica, como um dos seus grandes
vultos, estais nesse extraordinario tribunal juridico-politico,
como "the right man in the right place". A vossa experiencia no meneio dos negocios publicos, vosso traquejo na politica, vosso trato continuo com as grandes correntes da opinião,
vossa pratica na direcção dos partidos, vos dão á intelligencia fulgurante essa agudeza, esse tino, essa previsão, que orien-
ta o homem de Estado, através das situações mais tormento-
sas, ou por entre as crises mais delicadas, na solução dos problemas mais complexos, em que o jurista vacilla e se perde
tacteante, sem descobrir o fio com que ha de sair do labirin-
tho, nem possuir o arrojo com que ha de transpor o preci-
picio, saltando por sobre o vazio das ficções caducas e mortas, para encontrar na outra borda a terra firme da realidade e da lei. Enquadrado na especialização de seus estudos,
no rigor dos seus processos, na subtileza das suas praxes, o
homem do fôro — advogado ou juiz — tem prompta, penetrante, inexcedivel, a visão da analyse, mas raramente a da
synthese; requinta de argucia no exame do direito do individuo, mas não divisa, muita vez, o da Nação; apura a vista
na pesquisa da minucia, e geralmente não apprehende o conjunto das circumstancias que formam o ambiente politico social; esquadrinha com o mais seguro olhar todo o campo
restricto do direito privado e não raro se desorienta ante os
horizontes immensos do direito constitucional. Mas o jurista politico não se perturba ante a immensidade da perspectiva
luminosa; e atraz dos longes do céu descobre, adivinha, e de-
cifra o futuro e o abrange no mesmo descortino do presente,
numa antevisão magnifica da Patria eterna e indivisivel!
Ainda não ha muito, num caso ruidoso, em que se jogavam
os destinos do regime, entre os homens do fôro tratava-se
da especie, como se fôra um pleito de direito privado. Via-se
o direito de A.; via-se o supposto direito de B.; e não se via
o direito da Nação. Argumentavam uns, morto A., antes da
apuração eleitoral, o direito ao cargo pertence a B., por incapacidade do eleito. Era um caso inedito de successão eleito-

ral "ab intestato". Redarguiam outros, morto depois da eleição e proclamado eleito pelo poder competente, o direito se incorpora em A., cujo fallecimento determina a vaga do cargo. O que porém se não dizia é que o direito de A. ou o supposto direito de B., nada eram deante do direito da Nação, do qual não podiam elles ser senão reflexos. Porque se fosse possivel proclamar eleito B. por incapacidade de A., teriamos subvertido por completo o regime, transformando-o de governo de maioria em governo de minoria. O direito da Nação, quando pela maioria do eleitorado escolheu A., este o grande direito, que seria violado se lhe dessem a ella por governante o candidato da minoria. Se isto fosse possivel, o nosso systema politico deixava de ser o da democracia para ser o da aristocracia ou o da oligarchia. E' que problemas de direito publico, ou melhor de direito politico não se resolvem com regrinhas de direito privado. E para resolvel-os ninguem melhor talhado do que o jurista politico, cuja vida transcorreu no curso do direito e nas lides da politica. O complexo de juízes de carreira e juristas politicos dará a grande côrte a integridade de sua magnifica funcção. Numas causas preponderará a influencia dos primeiros pela sua serenidade, pelos seus habitos de julgamento, pela acuidade de sua analyse, pela sua sabedoria no direito; noutras, os segundos, pela largueza de suas vistas, pelo arrojo de suas iniciativas, pelo descortino de seus horizontes, pela sua maior adaptabilidade ao meio politico-social. Basta ler as sentenças do maior juiz politico da humanidade. Lêde Marshall:

DIREITO PUBLICO E DIREITO PRIVADO

Nunca se eleva acima de seus pares, quando o pleito versa sobre principios, textos, interpretações de direito privado. Quando, porém, ascende ás questões transcendentaes da politica, é de vel-o refulgir, em toda a intensidade do seu genio de estadista, attraindo para sua orbita e arrastando na sua trajectoria luminosa os planetas que, para o defrontarem, Jefferson engastava no systema solar daquella côrte. Porque, uma constituição não é a vestimenta de um regime, a indumentaria de um governo, o traje politico de uma nação. E' um organismo politico destinado a viver e que vive na sua interpretação e na sua construcção, juridico-politica, adaptando-se ao tempo e ao espaço, em resumo, ao meio social em que se desenvolve, como um instrumento da felicidade collectiva. D'ahi a ascendencia do jurista politico no interpretal-a e construil-a, não segundo ás tradições juridicas, muitas vezes archaicas e mortas, inadaptaveis ás realidades do presente, mas de accordo com a atmosphera social em que ella vive e as aspirações do futuro da nação a cuja grandeza se destina. E' que somos um regime de poderes e garantias enumerados e não definidos. E tudo é definir. E sois vós do Supremo Tribunal que os definis. Tomemos, por exemplo, o instituto mais representativo do direito individual, e examinemol-o á luz da Constituição. Garante a nossa Carta que o direito de propriedade é assegurado em toda a sua plenitude. Parece o que ha de mais simples sob o sol. Mas, se alguem allega a inconstitucionalidade de uma lei, violadora dessa garantia, a questão se póde tornar para logo complexa e delicada. Entra então o juiz a definir que é direito e que é propriedade. Terá o direito a mesma concepção de um seculo atrás? Será o mesmo de outróra o conceito de propriedade? Não terá ella hoje uma funcção social que sobreleva a individual? Não terá ella deveres para com a existencia collectiva? Poder-se-á reconhecer ao proprietario o antigo "jus abutendi?" Terá o dono de uma plantação ou de um rebanho o direito de derribal-a ou de abatel-o, pelo morbido prazer de destruil-os, sem que resulte vantagem nenhuma á vida collectiva? Deve-se interpretar assim a garantia constitucional? Vede a amplitude do scenario, desde que o pensamento se levanta do quintalejo amurado do direito do individuo, para o cimo descampado dos interesses nacionaes. Mas em toda a causa que versa sobre a constitucionalidade de um acto, sob o nome de uma das partes, o direito que se julga é o da Nação. Porque, ou o Congresso ou o executivo excederam seus poderes, e, neste caso, o direito da Nação está com o individuo que resiste na defesa de uma dessas franquias essenciaes á civilização, e nas quaes se cristallizou a liberdade; ou, ao revés, sob a côr de uma dessas garantias sagradas, que a sociedade outorgou ao individuo, para assegural-o contra o arbitrio do Poder, ou contra a exaltação das maiorias, o que elle busca é sobrepor seu interesse, seu capricho, ou sua loucura ao direito da Nação de existir e preencher os seus destinos. Porque póde haver direito do individuo contra actos do poder, contra interesses do Thesouro, contra opiniões da maioria; o que, porém, não póde haver, é direito do individuo contra a existencia da sociedade ou da Nação. A Constituição não póde ser interpretada ou construida como um obstaculo á felicidade collectiva. Não foi senão esta, a construcção constitucional que fizeram os accórdãos deste tribunal sustentadores da lei de expulsão de estrangeiros perniciosos ao paiz. A Carta de fevereiro não se podia interpretar nem construir contra a segurança nacional, transformando estas plagas liberaes na sentina onde o podredoiro estrangeiro vasasse suas fezes infectando a Nação.

Ser ao mesmo tempo, presidio da ordem e palladio da liberdade, eis a funcção sobre todas, difficil desta Côrte; — québra-mar que ampare a autoridade legal contra as vagas da anarchia e asylo em que se acolha, contra os excessos do Poder, a liberdade perseguida! — Manter esses dois principios supremos, essenciaes á civilização e á vida collectiva, girando, sem se chocarem, cada qual na sua orbita, equilibrados sob a força gravitativa da lei!

Tudo isto são problemas que, não raro dependem menos da cultura juridica do que da experiencia politica, do tino juridico do que da agudeza politica, da deducção juridica do que da previsão politica, condições que se completam, quando, como em vós, o tacto do politico irradia da consciencia do jurista, que amadureceu no ensino do direito.

EUCHARISTIA

Encaradas as funcções deste tribunal das alturas em que as divisamos, são tremendas as vossas responsabilidades ao entrardes neste areopago. Mas, notai, a toga que vos offerecemos não tem o azul das alegrias, o verde da esperança ou o vermelho do triumpho; mas o negro da abnegação e da renuncia, do devotamento e do sacrificio. Agradecendo a um preito de vossos amigos de S. Paulo, dissestes que, sob as roupas communs ou sob as vestes tallares, o que havia em vós era um coração que não mentiu. Que elle não vos minta jámais no scenario augusto em que ides entrar, é o que vos desejam, sobretudo, os vossos companheiros da Camara, nestas palavras derradeiras. Confessor do Direito, que o declareis sempre contra todos os interesses conjugados. Que á vossa consciencia não vos minta nunca o coração no soberano julgamento da verdade! Bem quizeramos ver nas paredes deste tribunal, ao invés destas inscripções em lingua morta, duas sentenças lapidares de Ruy, proferidas sob uncção religiosa, num dia sagrado: "Não ha tribunaes que bastem para abrigar o direito, quando o dever se ausenta da consciencia dos magistrados", eis a primeira. "O bom ladrão salvou-se, mas não ha perdão para o juiz covarde", eis a segunda. E' o final daquella scena em que a pusilanimidade de Pilatos entrega ao furor da maioria popular a innocencia de Jesus! E numa apostrophe rubra, que se assemelha ao anathema do Nazareno contra os Phariseus, o grande apostolo do direito entre nós exclama, numa imprecação digna de evangelhos: "Medo venalidade, subserviencia, interpretação restrictiva, razão de estado, interesse supremo, como quer que te chames, prevaricação judiciaria, não escaparás ao ferrete de Pilatos. O bom ladrão salvou-se. Mas não ha perdão para o juiz covarde". Que esse coração que não mentiu, não vos minta jámais! Contra o poder, os poderosos, as maiorias politicas, ou as patuléas populares, que não vos minta nunca, sussurrando perfidamente, á consciencia, as excusas da covardia ou as labias da mentira. Melhor não vos poderiam desejar ou querer vossos amigos. E esse coração, que nas amarguras da politica e nas ambições da mocidade nunca vos mentiu, não vos mentirá na madureza e na serenidade olympica desse posto oracular. E que nos dias de tribulação, quando uma grande causa aguardar, nesse tribunal augusto, a decisão dos seus oraculos, que a vossa educação juridica, que o vosso tino juridico, embebi-

EM TORNO DA CONSTITUIÇÃO

dos da seiva generosa de um coração que não mentiu, inspirem e alevantem vossa consciencia até as alturas illuminadas, em que o espirito do homem se avizinha de Deus, e dessa eucharistia emane immaculado o vosso voto, arraiando os horizontes moraes do direito com a claridade divina da justiça."

Parecer em favor da viuva de um Guarda Civil, lido na commissão de Justiça do Senado, a 11 de Agosto de 1930

"Divirjo do parecer que desattende a supplica com que Edelvira Ferreira de Mattos impetra relevamento da prescripção em que incorreu, "para o effeito de lhe ser assegurada a pensão de dois terços do vencimento do seu fallecido marido" — o guarda civil Americo Ferreira de Mattos — "que se tornara invalido no exercicio de suas funcções".

Por dois motivos assim decide o relator.

Primeiro, porque está prescripto o "pretenso direito" da supplicante, como "aliás ella o confessa", e desta arte a relevação solicitada seria "uma pratica desrespeitosa de egualdade perante a lei e propicia ao favoritismo".

Segundo, porque a supplicante não tinha o direito que pretende, caso prescripto não estivesse.

Sinto discordar de um homem da autoridade moral e intellectual do illustre relator, para não acceitar nem um nem outro dos fundamentos do seu voto.

O DIREITO DA PETICIONARIA

Julgo melhor inverter a ordem dos argumentos expostos no parecer e examinar primeiro se tinha ou não a requerente direito á pensão mencionada.

Porque, se o não tinha, evidente que se lhe não pode relevar uma prescripção inexistente, por falta de objecto.

E' exactamente o que assevera o relator, quando conclue que "o direito á pensão reclamado pela requerente nunca existiu".

As razões que o levaram a essa conclusão foram as seguintes:

1.ª) A lei que estabeleceu a pensão para os guardas invalidados "em consequencia de molestia resultante das exigencias do serviço nocturno e diurno a que são obrigados", estatuiu tambem que "a invalidez tem de ser provada em inspecção medica, regulamentada pelo poder executivo", (art. 1.º da lei 3.305, de 11 de setembro de 1918);

2.ª) O regulamento, expedido para esse fim determina que "a invalidez será provada mediante inspecção de saude, a que se procederá por duas vezes, com intervallo de tres mezes, uma da outra";

3.ª) A certidão junta pela peticionaria demonstra que seu marido, ao fallecer, tinha sido apenas submettido a uma inspecção de saude, e, assim, não tinha sido considerado invalido para o effeito de perceber a pensão;

4.ª) Que, portanto, se elle, quando vivo "não adquirira tal direito", não poderá adquiril-o a sua viuva, até mesmo porque não lhe será "possivel provar uma invalidez, que em vida de seu marido não pôde ser provada".

Do ponto de vista da logica, a seriação e o rigor com que o raciocinio se desdobra, parecem tornal-o irrespondivel.

Mas, do ponto de vista da realidade juridica não tem sequer vislumbre de razão.

Verdade que o regulamento exige, como prova de invalidez, duas inspecções de saude a tres mezes de intervallo. Certo que o marido da supplicante se submettera apenas ao primeiro dos dois exames, estando a correr o trimestre, findo o qual se effectuaria o segundo. Mas é facto, tambem, que, no transcurso desse prazo, apresenta a supplicante uma prova mais completa da invalidez total de seu marido — exhibe uma certidão de obito.

A invalidez, por molestia resultante do serviço, que a primeira inspecção verificara, não se denuncia ou apresenta, agora, como ha pouco, pelo nome de um hospital, mas pelo numero de uma sepultura.

O paragrapho unico do regulamento da Guarda Civil prescreve que "para o effeito da pensão é indispensavel que a molestia seja directamente resultante do serviço policial, devendo constar o alludido nexo, precisamente do laudo de inspecção".

Isto se apurára no primeiro exame. Mas ainda reaffirmado no segundo, não passaria nunca de uma relativa e presumida invalidez.

Poderia esta desapparecer depois, por qualquer phenomeno inexplicado pela sciencia, ou por qualquer nova descoberta no seu campo. Mas, a supplicante não offerece da invalidez provas sujeitas á relatividade dos acertos e erros humanos. Apresenta a prova absoluta da morte.

Como, portanto, affirmar-se que o direito á pensão por invalidez não se constituiu, porque esta não se provou? Será que o Estado, por um dos seus orgãos, queira se amurar dentro dos termos textuaes do artigo regulamentar que prescreve dever a invalidez se provar, mediante duas inspecções de saude, para com a letra do regulamento matar o espirito da lei?

A ESCOLA EXÉGETICA

A escola exégetica pertence, em materia de interpretação juridica, ao dominio das coisas passadas e mortas. Mas ainda quando Bugnet declarava, de sua cathedra, que não conhecia o direito civil, mas ensinava apenas o Codigo de Napoleão, ou Demolombe proclamava que sua divisa e sua profissão de fé eram os textos antes de tudo; ainda ahi, nos estreitos limites do systema que immobilizava o direito nas formas paralysadas da lei, um dos canones da escola era a pesquiza da intenção do legislador.

E se applicassemos, para a solução deste caso, aquelle

processo obsoleto, duvida não poderia haver de que o intento supremo do legislador foi garantir ao guarda civil, invalidado no serviço, a pensão que o amparasse no infortunio. Tanto que a invalidez se provasse, a pensão lhe estaria automaticamente assegurada. Ora, no caso actual, a invalidez do guarda, verificada na primeira inspecção, antes de reapurada na segunda, se provou, dentro do trimestre, em absoluto, pela morte.

A prova da segurança, da veracidade do primeiro laudo de invalidez, por um segundo exame reaffirmativo, é mais fraca e fallivel que a da morte. O intento do legislador deveria ser, portanto, respeitado e o espirito da lei cumprido, pelo incorporamento da pensão ao patrimonio do funccionario realmente invalidado, antes do seu fallecimento.

OS NOVOS METHODOS DE INTERPRETAÇÃO

Abandonemos, porém, o processo archaico de inquirir da intenção do legislador. Consideremos o fim social da lei: a necessidade social que lhe deu origem e lhe assegura a existencia, cuja cessação coincidirá com o desapparecimento da causa economica que lhe determinou o nascimento.

Consideremos a lei como formula juridica de necessidades sociaes; como fórmula imperativa que, visando á harmonia social, equilibra as forças sociaes em contraste, num meio economico-politico determinado.

Razão tem de Page quando nos ensina no tomo segundo do seu grande livro "De l'interpretation des lois": "La science du droit n'est pas une science morale, une science formelle. C'est une science d'observation et experimentation, comme d'ailleurs toute branche du savoir qui merite le nom de science. Que signifie des lors, cette pseudo-souveraineté de la logique pure, cette geometrie d'une autre espece, ce servilisme à la loi, qu'elle soit bien ou mal faite, feconde ou nuisible? Le methode de la science du droit doit être non pas la deduction logique, mais l'induction social. Hors cela, il n'est qu'erreur, peril et ruine".

Ouçamos tambem, um grande mestre italiano. Ouçamos Ferrara:

"L'interpretazione giuridica, mirando all'applicazione pratica del diritto é di natura essencialmente "teleologica". Il giurista deve avere sempre di fronte agli occhi lo scopo della legge, il risultato che vuole reaggiungere nella sua attuazione pratica; la legge é um ordinamento di protezione che intende soddisfare certi bisogni, ed é da interpretari nel senso, che meglio risponda a questa finalità, e quindi in tutte la pienezza che assicure tale tutela. (Trattato di Diritto Civile, 1.º vol., pg. 204).

Ora, o fim social da lei de 1918 foi amparar uma classe de funccionarios pobres, expostos pela dureza de suas funcções a riscos permanentes. Foi um fim de justiça social, recompensando com uma pensão servidores publicos, proletarios, pela exiguidade dos vencimentos, mas sujeitos sempre dia ou noite, ás intemperies, que muita vez os invalidam, emquanto a preço de tantos sacrificios, zelam pela ordem e asseguram ás classes mais felizes a tranquillidade dos seus gosos.

O fim social da lei não foi senão firmar a responsabilidade do Estado no funccionamento deste serviço publico.

A RESPONSABILIDADE DO ESTADO

Restrinja-se agora, ou dilate-se como quizer, a noção da responsabilidade.

Tomemos os extremos — a do super egoistico e abandonado direito individualista, pelo qual a responsabilidade decorre da culpa, ou a do direito social, levado até a concepção de Levy na "Visão Socialista do Direito", pelo qual a responsabilidade promana da confiança, isto é, da necessidade que se tem de confiar em outro.

Em qualquer das hypotheses, o fim social da lei foi estabelecer a responsabilidade do Estado, culpado pelos damnos soffridos em seu serviço por esses funccionarios, ou obrigados a resarcir-lhes os prejuizos por elles havidos em virtude e em proporção da confiança, que tem necessidade de depositar no Poder Publico, para o cumprimento das funcções que lhes competem.

Assim, a lei firmou a responsabilidade do Estado para com os guardas civis invalidados em serviço, ou por molestia delle resultante.

Esta a regra de direito, que Duguit chamaria de normativa.

A outra, a do regulamento, é a que o mesmo jurista chamaria de constructiva.

Mas por isto mesmo que é constructiva da primeira não a póde burlar ou destruir. Estabelecendo o processo de prova capaz de demonstrar, ou melhor de tornar certa a invalidez, não poderia o regulamento ir ao ponto de inutilizar o fim social da lei.

O Estado é responsavel perante o guarda civil invalidado, uma vez verificada, como certa, a invalidez.

Ora a prova de que o marido da supplicante se invalidou em serviço é irrefutavel.

Uma inspecção medica que o declara invalidado por molestia contrahida no serviço é comprovada, em absoluto, pela morte do enfermo, poucos dias depois daquelle exame, e antes do segundo, que tres mezes depois se deveria realizar.

Dentro do fim social a que visava a lei, dentro da necessidade social a que procurava dar remedio, a responsabilidade do Estado para com o guarda invalidado é evidente.

E se o é, o direito deste á pensão se lhe incorporou no patrimonio, desde o instante, anterior á morte, em que a invalidez se consummou.

A PRESCRIPÇÃO E A EGUALDADE PERANTE A LEI

Se, porém, a peticionaria tinha direito á pensão, deixou-o prescrever.

Não se lhe deve, pois, conceder o relevamento supplicado, embora como acertadamente affirma o relator, "seja

licito ao Estado, como ao individuo, renunciar a uma prescripção já operada em seu favor, pelo lapso do tempo".

Reconhece, no entanto, o relator verdadeira a allega-
ção da supplicante, de ter a União, pelo Congresso, releva-
do a prescripção em casos analogos.

Nada disto, porém, vale á peticionaria, cuja supplica
esbarra ante o dogma da egualdade perante a lei. Se todos
perante ella são eguaes, não se pode abrir, no absolutismo
dessa regra, uma excepção, para amparar a viuva sexagenaria de um guarda invalidado e morto em serviço do Estado.
Quem lhe mandou ignorar a lei que lhe transmittia a pensão de seu marido?

Quem lhe mandou ser pobre e não ter um advogado ou
um amigo que lhe preparasse os papeis para o reconhecimento do seu direito?

DIREITO CRUEL

O Estado é inaccessivel e essas razões sociaes ou
moraes. Regela-se na frieza de uma formula juridica e replica indifferente: Todos são eguaes perante a lei. O
Estado não faz favores. Fortes ou fracos, têm todos que
soffrer essa egualdade. Debalde Anatole France o farpeia,
commentando ironicamente que a nossa democracia, com
uma egualdade majestatica, prohibe egualmente a ricos e
pobres, dormir debaixo das pontes, furtar pão ou mendigar
na rua. O Estado não se conturba. Defende-se com uma
dessas armas gastas, através o regime antigo, o feudal, ou o
capitalista, no serviço de todas as injustiças e espoliações —
"Dura lex, sed lex".

E' a velha maxima oppressora com que os fortes esma-
gam os fracos e os felizes os desafortunados.

Nem ao menos a regra humana de Cicero, no "De Offi-
ciis" — Summum jus summa injuria, embebida na sabedoria do Ecclesiastes — "Noli esse justus multum" —, e que
Voltaire haveria de expressar neste verso admiravel:

"Le droit porté trop loin devient une injustice."

Será, porém, que a egualdade perante a lei, deva ser, hoje, assim interpretada? Não será isso um desses processos mecanicos de interpretação, tão de gosto de muito jurisconsulto, e dos quaes nos fala Geny, ás primeiras paginas da "Sciencia e Technica?"

Porque a garantia da egualdade perante a lei surge na celebre Declaração de Direito de 2 de outubro de 1789, como consequencia da revogação dos privilegios da nobreza e do clero, votada pela Assembléa Constituinte, na memoravel noite de 4 de agosto do mesmo anno.

A egualdade, portanto, é uma abolição de privilegios dos forte. Não é, nem pode ser nunca um obstaculo á protecção que o Estado deve aos fracos.

A VERDADEIRA EGUALDADE E A SOCIALIZAÇÃO DO DIREITO

Consiste a egualdade, sobretudo, em considerar desegualmente situações deseguaes, de modo a abrandar, tanto quanto possivel, pelo direito, as differenças sociaes e por elle promover a harmonia social, pelo equilibrio dos interesses e da sorte das classes. A concepção individualista do direito desapparece ante a sua socialização, como instrumento de justiça social, solidariedade humana e felicidade collectiva.

Até mesmo porque não ha nenhum direito do individuo senão como membro da sociedade, cuja existencia é condição de sua vida. Social, na sua origem, como phenomeno exclusivamente social, que o é, o direito ha de ser, por força, tambem social nos seus fins.

Os chamados direitos individuaes existem em funcção e para satisfacção de necessidades sociaes, uma das quaes, e das mais altas, é aliás o proprio desenvolvimento do individuo. A necessidade social, esta a orbita dentro da qual elles se movem; esta a força que lhes deu origem e os equilibra.

A vingar a doutrina do parecer, não se poderia estabelecer o imposto progressivo e muito menos isentar de imposto um minimo de rendimento. Não poderia o Estado intervir no contrato de trabalho ou nas relações entre este e o capital. Não, porque tudo isso fere a egualdade perante a lei, se considerarmos esta garantia sob o prisma do direito individualista. Se, porém, a encararmos sob o ponto de vista do direito social, nada mais justo, equanime e opportuno. Assim o têm entendido os povos mais cultos da terra. Assim, em parte, o temos feito nós. Ao invés de attentar contra a garantia da egualdade, o que a lei procura, em casos taes, é respeital-a, tentando reduzir, por meio do direito e sua technica, a differença de nivel que a sorte das classes criou.

Nestes casos, para que a egualdade perante a lei não seja uma ficção iniqua, ou uma cilada atroz, cumpre ao Estado amparar a debilidade dos fracos e aparar a voracidade dos fortes.

O regime, em casos taes, deve ser caldo e sangria.

Não egualmente para ambos. Caldo aos anemicos e sangria nos pletoricos.

Mas, na hypothese actual, o proprio relator declara que o Estado, como o individuo, póde renunciar ao beneficio da prescripção consummada em seu favór. Não raro, a ella renuncia o individuo, por principios moraes. Diversa não deve ser a situação do Estado, que não tem somente fins juridicos. Mas se o Estado póde renunciar á prescripção, o caso de que nos occupamos deixa de ser juridico para ser politico.

Não se trata mais de saber se o Estado póde ou não renunciar em beneficio da supplicante a prescripção, mas, se deve ou não, se convem ou não abrir mão desse direito.

Isto posto, a resposta affirmativa se impõe. Porque o Estado deve assistencia e amparo ás classes proletarias. Já houve mesmo quem dissesse que elle repousa sobretudo na resignação da pobreza.

Por isto mesmo, para casos como este, em que o Estado tem de renunciar ao beneficio de uma prescripção, que o liberta de uma divida; em casos taes, deve o Poder Publico ter dois pesos e duas medidas — tudo aos fracos; nada aos fortes.

O Estado não póde pesar na mesma balança os gosos dos ricos e os soffrimentos dos pobres; os delirios da opulencia e os desesperos da miseria. A regra da egualdade perante a lei não póde ser a isso um impecilho.

Nem se julgue que esse modo de applicar a garantia da egualdade, é doutrina de juristas contrarios ao direito individualista, de jurista de idéas avançadas, ou melhor, se me permittem, de juristas da "esquerda".

Para dissipar qualquer duvida, ouçamos um jurista da direita — mestre dos mais acatados, entre os que ensinam hoje, em França, o direito privado. Ouçamos Bonecase, exactamente num lanço em que pretende harmonizar a chamada legislação social, com a concepção individualista do direito:

"La notion du droit telle que la conçoit cette doctrine n'est pas, en effet, une notion purement mathematique se traduisant par des resultats exclusivaments mathematiques et negatifs; si elle commande en toutes circonstances le respect des droits individuels, elle ne le fait pas sur une base ideale et abstraite, mais bien sur la base concrete et contingente des milieux et des faits. Pour que la personalité des individus soit considerée comme protegée dans sons developpement naturel, il faut que eu egard aux circonstances et aux conditions économiques et sociales dans lesquelles cette personalité est placée, on puisse dire que les individus, quel qu'ills soient, se trouvent traités par la loi sur le pied de l'egalité réelle et bien comprise". (Supplement ou Droit Civil de Baudry Lacantinerie — 1º vol. pg. 3).

OS STANDARDS JURIDICOS

Os juizes inglezes e norte-americanos, com o seu alto senso pratico e seu profundo tino juridico, têm procurado conciliar a fixidez da regra legal e a segurança das relações juridicas, com as condições variaveis da existencia humana.

Conciliar em summa a estatica do contrato e da lei, com a dynamica da realidade e da vida.

Lambert, prefaciando o livro de Sanhoudry "As restricções contractuaes á liberdade de trabalho na jurisprudencia ingleza" — considera este contraste — "a mais grave e mais intima antinomia natural do direito".

E' ao que os juristas anglo-saxões têm remediado com o processo flexivel dos standards.

E' ver no citado livro de Sanhoudry, no "Standards of American Legislation", de Freund, no "Gouvernement des Juges de Lambert", ou no mais novo dos livros sobre esse assumpto — "Le Standard juridique de Stati" — como este processo da technica juridica tem conseguido conciliar a equidade com a lei, para realizar, dentro do possivel, a harmonia social, objectivo maximo do direito. Mas o "Standard" a que Renard chama, e bem, de methodo de avaliação directa, tende á individualisação da justiça como em direito, penal se caminha para a individualidade da pena. Tem o juiz para examinar, caso a caso, e por uma avaliação directa de suas particularidades concretas, decidir de accôrdo com padrões estabelecidos ou directrizes pretraçadas.

Emfim, diz bem Renard, em "La Valeur de la loi": "Il y des lois á appliquer et des lois á adapter".

"Appliquer la loi c'est interroger la volonté du legislateur, et puis l'executer. Adapter la loi, c'est enquerir de l'idée de la loi et puis créer les solutions positives propres á la realiser".

Ora, a egualdade perante a lei não é uma regra rigida a applicar como um texto prohibitivo ou um artigo do Codigo Penal. E' um principio a se adaptar ás condições reaes do meio economico-politico num determinado momento historico. Adaptemol-o, pois, ás condições reaes da nossa vida.

Os juizes inglezes, para adaptarem o principio da liberdade do contrato e de trabalho ás necessidades do moderno meio economico da Inglaterra, abandonaram o rigido criterio primitivo, substituindo-o pela da "Racionalidade". Assim, a restricção áquella liberdade será valida ou não, conforme seja ou não razoavel. Na jurisprudencia norte-americana, são em muito maior numero os standards, isto é, os padrões e as directrizes para a adaptação da lei. Mas todos elles, como bem observa Pound, em "The Administrative Applications of Legal Standards", se resumem num criterio de racionalidade ou de opportunidade.

OS CODIGOS DE ANTE-GUERRA

Juizes que fossemos, num tribunal judiciario, não julgariamos doutra maneira, ainda adstrictos, como os nossos, aos termos da parte final do artigo 5.º do Codigo Civil, sem a largueza, que seria de desejar, dos artigos 1 e 4 do Codigo Suisso. E ainda esta não é bastante. Os codigos de anteguerra estão atrazados e precisam de ser revistos. As transformações sociaes acceleraram-se: problemas novos surgiram no campo da producção; as reivindicações do trabalho contra o capital apresentam formas novas, e revigoram-se de forças estupendas.

Tudo isto demanda novos principios juridicos, novas formulas legaes. Se não, bem pode ser, como diz Morin, se não me falha a memoria, no seu ruidoso livro — "A Revolta dos Factos contra o Codigo" — se não, bem pode ser que "sob a fermentação do vinho novo os velhos cantaros se partam".

TRIBUNAES ADMINISTRATIVOS

Mas embora exercendo, neste momento uma funcção jurisdiccional, pois que, sob o aspecto material, não é uma lei o que vamos fazer, e sim uma declaração sobre o direito de um individuo, em todo o caso, não estamos exercendo uma funcção judicial, no sentido estricto, e presos, portanto, ás restricções que lhe delimitam o julgamento.

Seremos, quando muito, uma especie desses tribunaes administrativos, que os Estados Unidos criaram, cedendo ás exigencias da vida — taes como a Federal Trade Commission, a Interstate Commerce Commission, a Federal Reserve Board, a Court of Customs Appeals etc.

Uma especie dessa Commissão Suprema de Arbitragem, que julga, na Russia, os processos entre as administrações ou empresas do Estado.

E falando deste Tribunal, Lescure, jurista e economista de nota, professor effectivo da Faculdade de Direito de Paris e honorario da de Bordeaux, e adversario do regime sovietico, se exprime nestes termos, num livro do anno passado: "Ainsi c'est develloppée une jurisdiction economique dont ou publie les arrêts, inspirés d'un profond sens juridique et economique". (Lescure — La Revolution Russe. Le Bolshevisme. — Comunisme et Nep pag. 123).

Todos esses tribunaes applicam, sobretudo, o processo flexivel dos standards, adaptando a idéa da lei á realidade da vida. E quando a supplicante allega que outros relevamentos em condições analogas ao que ella agora impetra, têm sido concedidos, bem póde ser que uma directriz ou um padrão surja das decisões referidas.

Ha de ser, por força o da razoabilidade do pedido, ou o da necessidade do impetrante.

O PADRÃO DA RAZOABILIDADE

Não necessita elle, para viver, da somma pecuniaria em que se traduziria o direito prescripto? E' forte ou abastado? Deve-se-lhe recusar a relevação irrazoavel.

O Estado não deve assistencia aos que della não precisam. E', porém, miseravel, ou pobre o supplicante? Não tem recursos para a manutenção da sua vida? Precisa, para isso, do direito que deixou prescrever? O relevamento se impõe porque o Estado deve assistencia aos fracos. Porque o Estado deve assegurar a todos o minimo de recursos que lhe mantenha a existencia.

O principio da solidariedade sobre que repousa a sociedade e o direito impóem ao Estado esse dever. No caso vertente, trata-se de uma sexagenaria, viuva de um guarda civil. Não precisa, portanto, fazer a prova de sua pobreza. Pobre já o era em vida de seu marido. Hoje, de miseria deve ser a sua situação. A razoabilidade do seu pedido se patenteia. Ella não é, como affirmou o relator, um desses "dormientibus, aos quaes non sucurrit jus".

Ha dormir e dormir. Ponto é vêr se realmente dormia ou se estava morphinizada.

Teria a supplicante adormecido no goso de uma sesta, em cuja imprevidencia ou preguiça tivesse deixado prescrever o seu direito? — Não. O que ella estava era morphinisada pela ignorancia, á falta de uma instrucção regular, que o Estado não lhe deu e que, no entanto, finge hypocritamente ella possuir para, num dia de fome e de miseria, articular a prescripção contra a proletaria desvalida.

Bem sei que para casos taes, existe outra regrinha latina — nemo jus ignorare censetur — que a primeira parte do artigo 50 do nosso Codigo Civil adoptou com principio legal.

Menger, num dos capitulos de um livro celebre — "O Direito Civil e os Pobres" — já examinou de perto esta maxima juridica.

O famoso professor de Vienna demonstrou, até á evidencia, o que havia de iniquo, anti-social e, impiedoso nesta maxima opressora e mentirosa.

Assim, pois, no caso de que nos occupamos, não foi por dormir, na negligencia, mas por uma razoavel ignorancia do beneficio legal, que a supplicante deixou prescrever o seu direito.

AI DOS VENCIDOS

Mas da certidão que acompanha a petição da supplicante ainda se póde respigar em seu favor. Não fosse ella uma desvalida e bem podia ser outra, que a de uma supplica, a sua acção para com o Estado. Da certidão se verifica, que, em julho de 1919, sentindo-se enfermo, o marido da suppli-

cante requereu aposentadoria e foi por isso á inspecção medica. Não teve sorte. A junta considerou-o valido para o
serviço. Que haveria de fazer o proletario, se não a elle
volver, embora sentindo no organismo a devastação do mal
que os medicos não haviam logrado descobrir?

Dois annos depois, vem a nova inspecção. Agora, os es-
tragos da molestia são visiveis até aos leigos. Não é mais sobre um enfermo que se procede á inspecção; mas sobre um
preagonizante. Poucos dias, notae — poucos dias depois —
o ultimo suspiro. Bem poderia o proletario ter vivido, se
a primeira junta, dois annos antes, o tivesse retirado, pela
aposentadoria, ao aspero serviço que o matava. Agora é tar-
de. E ainda tem o pobre, que aguardar um trimestre, como
exige o regulamento, para uma segunda inspecção!

A morte, porém, mais piedosa, acabou com essa triste
comedia da administração e da lei, enterrando na cova o proletario. Emquanto isso, passeavam e passeiam pelas aveni-
das as aposentadorias nedias e risonhas dos chefes de depar-
tamento invalidados em serviço. Ai dos vencidos!

*

*   *

No Brasil, se tem feito, até hoje, a politica dos ricos, o
direito dos ricos, a justiça dos ricos. E' tempo que se faça
tambem a dos pobres. O Estado, que tem favorecido sempre as classes abastadas, ou mais felizes na luta pela vida,
não póde affrontar a pobreza humilde, soffredora e mise-
randa, valendo-se, como devedor relapso, da iniquidade de
uma prescripção, para recusar a uma viuva sexagenaria e miseravel o pagamento de uns mil réis com que possa comprar
uns metros de panno ou umas padas de pão.

Por todos esses motivos juridicos, politicos e moraes,
por todos esses principios de direito, de justiça e de equidade, outorgo o favor que a supplicante nos implora e lhe
concedo relevação da prescripção".

A Constituinte e a futura Constituição — Num
exame da actual situação brasileira, o sr. João
Mangabeira diz-nos o que pensa das reformas
politicas para o paiz.

*Entrevista publicada no "Correio da
Manhã" de 16 de Março de 1932.*

O sr. João Mangabeira, antigo deputado e senador, jurista profissional, attendendo ao pedido que lhe fez o *Correio
da Manhã*, falou-nos longamente das reformas politicas que
julga necessaria o paiz.

Começamos por lhe perguntar se era partidario da volta
quanto antes do paiz ao regime legal. E elle nos respondeu:

— Sim, e este é o desejo do povo brasileiro, em sua quasi
unanimidade. Porque pela perpetuação da dictadura não
existe ninguem. O que uma corrente de opinião sustenta é
que este não é o momento opportuno da constitucionaliza-
ção, visto como a revolução não realizou ainda todos os seus
objectivos. Mas a revolução já tem mais de dezeseis mezes
de governo. Até a reunião da constituinte, tudo correndo
normalmente, e dado um prazo de cinco ou seis mezes para
o alistamento, teremos cerca de um anno. Será, portanto,
tempo de sobra para que se effectivem todos os propositos
revolucionarios. E se assim fôr, o retorno do paiz á ordem
legal se imporá. E se assim o não for? Mais premente
ainda será a volta ao regime da lei. Porque se uma revolução, ao cabo de dois annos, reconhece que não alcançou ou
não cumpriu os seus designios, maxime quando os vencidos
não lhe oppuzeram o obstaculo de uma pedra sequer no meio
do caminho, por isto mesmo confessa e proclama o seu fra-

casso. Caberá, então, aos seus dirigentes encaminhar o paiz no rumo da constituição, buscando, dentro della, conseguir por uma revolução branca o que não lograram obter pela vermelha. O que se não pode admittir é uma revolução parada, immobilizada, mumificada, até que um choque violento lhe faça em pó o arcabouço caduco.

MOVIMENTO PARA A ESQUERDA

— Não ha peor desgraça que uma revolução tropega ou reaccionaria, prosegue o sr. João Mangabeira. Todo surto revolucionario deve ser, por definição, um movimento para a esquerda, procurando attender, por soluções politicas, traduzidas afinal em formulas juridicas, os interesses, as necessidades, os soffrimentos das massas, espoliadas pelas minorias venturosas. A capacidade dos governos revolucionarios consiste em vêr claro, neste ponto, no tempo e no espaço. Impregnar-se, embeber-se do espirito da época, que não lhe permitte manter incolume um passado, que sómente o respeito ao quadro legal da ordem conseguia preservar. Ter, de outro lado, o senso exacto da realidade peculiar a cada povo, e que entre nós se apresenta na desorganização do operariado, maxime o dos campos. Como o trabalho escravo e o servil desappareceram com os regimes de producção antigo e feudal, o trabalho assalariado, derradeira fórma larvada da escravidão, agoniza. Mas até a sua morte, e até chegarmos ao ideal da socialização total dos meios de producção, muito teremos que marchar. Até lá o papel dos governos, sobretudo os revolucionarios, e dos capitalistas intelligentes, é procurar novas formulas juridicas que harmonisem os interesses em conflicto, reduzindo differenças de nivel na vida das classes, estabelecendo de estadio em estadio um equilibrio, embora transitorio, e pondo o barco a seguro, antes que as tempestades se desatem. E os horizontes do mundo só nos annunciam borrascas! Mas, entre nós, medidas, que na Inglaterra, Baldwin, como chefe conservador, ou na Allemanha, Bruening, como chefe catholico, estão promptos a defender, a ganancia impiedosa dos plutocratas qualifica de communista. E os que as defendem ainda se arriscam á prisão com que áquelles se persegue, porque a nova republica, irmã gemea da velha no verdadeiro reaccionarismo, continúa a praticar a ignominia de prender e deportar homens livres pelo crime de terem idéas. Não ha muitos annos um ministro pediu a um diplomata estrangeiro um exemplar da ultima lei de perseguição ao communismo em seu paiz, um dos mais cultos do mundo. E o representante da Nação amiga a responder-lhe: "Mas excia., em meu paiz não se persegue o communismo, que é um partido legal; é o terceiro em numero de deputados na Camara".

Mudou-se o regime. Mas a boçalidade não mudou. Tão grande é o poder da ignorancia ! Tão grande, que não vê, através da historia, que a perseguição á idéa é o seu elemento maximo de proselytismo e propaganda. Demais se alguma coisa constitue a essencia da democracia, é a liberdade de opinião.

OS VELHOS E OS NOVOS PARTIDOS

— Como, porém, na constituinte essa revolução branca de que ha pouco falou?

O sr. João Mangabeira responde:

— Por uma propaganda energica dos programmas politicos, no curso da campanha eleitoral e no decurso das reuniões da convenção ou constituinte. Porque em cada Estado havia um P. R. Mas todos elles, do Rio Grande ao Amazonas, sem outro programma senão a conquista do governo ou a permanencia nelle. Isto não póde continuar. Fóra de duvida que o objectivo de todo homem politico é a ascenção ao governo. Mas para executar um programma; e não para o gozo physico do poder. Na futura eleição, cada candidato deve representar um grupo de principios que se comprometta a sustentar na assembléa constituinte. Não esses enunciados vagos — como defender a Republica, promover o bem geral, desenvolver a instrucção, incrementar a producção, etc.; mas um corpo de principios definidos e precisos, capaz de caracterizar um programma politico-social. Não ha como fugir, por exemplo, a tomar uma attitude clara no problema das relações entre o capital e o trabalho. Temos que attender ás nossas condições especiaes. Mas o que não póde continuar é a exploração do proletariado, nas proporções em que no Brasil a espoliação ignobil se consumma. O operario agricola desamparado, sem organização, desprotegido do Estado, não passa de um escravo, sem a assistencia que a este, outrora, prestava o senhor. Em toda parte, a voracidade capitalista só encontra obstaculos, na organização operaria que a refreia ou na intervenção do Estado que a limita. Aqui, as chamadas leis operarias, a começar pela de accidentes, não passam de uma burla. Se ha greve, a policia colloca-se ao lado do patrão, e quasi sempre espanca e prende os grevistas. O essencial para o operario é um salario vital, um salario minimo, nos termos em que o definia o juiz Higgins da Côrte Suprema da Australia. Em compensação, toda a assistencia tem sido dada aos poderosos. Tarifas ultra-proteccionistas para industrias artificiaes e industriaes parasitarios, monopolios de lei e de facto, determinando enriquecimentos indevidos, impostos progressivos ás avessas, tudo tem sido dado ás classes mais felizes. O proletariado, porém, seja o operario ou o empregado commercial, continúa desamparado. Não ha muito fechou a Casa Colombo, lançando ao desemprego, sem arrimo, todos os seus empregados. Quem se lembrou de constituir um fundo de reserva especial, para garantir nos dias máos, com os lucros dos bons dias, o operario ou o empregado commercial? Nos dias de fartura os patrões guardam para si ou dissipam em opulencias os lucros faceis. E quando a crise bate ás portas, fecham a casa ou a fabrica, e os pobres, sem recurso, que se aguentem. O Estado deve providenciar a tal respeito. E' que mesmo sob o regime capitalista, o Estado deve assegurar a todos um minimo de subsistencia e velar pela criança proletaria, não só do ponto de vista physico, como do intellectual, permittindo accesso aos capazes a todas as carreiras. Este serviço não deve ser custeado pelas migalhas que os ricos dão por esmola, nos dias de bom

EM TORNO DA CONSTITUIÇÃO

humor. Destes compete ao Estado tirar pelo imposto a parte que devem restituir á sociedade para manutenção dos pobres.

Ha mais de cem annos, já Mirabeau bradava na Convenção Franceza, que "os pobres e seus soffrimentos de ora em deante pertencem ao Estado". Deve haver impostos especiaes sobre certos rendimentos e certos capitaes e destinados especialmente a este fim.

A QUESTÃO SOCIAL

— Em agosto de 1930, num longo voto divergente proferido, em favor da viuva de um guarda civil, na commissão de Justiça do Senado, asseverei que "no Brasil se tem feito até hoje a politica dos ricos, o direito dos ricos, a justiça dos ricos. E' tempo que se faça tambem a dos pobres". E accrescentava: "Para que a egualdade perante a lei não seja uma ficção iniqua ou uma cilada atrós, cumpre ao Estado amparar a debilidade dos fracos e aparar a voracidade dos fortes. O regime em casos taes deve ser caldo e sangria. Caldo aos anemicos e sangria nos plethoricos. O Estado não póde pesar na mesma balança os gozos dos ricos e os soffrimentos do pobre, os delirios da opulencia e os desesperos da miseria. Os codigos de ante-guerra estão atrazados e precisam de ser revistos. As transformações sociaes acceleraramse; problemas novos surgiram no campo da producção; as reivindicações do trabalho contra o capital apresentam fórmas novas e revigoram-se de forças estupendas. Tudo isto demanda novos principios juridicos, novas formulas legaes. Senão bem póde ser, como diz Morin, se não me falha a memoria, no seu ruidoso livro — A Revolta dos Factos contra o Codigo — se não bem póde ser "que sob a fermentação do vinho novo os velhos cantaros se partam". Aquelle voto era o inicio de uma campanha que eu ia sustentar. Nelle já se definia minha attitude na questão social. Aguardava a discussão em plenario para desdobrar o programma, no voto escripto apenas esboçado. Esperava os orçamentos para demonstrar as iniquidades que nelles se apinhavam. Mostraria como se gravam os generos de consumo que formam a base da vida do pobre e não se tributam as valorizações immerecidas e os rendimentos illegitimos. Analysaria os monopolios de facto e de lei, exercidos por empresas particulares, sem que dos grandes lucros retire o Estado a parte que lhe deveria caber, se não as quer expropriar. Mostraria, como o Estado poderia, por estas e outras medidas, auferir dos afortunados um augmento de receita, que lhe permittisse melhorar a sorte das classes pobres e desenvolver o progresso do paiz, sem aggravação dos impostos de consumo, e antes com a diminuição ou eliminação de muitos delles. Sustentaria a gratuidade do ensino, em todos os seus gráos, e a escola unica, garantindo o accesso aos cursos médios e superior, por uma selecção intellectual, e não por uma questão de dinheiro, como um privilegio dos abastados. Ao mesmo tempo, introduziria uma série de modificações no Codigo Civil, reduzindo os prazos excessivos da prescripção das acções e para o usocapião, acabando assim com a industria dos *grillos*, e modificando em parte a situação da propriedade territorial. Nada mais illegitimo que a propriedade da terra explorada por outrem, cujo trabalho rude alimenta o senhorio parasitario. A emphyteuse, resto de uma civilização morta, é um instituto que deve desapparecer. Seja porém como fôr, se em 5 annos, por exemplo, o dono da terra nada reclamou ao que nella plantou ou construiu, é justo que esta se incorpore no direito de quem a transformou em riqueza. Em casos taes, economica e, portanto juridicamente, a terra não passa de um accessorio, e o principal deve ser o trabalho de quem a fecundou com o suor de seu rosto e a fez surgir como riqueza humana no campo da producção. Supprimiria a herança na linha collateral, que nada justifica, mantendo apenas a da linha directa, que assim mesmo deverá ser fortemente taxada. Mas, estes problemas se tratarão com outras larguezas, numa constituinte. Estes e outros. O nosso Codigo, como o francez, tambem é o codigo dos patrões, o codigo da burguezia. Mas, será possivel que se continue, contra a evidencia economica, a classi-

EM TORNO DA CONSTITUIÇÃO

ficar de contrato de locação, o acto juridico das relações entre o capital e o trabalho? Pode-se considerar objecto de contrato a força de trabalho, cujas relações com o capital, são a vexata questio, que agita o mundo e abala a sociedade nos seus fundamentos? O facto é que sob a fórma actual da producção, a lei intervem, em todas as nações, cada vez mais, regulando as relações entre o capital e o trabalho, que deixam por isto de ser consensuaes e se tornam legaes. Classificar de contrato, o pacto collectivo de trabalho, sobretudo quando obriga aos que nelle não foram partes, como na Allemanha, na Austria, etc., é uma zombaria. Um acto juridico que alguem é obrigado a respeitar e cumprir, embora nelle não veja parte, tudo poderá ser, menos contrato. O que ha em casos taes é a lei da profissão, é a lei do trabalho. O que ha, é o estatuto da producção ou do trabalhador, a semelhança do que occorre com o funccionalismo. E a producção actual é cada vez menos individualista e cada vez mais collectivista. E a fórma da producção economica determina o phenomeno juridico, criando um direito novo. E' o que nos diz o jesuita Cathrein, quando affirma que "o criterio pelo qual a autoridade deve ditar as suas leis, é o bem-estar social, que a miude reclama a criação de um novo direito". Mas ainda quando a producção tenha a fórma individualista, e a relação entre o capital e o trabalho revista a fórma de contrato, este não deve ser o de locação, como nos codigos actuaes. A velha designação romana não póde prevalecer. O regime da producção romana era o da escravidão, e o romano era logico considerando o escravo uma coisa, que podia ser locada. Sob o regime da liberdade, o homem é uma pessoa, cuja dignidade, cuja razão de ser collide com a sua locação. A locação de trabalho não passa de uma fórma larvada da escravidão. Debalde os codigos individualistas, como o nosso, procuram illudir esta evidencia, limitando o prazo do contrato e cuidando assim impedir que, mediante a locação por toda a vida, um homem se torne de facto escravo do outro. Nem por isto menos escravo será, uma vez que não podendo viver sem trabalhar, se o trabalho constitue locação, estará por isto mesmo perpetuamente locado. O que varia é o senhor, que, em vez de ser determinado individuo, é a entidade anonyma o capitalista, o patrão, encarnado nas successivas pessoas que o representam. Mas, a relação economica entre o capital e o trabalho, ainda nos casos decrescentes da producção individualista, não deve se representar no direito pelo contracto de locação, incompativel com a liberdade humana. No systema economico actual, capital e trabalho, representados por homens legalmente livres, unem-se para a consecução de um fim commum — a producção. E quando duas forças, como — capital e trabalho — ou dois homens livres — operario e patrão — collaboram numa mesma empresa, alliam-se para um resultado commum, que é o producto do concurso de ambos, a figura juridica desta coparticipação de energias deve ser a da sociedade e nunca a da locação. Mas, se é sociedade, disto resulta a participação nos lucros e na direcção da empresa, não sendo o salario senão um pagamento antecipado, como as retiradas mensaes dos socios nas casas commerciaes. Llovera, na Sociologia Christan, define bem a sociedade, como "a convivencia de varios sêres intelligentes e livres que juntos cooperam de maneira estavel para um fim commum". E o monsenhor Pottier sustenta que "a parte dos trabalhadores nos lucros corresponde ao salario não pago, e portanto não é um acto de liberalidade mas de justiça". Porque ha um ponto, em que manifestos communistas e encyclicas papalinas se accordam e confundem, como as aguas dos rios nos estuarios — é na affirmativa que o proletariado é explorado pela ganancia do capitalismo, a cujos excessos é preciso pôr um termo. Demais a espoliação se consumma, muita vez, com violencia, embora mascarada; e não raro, pelo esgotamento physiologico do operario, devido a um super-trabalho correspondendo a uma sub-alimentação, determina a morte precoce do pobre. Não poderá pensar de outro modo quem conhecer a historia do trabalho por peça, a domicilio — o sweating system. E no proprio trabalho taylorizado, com seus altos salarios, só agora se começa a pesquisar nos laboratorios d'Amar, d'Imber etc., a fadiga physiologica, que determina o esgotamento do operario. E isto a troco de um augmento do salario, que não passa de uma parte ridicula, no accrescimo dos lucros do patrão. Mas são problemas alheios á nossa palestra. O que digo é que a producção actual é sobretudo collectivista e dirigida por collectividades — syndicatos de operarios e patrões, cooperativas, sociedades anonymas, *truts*, cartels, etc. E isto, de fórmas em fórmas mais largas, até a socialização dos meios de producção. Mas para regular taes relações o nosso Codigo individualista não serve. Ainda uma vez se verifica a verdade expressa por Marx, na Contribuição á Critica da Economia Politica — "A um certo estadio do seu desenvolvimento as forças productivas da sociedade, entram em contradição com as relações de producção existentes". Lambert, prefaciando a traducção franceza, dos codigos sovieticos, diz, e com razão, que "o direito novo deve ser uma reorientação da sciencia do Direito e uma renovação das noções juridicas conforme as idéas sociaes do mundo". E o professor Morin, ha cinco annos, abrindo o curso das Faculdades de Montpellier, poderia affirmar com segurança: "O regime economico da grande usina não pôde ser submettido á disciplina juridica romana". E' que na sociedade não existem apenas o individuo e o Estado. Entre elles vivem as associações. Tres factos, tres factores ou tres forças dominam o mundo moderno, cada qual no seu circulo proprio de acção — o individuo, as collectividades e o Estado. O direito, portanto, ou é uno, ou não se divide mais em publico e privado, como na dichotomia romana, mas em publico, collectivista e privado. Em cada uma dessas espheras o mesmo homem actúa de modo diverso, e em diverso estado de espirito, agindo como individuo, profissional, ou cidadão. Nada mais diverso que o estado dalma, o objectivo do mesmo individuo, quando faz uma doação ou dirige a educação do seu filho, trata como membro de um syndicato, num pacto collectivo de trabalho, ou ordena uma greve; vota, como representante do Estado, a paz ou a guerra. Em cada uma dessas espheras, como que o homem adquire uma personalidade nova, e o egoismo individual desapparece deante do espirito de classe, ou do sentimento de nacionalidade.

REPRESENTAÇÃO PROFISSIONAL

— Então é partidario de representação profissional?

— Sim. As assembléas não se podem compôr exclusivamente de representantes do povo, escolhidos por um eleitorado formado segundo o criterio demographico. Não, porque o Estado não se compõe sómente de individuos, mas de individuos e corporações. Estas devem ter voz, nas questões que lhes interessam, e dizem, sobretudo, respeito á producção. O ponto delicado é ver como se representam. As assembléas politicas devem exercer sobretudo a funcção politica. Na minha opinião deveriamos ter apenas uma Camara, não muito grande para não se enfraquecer, nem muito pequena para não se corromper. As assembléas muito numerosas difficilmente se organizam e resistem; as muito reduzidas facilmente se corrompem e cedem.

Acho que nos bastaria uma assembléa de mais ou menos a metade da Camara dos Deputados dissolvida. Seria mais economico para o Thesouro e mais util e efficiente para o paiz. Mas uma assembléa que funccionasse, salvo deliberação propria, o anno inteiro. Porque, sendo sua grande funcção a politica, deveria sempre estar presente para controlar o executivo. Dizia-se o diabo do antigo Congresso, commentava-se, em todos os tons, a sua subserviencia; mas todos, todos os presidentes, só desejavam vel-o pelas costas, e todos os grandes golpes de arbitrio se guardavam para o intervallo das sessões. Porque o grande papel da assembléa politica é o de fiscalização e de propaganda, é o de pulmões — por onde respiram os partidos politicos. A voz de um deputado de opposição basta, muita vez, para evitar um abuso, impedir uma violencia, ou fulminar um attentado. Mas a lei exige uma technica, para a qual uma assembléa não tem, nem póde ter o preparo especialisado e indispensavel. A funcção da Camara deveria ser discutir, e acceitar ou rejeitar as leis que as commissões technicas fizessem. Competeria a assembléa politica, votar por exemplo, pró ou contra o divorcio, porque não se trataria ahi dum problema technico juridico, mas social, politico, religioso, se o quizerem, que qualquer homem decidirá de accordo com as suas convicções, seus sentimentos ou sua religião. Mas uma lei de divorcio exige uma technica, na qual um engenheiro, um militar ou um padre, geralmente não podem ser peritos. Em resumo, uma assembléa politica delibera e_ vota questões politicas ou sociaes; mas não resolve, acertadamente, problemas de especialização ou de technica.

— E o Senado? perguntámos.

— Já lhe disse que sou por uma Camara. Nada, senão a força da rotina, justifica o Senado eleito pelo mesmo processo que a outra Camara. Quando elle representava outra força, outra classe, outra casta, muito bem. Mas, para representar o mesmo eleitorado basta uma assembléa. E' mais logico, mais barato e mais efficiente. Senado, eleito como o nosso e o dos Estados Unidos, creio que, das novas constituições, sómente a da Tcheco-Slovaquia o adoptou. Porque o da Grecia, o da Irlanda, o da Polonia e o da Rumania se compõem de outro modo, não sendo eleitos pelo mesmo eleitorado que elege a Camara. O Reichsrat allemão, o Staatsrat prussiano e o Conselho Federal austriaco, são uma especie de Conselho de Estado, tendo apenas, quando á legislação, os poderes de apresentação de projectos e de veto, como o nosso presidente da Republica. Nem é exacto que a federação exija o Senado, e com egualdade de representação. Esta egualdade não existe no Reichsrat, nem no Conselho Federal da Austria. E na Convenção de Philadelphia só foi acceita, depois de ardente debate, por uma transacção, que se denominou nos Estados Unidos — Conneticut compromise, — defendido por Ellsworth, Sherman e Johnson. Emfim o systema bicameral é doutrina que se procura ainda hoje justificar com a anecdota do chá posto no pires, por Jefferson, numa palestra com Washington.

ELEIÇÃO DO PRESIDENTE

— Mas como esta conversa já vae longa, poucas perguntas ainda lhe faremos. Como pensa que deve ser eleito o presidente — pelo povo ou pelo Congresso?

— Nem, por um, nem por outro. O presidente eleito pela Assembléa nasceria enfraquecido, deante desta, como a criatura em face do credor. E' um dos pontos fracos do presidente de França. Mas a luta de uma eleição popular para presidente, como a que occorre agora na Allemanha, é por sua vez inconveniente, maximé entre nós. Demais o presidente representa a Nação, que não se compõe sómente do seu eleitorado. O corpo eleitoral, que é o presente, sob a influencia de uma agitação popular, póde commetter desacertos transitorios contra a Nação, que é uma entidade que vem do passado e marcha para o futuro. Mas a Nação comprehende tambem forças conservadoras e de tradição, de segurança e de ordem. O presidente deve tudo isto representar, personificando a Nação, para que se possa collocar acima das lutas dos partidos e das classes. Para mim deveria ser eleito a 1º de novembro, digamos, do ultimo anno do seu antecessor, mediante voto secreto, por um eleitorado aqui reunido, e que se constituiria da Assembléa politica e de um numero de eleitores a ella mais ou menos egual, composto dos juizes do Supremo Tribunal e do Tribunal de Contas, generaes e almirantes, governadores dos Estados, professores cathedraticos das Faculdades federaes e presidentes das corporações de classes. A assembléa, que em maio fôra eleita, e por isto teria um mandato egual ao do presidente, seria a força preponderante, toda a vez que se reunisse derredor de um nome nacional. Vinda das urnas, cabia-lhe por direito esta preponderancia, falando em nome do povo. Quando porém se dividisse, trazendo a maioria um nome de corrilho, evidente que não lograria vencer, porque o resto do eleitorado ou ficaria com o candidato da minoria se fosse uma grande individualidade, ou levantaria uma terceira candidatura, fatalmente triumphante. Fosse este o systema da constituição de 1891 e outros teriam sido os nossos presidentes. Poucos dos que o foram o teriam logrado ser. E o presidente, eleito por este eleitorado, representaria realmente todas as forças vivas da Nação e poderia exercer a sua magistratura, sobrepondo-se aos partidos e fazendo, em vez da miseravel politica dos governadores, a nobre policia dos governadores?

— E ainda tem que perguntar, inquiriu o sr. João Mangabeira?

— Sim, respondemos.

— Então responderei, quasi que por sim ou por não, até mesmo porque todas as perguntas a que tenho respondido exigiam outros esclarecimentos e mais ampla exposição.

— E' pelo presidencialismo ou pelo parlamentarismo?

— Pelo presidencialismo, mas com outros freios, e outro systema de defesas, que impossibilitem a dictadura em que no Brasil se transformára.

— E' pela Federação?

— Sim.

UNIDADE DE MAGISTRATURA

— E' pela unidade da magistratura?

— Sim, bem como pela do processo. Em nada collidem ellas com a Federação, como, sem maior analyse, se diz.

— E' pela suppressão do imposto de exportação?

— Acho que deve passar para a União, mas julgo que se deveria estabelecer uma porcentagem maxima, digamos 4 %, e cobrada exclusivamente sobre a saida para o estrangeiro. A União tem necessidade de regular tanto a exportação como a importação.

— E em materia tributaria?

— Sou contra a uniformidade dos impostos federaes. Ha Estados que não podem supportar o mesmo regime de outros. O norte, sobretudo, a partir do Ceará, é com isto grandemente prejudicado. A vida não é geometria. E muito menos logica abstracta. A' União devem caber os impostos de facil percepção, como de exportação, importação, consumo, sello sobre contratos e papeis apresentados á autoridade publica, embora estaduaes, etc. O de renda, o de industria e profissão, sobre immoveis, etc. deveriam competir ao

Estado e ao municipio. São impostos de lançamento difficil, exigindo pesquisas locaes. Quando muito a União teria uma porcentagem sobre a arrecadação do primeiro, o de renda, que deverá ser altamente progressivo a partir de um certo limite. Dever-se-ia tambem poupar ao contribuinte o aborrecimento de um triplice apparelho fiscal, e á União, ao Estado e ao municipio os onus de um triplice serviço. Assim, quanto ao de renda teria a União uma porcentagem na arrecadação do Estado. Quanto aos municipios, os impostos seriam cobrados pelo Estado que lhes entregaria a quota correspondente, como a lei determinasse. Lucraria o municipio sem um quadro de funccionarios para tal serviço, ganharia o contribuinte livre do embaraço de dois fiscos.

AUTONOMIA MUNICIPAL

— E o municipio não seria lesado em sua autonomia, porque seriam seus orgãos que votariam os impostos que lhes tocasse. Obvio que me referindo a municipios não falo das grandes cidades. Estas, como nos Estados Unidos, devem ter as suas cartas. E a sua direcção exige hoje um *manager city*, isto é, um gerente de cidade, um technico. A direcção de uma cidade como o Rio, São Paulo, Bahia, Recife, Porto Alegre, etc., é mais difficil que o governo da maior parte dos Estados e tem seus problemas a ellas peculiares. Devem portanto ter o seu *home rule* e se reger por outras normas que não as dos municipios ruraes. A autonomia municipal como se entende no Brasil, é do tempo da diligencia e do barco a vela — pertence ao passado. Mas entre um municipio e o Estado devemos ter outra entidade administrativa — a região, com suas autoridades e seu orçamento. Porque em cada Estado existe uma série de municipios que se agrupam numa mesma producção e se ligam por identidade de costumes, de tradições e de cultura, e formam, pela vizinhança, um todo no campo economico. Diversificam muito de outras zonas do mesmo Estado, até do ponto de vista moral, e tem uma série de problemas e interesses communs. Mas

EM TORNO DA CONSTITUIÇÃO

o municipio A não quer concorrer para uma estrada de ro-
dagem porque nella só tem um kilometro, ao passo que o B
tem dez. Trata-se, por exemplo, de fundar uma escola agricola que deveria ser montada e custeada pela região, porque
sobretudo a ella servirá. Não é possivel. Cada municipio
a quer no seu territorio. E, não sendo isto possivel, prefe-
rem dissipar as rendas ou empregal-as em trabalhos adiaveis
de embellezamento urbano. E assim por deante. Eis porque julgo que a producção economica especializada, impõe
entre nós, a criação desse orgão administrativo, intermed
entre o municipio e o Estado. Seria um grande factor de
progresso, desde que a lei lhe soubesse definir as funcções
e lhe garantisse um orçamento.

As modificações soffridas pelo ante-projecto da Constituição na sua ultima phase — Fala-nos, sobre o assumpto, o sr. João Mangabeira.

Como se sabe, na penultima reunião da sub-commissão encarregada de elaborar o ante-projecto da futura Constituição, soffreu a redacção final da materia varias emendas, apresentadas por alguns dos membros daquelle pequeno corpo de constitucionalistas.

Até agora, entretanto, taes emendas não foram sufficientemente conhecidas, e, além disso, ha ainda as que foram feitas pelo philologo professor João Ribeiro, egualmente desconhecidas do publico.

Resolvemos, deante disso, procurar o sr. João Mangabeira, para ouvir a sua opinião a respeito do assumpto.

AS CORRIGENDAS DO PROFESSOR JOÃO RIBEIRO

Perguntámos ao sr. João Mangabeira, primeiramente, quaes tinham sido as emendas do professor João Ribeiro.

— Foram poucas — respondeu. O grande philologo pôz o ante-projecto de accordo com a orthographia official e fez ao texto as seguintes emendas, como se verifica deste exemplar. E mostrou-nos o exemplar corrigido pela letra do proprio João Ribeiro. Ao art. 4.º, onde se dizia "os limites interestaduaes de direito ou de facto, ora vigentes", substituiu por "os limites de direito ou de facto ora vigentes entre os Estados". Ao art. 12º, onde se escrevia "neste caso poderá

EM TORNO DA CONSTITUIÇÃO

ella intervir", preferiu "em tal caso". No § 2º do art. 29, embora conservando o texto, fez uma transposição na collocação dos seus termos. No art. 31 supprimiu a palavra "nestes". No paragrapho unico deste artigo, como no artigo 58, substituiu "qualquer outra" por "outra qualquer". No art. 33, § 1º, em vez de "não se liguem", emendou "não se relacionem". No § 2º do art. 34, em logar de "exercerá as funcções conferidas por este artigo", substituiu por "neste artigo". No final do art. 39, trocou "incorporamento" por "incorporação". No art. 38, substituiu "falta de comparecimento do ministro", por "falta de comparencia do ministro". No art. 40, onde havia "do Tribunal de Contas e do Militar", escreveu "do Tribunal de Contas e do Tribunal Militar". No artigo 42, collocou "vintidio" em logar de "vintendio". No § 5º do art. 70, intercallou as palavras "que constam", no trecho que dizia: "garantias analogas ás do artigo anterior". No § 2º do art. 75, em vez de "por convocação do presidente", corrigiu: "sob convocação". No § 5º do art. 87, em logar de "não terá cabimento", preferiu "não terá cabida". No art. 89, em logar de "exercendo-se nelle", transpoz "nelle exercendo". Foram estas as emendas de redacção do professor João Ribeiro.

AS EMENDAS DA SUB-COMMISSÃO

— E quaes foram as emendas da sub-commissão?

— Tome nota. Uma do ministro Mello Franco, intercalando um é no art. 1º. Assim, em logar de "e constituida", como estava, ficou "e é constituida". Quatro do ministro Maciel, sendo duas suppressivas nas disposições transitorias. Uma modificativa da actual 8ª disposição. Nella se prescrevia que a Constituinte, depois de votar a Constituição, se pronunciaria sobre os actos do governo e elegeria o presidente da Republica. O ministro da Justiça objectou que a Constituinte poderia não querer seguir esta ordem, e seria melhor não lhe dar regras quanto aos seus trabalhos. Dahi ficar redigido assim o texto definitivo — "Praticados os actos para que foi convocada, a Assembléa Constituinte dissolver-se-á incontinenti. Propoz ainda que se declarasse expressamente que o Conselho Supremo teria funcção permanente. Dahi a modificação no § 1º do art. 78, que passou a dizer: "o Conselho Supremo funccionará permanentemente, e dividir-se-á em secções" etc. Faltam as emendas do sr. Castro Nunes. Tres foram de fundo e ao art. 68. Duas ao seu paragrapho: uma accrescentando: "o recurso, nos casos da letra *a*, poderá tambem ser directamente interposto de decisões administrativas, nos termos que a lei determinar". Outra, intercalando as palavras "a administração federal" entre as de "crimes contra a Fazenda da União". Por isto mesmo propoz que o numero de ministros do Tribunal de Reclamações fosse elevado a nove. Agora as de redacção foram: uma ligeira alteração ao § 1º do ártigo 18; outra ao art. 59, vazada nestes termos "os juizes de tribunaes apreciarão os actos dos outros poderes sómente quanto á legalidade, excluidos os aspectos de opportunidade ou conveniencia da medida"; outra ao § 4.º do art. 67, para tornar claro que os conselheiros nomeados em casos de vaga, seriam por um novo setenio; outra accrescentando á letra *j* do art. 81, as seguintes palavras: "e restricções nella impostas aos poderes dos Estados"; outra ao § 2.º do art. 98 supprimindo a palavra "eleitor"; outra ao art. 130 substituindo "as pessoas nacionaes ou estrangeiras" por "todas as pessoas"; por fim, outra ao § 5.º do art. 131, redigida nestes termos: "não será todavia, sujeita ao exame judicial a declaração do sitio pela Assembléa ou a decretação do mesmo pelo presidente da Republica, se, neste caso, anteceder á acquiescencia da Commissão Permanente".

AS EMENDAS DOS SRS. OSWALDO ARANHA E GENERAL GOES MONTEIRO E A QUESTÃO DA BANDEIRA

Perguntámos, em seguida, ao sr. Mangabeira, quaes tinham sido as emendas do general Góes e do sr. Oswaldo Aranha.

EM TORNO DA CONSTITUIÇÃO 287

— Não se trata de emendas, respondeu-nos. E' que no esboço de redacção não inclui os dispositivos sobre a bandeira e destituição de cargos electivos que a commissão acceitára e os ministros Mello Franco e Oswaldo Aranha tinham ficado de redigir. São os arts. 133 e 134 da redacção definitiva, aos quaes dei esta fórma. Um diz: "A Assembléa poderá criar a bandeira commercial differente da de guerra e modificar esta, mantida, porém, as côres actuaes. O outro prescreve: "A Assembléa Nacional, por lei especial, votada por dois terços pelo menos dos deputados e sómente reformavel por este numero, poderá estabelecer os casos de destituição de cargos electivos".

DE 277 ARTIGOS, O ANTE-PROJECTO FICOU REDUZIDO A 136

— Mas quantos eram afinal os artigos dos conglomerados?

— Eis os dois fasciculos de "conglomerados", como lhes chamava o ministro Mello Franco. Ao todo 277 artigos. Ficaram reduzidos a 136. E' que varios delles foram transformados em paragraphos; e muitos eliminados por contraditorios, superfluos ou repetidos.

— E houve modificações?

— Houve. As que suggeri ao articular e redigir o esboço que organizei e que a sub-commissão approvou, depois de préviamente das mesmas tomar conhecimento.

O DESTINO DE TODO TRABALHO COLLECTIVO

— Então está de accordo com todas as medidas do anteprojecto?

— Não. Ha varios dispositivos contra os quaes votei, ficando vencido na sub-commissão. Mas assígnei o projecto sem restricções, porque o aceito em globo. Se o projecto fosse pessoalmente meu, teria varias medidas que elle não tem e não teria outras que elle tem. Mas, não ha, nem houve nunca, nem haverá jamais uma Constituição, que em todos os seus artigos tenha o apoio de todos os seus subscriptores. Este o destino de todo trabalho collectivo. Além disto, uma Constituição é um instrumento de governo, e por isto mesmo, inevitavelmente, uma obra de equilibrio e transacção. Ponto é que no substancial, na maioria das medidas adoptadas, nas grandes linhas mestras da organização politica os autores do projecto estejam de accordo. No mais é transigir, cedendo cada qual á opinião alheia, para que se possa chegar a um resultado definitivo. E' que uma Constituição não é a exposição systematica de uma doutrina, mas uma construcção politico-juridica, destinada a servir aos interesses de um povo e ás aspirações de uma nação.

AS LINHAS MESTRAS DO ANTE-PROJECTO

— E quaes são, no seu conceito, essas linhas mestras, ou esses pontos essenciaes do projecto?

— O regime democratico, porque detesto "as dictaduras de todo o genero". Só concebo a dictadura como um governo transitorio da força ao serviço da intelligencia, do enthusiasmo, da dedicação e do espirito de sacrificio, emquanto se varrem do campo os destroços do edificio arrazado e se levanta a nova construcção politica do Estado. O que é essencial no projecto é tambem o seu espirito liberal, mais amplo do que o da Constituição de 91, porque nelle são asseguradas, em tempos normaes e em estado de sitio, aos individuos e aos funccionarios, todas as garantias que aquella lhes outorgava e muitas outras de que naquella época não se havia cogitado.

O que é essencial, é a tendencia humana, social, ou, se quizerem, socialista do projecto, que attende, nas proporções do nosso meio, ás reivindicações e aspirações das classes pobres; que arma o Estado com o poder de collocar no mesmo pé de egualdade o capital e o trabalho, intervindo, por isto mesmo nas relações; que reconhece e acata a propriedade, mas proclama antes de tudo a sua funcção social e lhe prescreve deveres; que abandona o velho e degradante conceito romano, e colloca o trabalho productivo acima da propriedade inerte e parasitaria.

O que é essencial — repito — são os novos freios e contra-pesos criados para reduzir os abusos do poder executivo, impossibilitando-o de transformar o presidencialismo em dictaduras. São as regras financeiras que o limitam e contrasteam, assim como á Assembléa, no emprego dos dinheiros publicos.

E' o Conselho Supremo, como orgão controlador do Executivo, o consultor technico da administração, cuja continuidade mantém, ao mesmo tempo que defende os interesses e a egualdade dos Estados, em substituição ao Senado decrepito e superfluo.

E' a autonomia dos Estados com as restricções do que ella tinha de excessivo e condemnavel. A abolição de impostos inter-estaduaes e inter-municipaes, permittida a intervenção quando violado este preceito. E' a impossibilidade de tributar a exportação além de 5 % *ad-valorem*, e a declaração de que este imposto e o de importação só poderão incidir sobre mercadorias vindas de paiz estrangeiro, ou a elle destinada.

E' a segurança das fronteiras pela criação de novos territorios, constituidos pelas regiões deshabitadas dos Estados fronteiriços.

E' a superintendencia pela União do ensino em todos os seus gráos e da saude publica, facultada aos Estados a legislação complementar. E' a obrigação de parte de todos os impostos e da totalidade de alguns seres applicados exclusivamente nestes serviços.

E' o voto secreto e o systema proporcional, varrida, assim, a incoherencia de combinar este com o majoritario.

E', finalmente, a unidade do processo e a quasi unidade da magistratura, asseguradas, porém, aos juizes de nomeação estadual, todas as garantias, e reconhecida, por dispositivo expresso, ao Supremo Tribunal, a sua funcção oracular em nosso regime — termina o sr. João Mangabeira.

ANTE-PROJETO
DE
CONSTITUIÇÃO
ELABORADO PELA COMISSÃO NOMEADA
PELO CHEFE DO GOVÊRNO PROVISORIO

"Nós, os representantes do Povo Brasileiro, reunidos em Assembléia Nacional Constituinte, para o fim de estabelecer um regime democratico, destinado a garantir a liberdade, assegurar a Justiça, engrandecer a Nação e preservar a paz, decretamos e promulgamos a seguinte Constituição da República dos Estados Unidos do Brasil:

TITULO I

Da organização federal

Disposições preliminares

Art. 1º. A Nação Brasileira mantém como forma de govêrno, sob o regime representativo, a República Federativa, proclamada a 15 de novembro de 1889, e constituida pela união perpetua e indissoluvel dos Estados, do Distrito Federal e dos Territorios.

Art. 2º. O território nacional, irreductivel em seus limites, é o que atualmente lhe pertence e resulta de posse historica, leis, tratados, convenções internacionais e laudos de arbitramento, salvos os direitos que tenha ou possa vir a ter sobre qualquer outro.

Art. 3º. As unidades federativas atuais são os Estados, que continuarão a existir com os mesmos nomes.

Art. 4º. São declarados legais, para todos os efeitos, os limites de direito, ou de fato, ora vigentes entre os Estados, extintas, desde logo, todas as questões a tal respeito.

Parágrafo unico. O Poder Executivo decretará as providências necessarias para o reconhecimento, a descrição e a demarcação desses limites.

Art. 5º. Os Estados podem incorporar-se entre si, subdividir-se ou desmembrar-se para se anexarem a outros ou formarem novos Estados, mediante aquiescência das respectivas Assembléias Legislativas, em duas sessões ordinarias sucessivas e aprovação da Assembléia Nacional.

Art. 6º. A bandeira, o hino, o escudo e as armas nacionais são de uso obrigatório nos Estados, sendo-lhes vedado ter simbolos ou hinos proprios.

Art. 7º. Somente a União poderá ter correios, telegrafos, alfândegas, moeda e bancos de emissão.

Art. 8º. A União poderá estabelecer, por lei, titulos oficiais uniformes para os orgãos e funcionários federais, estaduais e municipais.

Art. 9º. As leis da União, os atos e as decisões das suas autoridades serão executados, em todo o país, por funcionarios federais, podendo aos dos Estados ser todavia, em casos especiais confiada a execução.

Art. 10 Consideram-se integradas na legislação brasileira as normas de Direito Internacional universalmente aceitas.

Art. 11. Os poderes Legislativos, Executivo e Judiciário são limitados, e, entre si, harmonicos e independentes.

Art. 12. Incumbe a cada Estado prover, a expensas proprias, ás necessidades de seu govêrno e administração.

Parágrafo unico. O Estado que, por insuficiência de renda, não provêr, de maneira efetiva, a tais necessidades, poderá, para este fim, receber da União suprimento financeiro. Em tal caso poderá ela intervir na administração estadual, fiscalizando ou avocando o serviço a que o auxilio se destinar, ou suspendendo a autonomia do Estado.

Art. 13. A União só intervirá em negocios peculiares aos Estados, nos seguintes casos: a) para repelir invasão estrangeira, ou de um Estado em outro; b) para manter a integridade nacional; c) para fazer respeitar os principios constitucionais enumerados no art. 81; d) para garantir o livre exercicio de qualquer dos poderes públicos estaduais, por solicitação dos seus legítimos representantes, e para, independente disso, pôr termo á guerra civil, respeitada a existencia das autoridades do Estado; e) para tornar efetiva a aplicação minima de 10% dos impostos estaduais e municipais no serviço de instrução primaria e 10% no da saúde pública; f) para reorganizar as finanças do Estado, cuja incapacidade para a vida autónoma se demonstre pela cessação de pagamentos de sua dívida fundada, por mais de dois anos; g) para impedir a violação dos preceitos estatuidos no art. 17; h) para dar cumprimento ás leis federais; i) para assegurar a execução das decisões e ordens da Justiça e o pagamento dos vencimentos de qualquer Juiz, em atraso por mais de tres meses de um exercicio financeiro.

§ 1º. Compete privativamente á Assembléia Nacional, nos casos das letras c e f, decretar a intervenção.

§ 2º. Compete ao Presidente da República: a) executar a intervenção decretada pela Assembléia ou requisitada pelo Supremo Tribunal ou o Superior Tribunal Eleitoral; b) e intervir quando qualquer dos poderes públicos estaduais o solicitar, e, independentemente de provocação, nos outros casos deste artigo.

§ 3º. Compete privativamente ao Supremo Tribunal, nos casos da letra i, requisitar a intervenção ao Presidente da Republica. A mesma competência cabe ao Tribunal Superior para fazer cumprir as decisões da justiça eleitoral.

§ 4º. E' vedado ao Presidente da República, quando a iniciativa da intervenção lhe competir, efetual-a sem prévia aquiescência do Conselho Supremo.

EM TORNO DA CONSTITUIÇÃO

Art. 14. E' da competência exclusiva da União decretar:

1º, impostos de consumo, de importação, de exportação, bem como o global de renda, e o de entrada, saída e estadia de navios e aeronaves, sendo livre o comércio de cabotagem ás mercadorias nacionais, e ás estrangeiras quites com a alfândega;

2º, taxas de telégrafo, correio e sêlo, salvo a restrição do art. 15, n. 2.

§ 1º. Os impostos de importação e exportação apenas poderão incidir sobre mercadoria vinda de país estrangeiro ou a ele destinada. O imposto de exportação não poderá exceder de 5 % ad valorem.

§ 2º. Os impostos federais serão uniformes para todos os Estados, salvo o caso previsto no art. 33, n. 20.

Art. 15. E' da competência exclusiva dos Estados decretar:

1º, impostos de transmissão de propriedade inter-vivos e causa mortis, de indústria e profissões, bem como o cedular de renda e o territorial;

2º, taxa de sêlo, quanto aos atos emanados dos seus governos e negocios da sua economia.

Parágrafo unico. Mediante acôrdo com os Estados, poderá a arrecadação de todos ou de qualquer dos seus tributos ser feita pela União, nos termos que a lei federal determinar.

Art. 16. E' vedado aos Estados tributar bens e rendas federais, ou serviços a cargo da União, e reciprocamente.

Art. 17. São vedados os impostos interestaduais e os inter-municipais. E' proíbido criar imposto de transito, barreira tributaria ou qualquer obstaculo que, no territorio dos Estados e no dos Municipios, ou na passagem de um para outro, embarace a livre circulação dos produtos nacionais, ou estrangeiros quites com a alfândega, bem como dos veículos que os transportarem.

Art. 18. Além das fontes de receita aqui discriminadas, é licito á União, como aos Estados, criar outras quaisquer, não contravindo o disposto nos artigos anteriores.

§ 1º. O Conselho Supremo, de cinco em cinco anos, depois de ouvidos o Ministro da Fazenda e os Presidentes dos Estados, elaborará, para ser apresentado á Assembléia Nacional, um projeto de lei, que harmonize os interesses econômicos e tributarios federais e estaduais, coordenando-os e evitando de qualquer modo, mesmo sob denominações diversas, a dupla tributação.

§ 2º. O imposto de renda poderá incidir sôbre os juros de qualquer titulo de dívida pública, seja qual fôr a época de sua emissão.

Art. 19. Pertencem ao dominio exclusivo da União: a) os bens de sua propriedade pela legislação atual, exceto as margens dos rios e lagos navegaveis; b) as terras devolutas nos Territorios; c) as ilhas do oceano e as fluviais das zonas fronteiriças; d) as riquezas do sub-solo e as quedas dagua, se estas ou aquelas ainda inexploradas; e) as aguas dos rios e lagos navegaveis. Pertencem ao dominio exclusivo dos Estados:

a) os bens da sua propriedade pela legislação atual, com as restrições deste artigo; *b*) as margens dos rios e lagos navegaveis, ressalvado á União o direito de legislar sobre elas e as terras devolutas, quando conveniente aos interesses nacionais.

Secção I

CAPITULO I

DO PODER LEGISLATIVO

Disposições gerais

Art. 20. O Poder Legislativo será exercido pela Assembléia Nacional, com a sanção do Presidente da República.

Art. 21. Independente de convocação, a Assembléia Nacional reunir-se-á na Capital da União, a 3 de maio de cada ano, salvo se a lei designar outro dia; e funcionará durante seis meses, podendo ser extraordinariamente convocada pelo seu Presidente, pela maioria dos Deputados, pela Comissão Permanente, pelo Conselho Supremo, ou pelo Presidente da República.

Art. 22. A Assembléia Nacional compôr-se-á de Deputados do povo brasileiro, eleitos por quatro anos, mediante sistema proporcional e sufragio direto, igual e secreto, dos maiores de 18 anos, alistados na fórma da lei.

§ 1º. O número dos Deputados será proporcional á população de cada Estado, não podendo todavia nenhum eleger mais de 20 e menos de quatro representantes. O quociente será calculado, dividindo-se por 20 o número de habitantes do Estado mais populoso.

§ 2º. A Assembléia poderá decenalmente alterar o número de representantes de cada Estado, tendo em vista o aumento da população, mas obedecendo ás prescrições do parágrafo anterior.

§ 3º. O Território do Acre elegerá dois representantes. A lei providenciará quando oportuno, sôbre os outros Territórios.

§ 4º. São condições para eleição de Deputado: ser brasileiro nato; estar no exercicio dos direitos politicos; ter mais de 25 anos.

Art. 23. E' incompativel com o cargo de Deputado:

1º, ter contratos com o Poder Executivo, da União dos Estados, do Distrito Federal, dos Territórios ou dos Municipios, ou dele receber comissão ou emprêgo remunerado, salvo missão diplomatica de carater transitório e mediante prévia licença da Assembléia;

2º, ser diretor de sociedade ou empresa que goze dos seguintes favores, da União, dos Estados, do Distrito Federal, dos Territórios ou dos Municipios: *a*) garantia de juros ou quaisquer subvenções; *b*) privilegio de qualquer natureza; *c*) isenção ou redução de impostos ou taxas; *d*) contratos de tarifas, ou concessões de terras;

3º, exercer qualquer função pública durante a legislatura, salvo as exceções do n. 1 deste artigo e do § 4º do art. 27 ou não se exonerar de cargo demissivel *ad-nutum*.

Parágrafo unico. A infração de qualquer das proíbições acima enumeradas importará na perda do cargo, decretada pela Assembléia, mediante parecer do seu Presidente, que o deverá dar *ex-officio*, ou provocado por qualquer Deputado ou cidadão. Neste caso, o parecer será dado dentro de oito dias após a reclamação. Se o Presidente não se pronunciar, dentro do prazo, perderá a presidencia, para a qual não poderá ser reeleito, e a Assembléia deliberará independente de parecer.

Art. 24. Os Deputados perceberão uma ajuda de custo anual e um subsidio mensal fixados na legislatura anterior, descontadas as faltas que excederem de cinco.

Parágrafo unico. O funcionario civil ou militar, que tomar posse do lugar de Deputado, não perceberá dos cofres públicos, durante a legislatura, outro vencimento além do subsidio, nem contará tempo, nem terá acesso, promoção, ou outro qualquer proveito, do cargo que ocupava; e, passados seis anos fóra do seu exercicio, será aposentado ou reformado, com as vantagens que teria por lei, quando se investiu na função legislativa.

Art. 25. Em caso de vaga, sucederá ao Deputado que lhe deu origem, o candidato não eleito e a ele imediato em votos na mesma chapa eleitoral. Se não houver suplente, nem fôr o último ano da legislatura, mandar-se-á proceder a nova eleição.

Parágrafo unico. A ausência do Deputado ás sessões por mais de seis meses consecutivos importa em renúncia do cargo, e o Presidente da Assembléia declarará incontinenti aberta a vaga e providenciará sôbre o seu preenchimento.

Art. 26. No exercicio do cargo, os Deputados serão inviolaveis por suas opiniões, palavras e votos.

§ 1º. A inviolabilidade não se estenderá ás palavras que o Deputado proferir, ainda mesmo em sessão da Assembléia, desde que se não relacionem ao exercicio do cargo.

§ 2.º A inviolabilidade estender-se-á, porém, a tudo quanto o Deputado disser ou publicar fóra da Assembléia, ou do seu órgão oficial, mas a serviço da mesma, ou no exercicio do cargo.

Art. 27. Desde que tiverem recebido diploma, os Deputados não poderão ser presos nem processados criminalmente sem prévia licença da Assembléia, salvo flagrância em crime inafiançavel. Neste caso, encerrada a formação da culpa, o processo será, sem perda de tempo, remetido ao Presidente da Assembléia, cabendo a esta resolver definitivamente sobre o merecimento das provas e a procedência da acusação, bem como se ao interesse nacional convem a libertação temporária do Deputado para o exercicio do seu cargo.

§ 1º. O Deputado, prêso em flagrante, poderá optar pelo julgamento, independente de audiência da Assembléia, sem prejuizo de outros acusados, de prisão mais antiga.

§ 2º. No intervalo das sessões, a Comissão Permanente exercerá as funções conferidas neste artigo á Assembléia.

§ 3º. A imunidade, salvo flagrância em crime inafiançavel, protegerá o Deputado contra qualquer prisão, civil ou militar; estender-se-á a quaisquer infrações anteriores á eleição, e o exonerará de depôr como testemunha, ou de ser interrogado, sôbre assunto de qualquer modo concernente ao exercicio do seu cargo.

§ 4º. Em tempo de guerra, os Deputados pertencentes ás forças armadas, bem como os Deputados civis que se lhes incorporarem, ficarão sujeitos ás leis e obrigações militares.

Art. 28. O Deputado, cujo procedimento se tornar incompativel com a ordem ou o decôro da Assembléia, ficará sujeito á suspensão ou perda do cargo, proposta pelo Presidente e aprovada por tres quartos dos membros presentes. Em caso nenhum a opinião doutrinaria do Deputado poderá determinar a imposição de qualquer dessas penas.

Art. 29. A Assembléia elegerá uma Comissão Permanente de 15 membros, que a representará no intervalo das sessões e terá as atribuições que a lei e o regimento lhe conferirem. O Presidente desta Comissão será o da Assembléia.

§ 1º. A Assembléia poderá criar comissões de inquerito; e fal-o-á sempre que o requerer um quarto dos seus membros.

§ 2º. Aplicar-se-ão a esses inquéritos as regras do processo penal. As autoridades judiciarias e administrativas procederão ás diligencias que essas comissões solicitarem e lhes fornecerão os documentos oficiais que reclamarem.

§ 3º. Todas as Comissões da Assembléia serão eleitas por voto secreto e sistema proporcional.

Art. 30. A Assembléia poderá funcionar desde que estejam presentes 10 Deputados; e não funcionará quando a presença não atingir a este número. As deliberações, porém, salvo os casos especificados nesta Constituïção, serão tomadas por maioria de votos, presente, pelo menos, metade e mais um dos membros da Assembléia.

Art. 31. A Assembléia, desde que o requeira um quarto de seus membros, ou uma de suas comissões, convidará o Ministro mencionado no requerimento a comparecer perante ela, afim de lhe dar sobre assuntos ministeriais, em dia e hora designados no convite, as explicações nele pedidas.

§ 1º. A falta de comparencia do Ministro, sem a devida escusa, importa em crime de responsabilidade.

§ 2º. Qualquer Ministro poderá pedir á Assembléia, ou ás suas comissões, designação de dia e hora, afim de solicitar providencias legislativas necessárias ao seu ministerio, ou dar esclarecimentos sôbre assuntos a ele referentes.

EM TORNO DA CONSTITUIÇÃO

CAPITULO II

DAS ATRIBUIÇÕES DA ASSEMBLÉIA NACIONAL

Art. 32. E' da competencia exclusiva da Assembléia Nacional:
a) organizar seu regimento interno e eleger sua Mesa e suas Comissões; *b)* adiar e prorrogar as sessões; *c)* fixar a ajuda de custo e o subsidio de seus membros, bem como o do Presidente da República; *d)* regular o serviço de policia interna; *e)* nomear, licenciar e demitir os empregados de sua secretaria, respeitados os principios estabelecidos nesta Constituïção; *f)* decretar a intervenção nos Estados, nos casos das letras *c* e *f* do art. 13; *g)* tomar as contas de receita e despesa de cada exercicio financeiro; *h)* resolver definitivamente sobre os tratados e convenções com as nações estrangeiras; *i)* autorizar o Presidente da República a decretar a mobilização e a desmobilização; a permitir a passagem de forças estrangeiras pelo territorio nacional; a declarar guerra, se não couber ou se malograr o arbitramento, e a fazer a paz *ad referendum* da Assembléia; *j)* comutar e perdoar as penas impostas por crime de responsabilidade; *k)* aprovar ou rejeitar as nomeações que dependam do seu voto; *l)* declarar em estado de sitio um ou mais pontos de territorio nacional e aprovar ou suspender o sitio decretado, em sua ausência, pelo Presidente da República; *m)* dar ou negar assentimento aos emprestimos externos dos Estados ou Municipios; *n)* conceder anistia; *o)* aprovar ou rejeitar as deliberações das Assembléias Legislativas, concernentes a incorporação, subdivisão, ou desmembramento de Estados.

Art. 33. Observadas as prescrições do art. 35, compete privativamente á Assembléia legislar sobre:

1º, a receita e a despesa, anualmente, orçando a primeira e fixando a segunda, prorrogado o orçamento vigente quando, até 31 de dezembro, o vindouro não estiver sancionado;

2º, operações de crédito a serem feitas pelo Poder Executivo;

3º, a dívida pública e os meios de seu pagamento;

4º, a arrecadação e a distribuição das rendas federais;

5º, o comércio exterior e interior, podendo estabelecer ou autorizar as limitações exigidas pelo bem público; o alfandegamento de portos; criação ou supressão de entrepostos;

6º, navegação de cabotagem e dos rios e lagos do país, podendo permitir a liberdade da primeira se assim o exigir o interesse público; portos; viação ferrea, rodoviaria, aérea e respectivas organizações de terra; comunicações postais, telefônicas, telegráficas, radio-telegráficas ou radio-telefônicas ou outras quaisquer; circulação de automoveis;

7º, o sistema monetario e regime de bancos, bolsas, e peso e medidas;

8º, o sistema eleitoral;

9º, direito civil, comercial, criminal, processual, penitenciario e organização judiciaria;

10, naturalização, imigração, passaportes e expulsão de es**t**angeiros;

11, o trabalho, o capital e a produção, podendo estabelecer ou autorizar as restrições que o bem público exigir;

12, licenças, aposentadorias e reformas, não as podendo conceder nem alterar por leis especiais;

13, as medidas necessarias a facilitar entre os Estados a repressão do crime;

14, as medidas necessarias ao exercício dos poderes da União e á execução completa desta Constituïção;

15, todos os assuntos concernentes á defesa nacional e á segurança interna da Nação e de suas instituições, fixando periodicamente, em leis especiais, as organizações e os efetivos do tempo de paz e os contingentes a serem fornecidos pelas unidades da Federação; indústria e comércio de material de guerra de qualquer natureza e sua aplicação; requisições militares;

16, o regime especial a que devam ser submetidos os trechos do território brasileiro necessarios á defesa nacional, inclusive a ocupação ou utilização transitória ou permanente dos mesmos;

17, o plano e as normas essenciais ao regime sanitario e ao da educação, bem como os meios de inspecionamento de tais serviços, cabendo aos Estados a legislação complementar; a criação de institutos federais de educação, de qualquer natureza, em todo o país;

18, empregos públicos federais, e criação, supressão e vencimentos dos cargos das secretarias da Assembléia Nacional, do Conselho Supremo, dos Tribunais Judiciarios e dos Eleitorais, bem como do Tribunal de Contas e do Tribunal Militar;

19, pesca nas aguas da União e florestas;

20, modificações á uniformidade dos impostos federais, mediante proposta do Conselho Supremo, e para atender ás condições peculiares de certos Estados, quando o exigirem os interesses gerais de suas populações; subsidios aos Estados, no caso do art. 12; elevação de Território a Estado.

21, organização municipal do Distrito Federal e serviços nele reservados á União.

CAPITULO III

DAS LEIS

Art. 34. A iniciativa das leis pertence: *a*) á Assembléia Nacional, por qualquer de seus membros ou de suas Comissões; *b*) ao Presidente da República; *c*) ao Conselho Supremo; *d*) ás Assembléias Legislativas dos Estados; *e*) ás associações culturais e ás profissionais devidamente reconhecidas.

EM TORNO DA CONSTITUIÇÃO

Parágrafo unico. A' Assembléia ou ao Presidente da República cabe, privativamente, a iniciativa das leis de orçamento, emprestimos, impostos, ou das relativas ao comércio exterior e á defesa nacional.

Art. 35. O projeto de lei aprovado pela Assembléia Nacional será enviado ao Presidente da República, que, aquiescendo, o sancionará.

§ 1º, Se, porém, o julgar, no todo ou em parte, inconstitucional ou contrário aos interesses nacionais, vetá-lo-á, total ou parcialmente dentro de 20 dias uteis, a contar daquele em que o recebeu, devolvendo-o, nesse prazo, á Assembléia, com os motivos do veto. O silencio presidencial, durante o vintidio, importa na sanção; e, no caso de ser esta negada na ausência da Assembléia, o Presidente dará publicidade ás razões do veto.

§ 2º. Devolvido o projeto á Assembléia, aí se sujeitará a uma só discussão e a votação nominal, considerando-se aprovado se obtiver o voto da maioria absoluta dos Deputados. Neste caso, será remetido como lei ao Presidente da República, para a formalidade da promulgação.

§ 3º. Prevalecerá definitivamente o veto não rejeitado pela Assembléia no semestre seguinte da sessão ordinaria.

§ 4º. A sanção e a promulgação efetuam-se por estas fórmulas:

1ª. "A Assembléia Nacional decreta e eu sanciono a seguinte lei";

2ª. "A Assembléia Nacional decreta e eu promulgo a seguinte lei".

§ 5º. No caso do § 2º, se, dentro de 48 horas, o Presidente da República não promulgar a lei, o da Assembléia, ou seu Vice-Presidente em exercicio, a promulgará, mediante a fórmula seguinte: "F........., Presidente (ou Vice-Presidente) da Assembléia Nacional, faço saber aos que a presente virem que esta Assembléia decreta e promulga a seguinte lei".

§ 6º. Os projetos vetados não poderão ser renovados na mesma sessão legislativa,

Secção II

Do Poder Executivo

CAPITULO I

DO PRESIDENTE DA REPÚBLICA

Art. 36. O Poder Executivo será exercido pelo Presidente da República.

Art. 37. O Presidente será eleito por um quadriênio e não poderá ser reeleito senão seis anos depois de terminado o seu periodo presidencial.

§ 1º. A eleição presidencial far-se-á por escrutinio secreto e maioria de votos da Assembléia Nacional, presente a maioria absoluta de seus membros, 30 dias antes de terminado o quadriênio, ou 30 dias depois de aberta a vaga.

§ 2º. São condições para eleição de Presidente da República: ser brasileiro nato; estar no exercicio dos direitos politicos; ter mais de 35 anos.

§ 3º. Não poderá ser eleito Presidente da República o cidadão que exercer a sua atividade politica, ou qualquer outra, no mesmo Estado em que a exercia o Presidente que estiver no poder, ou desse Estado seja filho, ou ali resida ou tenha domicilio legal.

§ 4º. Em caso de empate, será considerado eleito o mais velho.

§ 5º. Decorridos 60 dias, se o Presidente não puder, por qualquer motivo, assumir o cargo, proceder-se-á a nova eleição, para a qual será inelegivel.

§ 6º. Em caso de vaga, o sucessor será eleito para completar o quadriênio, salvo se ela ocorrer no último ano da legislatura. Neste caso, a Presidencia será exercida, até o fim do quadriênio, de acôrdo com o parágrafo seguinte.

§ 7º. No impedimento ou na falta do Presidente, serão chamados sucessivamente a exercer a Presidencia, o Presidente da Assembléa Nacional e o do Supremo Tribunal.

§ 8º. Os substitutos eventuais do Presidente não poderão ser eleitos para o preenchimento da vaga, ainda quando se exonerem dos cargos que ocupavam.

Art. 38. Ao empossar-se no cargo, o Presidente pronunciará, em sessão da Assembléa Nacional e, se ela não estiver reunida, ante o Supremo Tribunal, esta afirmação:

"Prometo manter e cumprir com perfeita lealdade a Constituïção Federal, promover o bem geral da República, observar as suas leis, sustentar-lhe a união, a integridade e a independencia".

Art. 39. O Presidente perceberá o subsidio fixado pela Assembléia, no periodo presidencial antecedente.

Art. 40. O Presidente, sob pena de perder o cargo, não poderá sair do territorio nacional sem permissão da Assembléia, ou da Comissão Permanente, se aquela não estiver funcionando.

CAPITULO II

DAS ATRIBUIÇÕES DO PRESIDENTE DA REPÚBLICA

Art. 41. Compete privativamente ao Presidente da República:

1º, sancionar, promulgar e fazer publicar as leis da Assembléia Nacional;

2º, expedir decretos, instruções e regulamentos para a fiel execução das leis, ouvido previamente o Conselho Supremo;

3º, nomear, dependente de aprovação do Conselho Supremo, os Ministros de Estado e o Prefeito do Distrito Federal, e demiti-los livremente;

EM TORNO DA CONSTITUIÇÃO 303

4º, perdoar e comutar as penas impostas por quaisquer crimes, salvo os de responsabilidade;

5º, dar conta anualmente da situação do país á Assembléia Nacional, indicando-lhe, no dia da sua abertura, as providências e reformas que lhe parecerem neçessárias;

6º, manter as relações com os Estados estrangeiros;

7º, celebrar convenções e tratados internacionais, sempre *ad referendum* da Assembléia Nacional, e aprovar os que os Estados celebrarem, na conformidade desta Constituição;

8º, decretar, depois de autorizado pela Assembléia Nacional, a mobilização e a desmobilização;

9º, declarar a guerra, depois de autorizado pela Assembléia Nacional, ou, se esta não estiver funcionando, decretar imediatamente o estado de guerra, em caso de invasão estrangeira;

10, fazer a paz, *ad referendum* da Assembléia Nacional;

11, permitir, mediante autorização da Assembléia Nacional, a passagem de fôrças estrangeiras pelo território brasileiro;

12, intervir nos Estados e neles executar a intervenção, nos termos do § 2º. do art. 13;

13, decretar o estado de sítio, na ausência da Assembléia, de acôrdo com o § 1º. do art. 131.

14, prover os cargos federais, salvo as restrições expressas nesta Constituição, dependendo, todavia, da aprovação da Assembléia Nacional, as nomeações dos Ministros do Supremo Tribunal e dos Tribunais de Reclamações e de Contas, bem como as dos Chefes efetivos das Missões Diplomaticas.

CAPITULO III

DA RESPONSABILIDADE DO PRESIDENTE

Art. 42. Depois que a Assembléia Nacional declarar procedente a acusação, o Presidente da República ficará suspenso das funções e será processado e julgado, nos crimes comuns, pelo Supremo Tribunal e nos de responsabilidade pelo Tribunal Especial, composto de nove juizes, presididos pelo Presidente do Supremo Tribunal. Deles, tres serão eleitos pelo Supremo Tribunal, dentre os seus membros, um mês antes de se iniciar o quadriênio presidencial; e, nas mesmas condições, tres pelo Conselho Supremo e tres pela Assembléia Nacional.

Parágrafo unico. O Tribunal Especial só poderá aplicar penas de perda do cargo e inhabilitação, até o maximo de cinco anos, para exercer qualquer função pública, sem prejuizo da ação criminal e civil contra o condenado.

Art. 43. São crimes de responsabilidade os atos do Presidente da República que atentarem contra: *a*) a existência da União; *b*) a Constituïção ou a forma de Govêrno Federal; *c*) o livre exercício dos poderes politicos; *d*) o gôzo ou o exercício legal dos direitos politicos sociais ou individuais; e) a segurança interna do país; f) a probidade da administração; g) a guarda ou emprêgo dos dinheiros publicos; h) as leis orçamentarias do país, quanto aos atos que tiverem a sua assinatura e aos praticados por ordem sua, dada por escrito, aos Ministros de Estado; i) contra a liberdade de imprensa devidamente regulada em lei.

CAPITULO IV

DOS MINISTROS DE ESTADO

Art. 44 O Presidente da República será auxiliado pelos Ministros de Estado, presidindo cada qual a um dos Ministérios em que se dividir a administração federal.

Parágrafo único. São condições para nomeação de Ministro: ser brasileiro nato; estar no exercicio dos direitos politicos; ter mais de 25 anos.

Art. 45. A lei fixará as atribuições dos Ministros. Caber-lhes-á, sempre, todavia, referendar os atos do Presidente da República, nomear os funcionários subalternos e os contratados dos respectivos Ministérios, apresentar ao Presidente da República relatórios anuais, distribuidos por todos os membros da Assembléia, e a ela prestar, anualmente, contas da execução orçamentária. Ao Ministro da Fazenda competirá organizar a proposta do Orçamento.

Art. 46. São crimes de responsabilidade os atos ministeriais atentatórios das disposições orçamentárias, respondendo cada Ministro pelas despesas de sua pasta, e o da Fazenda, além disto, pela arrecadação da receita.

Parágrafo único. A lei definirá os crimes de responsabilidade quanto aos outros atos de competencia dos Ministros e lhes regulará o processo e julgamento pelo Tribunal Especial.

Secção III

Do Poder Judiciário

Art. 47. O Poder Judiciario será exercido por tribunais e juizes distribuidos pelo país; e o seu orgão supremo terá por missão principal manter, pela jurisprudencia, a unidade do direito, e interpretar conclusivamente a Constituïção em todo o território brasileiro.

Art. 48. São órgãos do Poder Judiciario: a) o Supremo Tribunal, na Capital da União; b) o Tribunal de Reclamações, na Capital da União; c) os Tribunais da Relação, nas Capitais dos Estados e nas dos Territorios, e no Distrito Federal; d) os Juizes de Direito, nas sedes de

EM TORNO DA CONSTITUIÇÃO 305

comarcas e no Distrito Federal; *e*) os Juizes de Termo, nas respectivas
sédes; *f*) os Juizes e Tribunais que a lei ordinária criar.

Art. 49. A justiça reger-se-á por uma lei organica, votada pela Assembléia Nacional.

§ 1.º — Caberá, porém, aos Estados fazer sua divisão judiciária e
nomear os juizes que neles tiverem exclusivamente jurisdição, observadas as seguintes prescrições: *a*) concurso para a investidura nos primeiros gráus, sendo a nomeação feita pelo Presidente do Estado, mediante proposta do Tribunal da Relação, enviada em lista tríplice, salvo
se os candidatos aprovados forem menos de tres; *b*) acesso, na proporção de dois terços por antiguidade e um terço por merecimento,
precedendo neste caso, lista tríplice enviada pelo Tribunal da Relação
ao Presidente do Estado; *c*) remoção, exclusivamente a pedido, ou
por determinação do Tribunal da Relação, quando, neste caso, assim
exigir o serviço público, ou por acesso, se o Juiz o aceitar; *d*) inalterabilidade da divisão judiciaria antes de cinco anos contados da
última lei, salvo motivo imperioso, verificado mediante proposta do
Tribunal da Relação, aprovada por dois terços da Assembléia Legislativa; *e*) composição do Tribunal da Relação, na proporção de dois
terços dos Desembargadores escolhidos entre os Juizes de Direito,
sendo um terço por antiguidade e outro por merecimento, mediante
lista tríplice, enviada em cada caso pelo Tribunal ao Presidente do
Estado, e o terço restante composto de juristas de notorio saber e reputação ilibada, mediante lista triplice, enviada em cada caso pelo
Tribunal ao Presidente do Estado, podendo ser nela tambem incluido
um Juiz; *f*) fixação, por lei federal, do vencimento minimo que, em
cada Estado e de acordo com as suas condições peculiares, perceberão
os Desembargadores e Juizes.

§ 2.º — Quando o Tribunal da Relação, por tres quartos pelo menos de seus membros, resolver que o Juiz mais antigo não deva ser
promovido, indicará o imediato em antiguidade e aquele será aposentado.

§ 3.º — A organização judiciária só poderá ser modificada por
lei especial da Assembléia, aprovada por dois terços dos Deputados
presentes.

Art. 50 Os juizes togados de todos os graus gozarão das seguintes garantias: *a*) vitaliciedade, não perdendo o cargo senão em virtude de sentença, exoneração a pedido, aposentadoria voluntária, ou
compulsória no caso do § 2.º do artigo anterior, ou aos 70 anos para
os Ministros do Supremo Tribunal e do Tribunal de Reclamações; aos
68 para os Desembargadores e membros dos outros Tribunais; aos 65
para os demais Juizes; *b*) inamovibilidade, salvo o caso da letra *c*
do artigo anterior; *c*) irredutibilidade de vencimentos sujeitos, todavia, aos impostos gerais.

Art. 51. A função judiciaria é absolutamente incompativel com outra qualquer de carater público. A violação dêste preceito importa para o magistrado na perda do cargo judicial.

Art. 52. E' da competência exclusiva dos Tribunais organizar seus regimentos internos e suas secretarias, propondo á Assembléia Nacional ou ás Legislativas, a criação ou supressão de empregos, respeitados, quanto á nomeação, licença e exoneração, os principios estabelecidos nesta Constituïção.

§ 1.º Competirá aos presidentes dos Tribunais nomear, licenciar e demitir os funcionarios de suas secretarias.

§ 2.º Os Tribunais elegerão seus presidentes e vice-presidentes pelo prazo de dois anos, vedada, porém, a reeleição; e poderão ser divididos em camaras.

Art. 53. O Supremo Tribunal compor-se-á de 11 Ministros, nomeados pelo Presidente da República dentre os brasileiros natos, de notavel saber juridico e reputação ilibada, maiores de 35 anos e no exercicio dos direitos politicos. Só depois de aprovada pela Assembléia Nacional, em sessão e votos secretos, a nomeação ficará definitiva.

§ 1.º O número de Ministros poderá ser aumentado até 15, por proposta do Supremo Tribunal, aprovada em lei ordinaria; todavia não será mais reduzido.

§ 2.º Os Ministros do Supremo Tribunal serão snbstitnidos, em seus impedimentos, pelos do Tribunal de Reclamações, na ordem de antiguidade; e estes, do mesmo modo, pelos Desembargadores do Distrito Federal. A lei de organização judiciária proverá ás outras substituições.

§ 3.º Nos crimes de responsabilidade, os Ministros do Supremo Tribunal, depois que a Assembléia declarar procedente a acusação, serão processados e julgados pelo Tribunal Especial e pelo mesmo processo estabelecido para o Presidente da República.

Art. 54. Compete, privativamente, ao Supremo Tribunal:

1.º, processar e julgar originariamente: a) o Presidente da República, os Conselheiros, os Ministros de Estado, os do Supremo Tribunal e o Procurador Geral, nos crimes comuns; b) os membros de todos os outros Tribunais superiores do país, inclusive o Eleitoral, o de Contas e o Militar, bem como os Embaixadores e os Ministros Diplomáticos, nos crimes comuns e nos de responsabilidade; c) as questões entre outras Nações e a União ou os Estados; d) as questões entre a União e os Estados, ou destes entre si; e) os conflitos entre os Tribunais, ou entre juizes com jurisdição em Estados diversos; f) os habeas-corpus ou mandados de segurança quando os coatores forem o Presidente da República, os Ministros de Estado ou qualquer Tribunal; g) as ações rescisorias de seus acórdãos; h) a extradição de criminosos e a homologação de sentenças estrangeiras.

2.º, julgar em gráu de recurso: a) as questões em que alguma das partes fundar a ação ou a defesa em dispositivo da Constituïção Federal; ou em tratados ou convenções internacionais, ou principio de direito internacional; *b*) as questões de direito maritimo e navegação; *c*) as questões relativas a minas, fôrça hidráulica, terras devolutas ou polícia de estrangeiros; *d*) as questões movidas por estrangeiros e fundadas em contrato com a União, ou qualquer entidade de direito público; *e*) as questões entre um Estado e habitantes de outro; ou entre Nação estrangeira e brasileiro; ou de espolio de estrangeiros, se a especie não estiver prevista de modo diverso em convenção ou tratado; *f*) as questões que versarem sobre a aplicabilidade de tratados ou leis federais, quando a decisão judicial de última instancia lhes fôr contrária; *g*) as questões sôbre vigencia ou validade de leis federais em face da Constituïção, quando a decisão judicial de última instancia lhes negar aplicação; *h*) as questões sobre validade de leis ou atos dos governos locais em face da Constituïção e das leis federais, quando a decisão judicial de última instancia julgar validos as leis ou os atos impugnados.

Parágrafo unico. Compete, ainda privativamente, ao Supremo Tribunal: *a*) rever a favor dos condenados os processos findos em materia criminal, nos casos e pela fórma que a lei determina. A revisão, que se estende aos processos da justiça militar, poderá ser requerida pelo sentenciado ou por qualquer pessoa, competindo ao Ministerio Público fazê-lo sempre que fôr o caso; *b*) decidir, firmando a unidade do direito, quando divergirem na interpretação da mesma lei federal dois ou mais tribunais, ou qualquer deles e o Supremo Tribunal. Este recurso poderá ser interposto por qualquer Tribunal, pelas partes ou pelo Ministerio Público; *c*) julgar os recursos interpostos das decisões de última instancia referentes a *habeas-corpus* ou mandados de segurança.

Art. 55. O Tribunal de Reclamações compor-se-á de nove Ministros, nomeados com os mesmos requisitos e pelo mesmo processo dos membros do Supremo Tribunal.

Parágrafo. único. Competirá ao Tribunal de Reclamações julgar em grau de recurso: *a*) as questões em que fôr parte a União, ou empresa, sociedade ou instituição, em cuja administração intervier, salvo as do n. 2 do art. 54; *b*) os crimes contra a administração federal ou a Fazenda da União. O recurso, nos casos de letra *a*, poderá tambem ser diretamente interposto de decisões administrativas, nos termos que a lei determinar.

Art. 56. A competência dos outros Tribunais e dos Juizes será fixada na lei de organização judiciaria, que poderá estabelecer alçadas.

§ 1.º Caberá, todavia, privativamente aos Tribunais da Relação o processo e julgamento dos Juizes inferior, nos crimes comuns e nos de responsabilidade.

§ 2.º Os Estados poderão manter ou criar a justiça de paz eletiva, cabendo á lei de organização judiciaria fixar-lhe a competencia.

Ar. 57. Não se poderá arguir de inconstitucional uma lei federal aplicada sem reclamação por mais de cinco anos.

§ 1.º O Supremo Tribunal não poderá declarar a inconstitucionalidade de uma lei federal, senão quando nesse sentido votarem pelo menos dois terços de seus Ministros.

§ 2.º Só o Supremo Tribunal poderá declarar definitivamente a inconstitucionalidade de uma lei federal ou de um ato do Presidente da República. Sempre que qualquer Tribunal ou juiz não aplicar uma lei federal, ou anular um ato do Presidente da Republica, por inconstitucionais, recorrerá *ex-officio*, e com efeito suspensivo, para o Supremo Tribunal.

§ 3.º Julgados inconstitucionais qualquer lei ou ato do Poder Executivo, caberá a todas as pessoas, que se acharem nas mesmas condições do litigante vitorioso, o remedio judiciário instituido para garantia de todo direito certo e incontestav̇̇

Art. 58. A lei não poderá ser interpretada ou aplicada contra o interesse coletivo.

Art. 59. Nenhum recurso judiciário é permitido contra a intervenção nos Estados, declaração de estado de sitio, eleição presidencial, verificação de poderes, reconhecimento, posse, e perda de cargos públicos eletivos, tomada de contas pela Assembléia e outros atos essencial e exclusivamente politicos, reservados por esta Constituïção ao arbitrio de outro poder.

Parágrafo único. Os juizes e Tribunais apreciarão os atos dos outros Poderes somente quanto á legalidade, excluidos os aspectos de oportunidade ou conveniência das medidas.

Art. 60. Nenhum Juiz poderá deixar de garantir o direito de alguem sob fundamento de não haver remedio processual para o caso. Se assim ocorrer, aplicará as regras de analogia ou equidade, resolvendo como se legislador fôsse.

Art. 61. Sob responsabilidade criminal e nulidade absoluta do ato, nenhum Juiz, por motivo algum, poderá funcionar em processo no qual seja diretamente interessado, ou que diga respeito á sociedade de que seja acionista, ou se refira a imposto que recaia sôbre titulo ou bem de qualquer natureza, identico a outros de que seja proprietario. Igualmente não poderá funcionar quando credor ou devedor de algumas das partes.

Parágrafo único. Até o segundo grau, o parente natural, civil ou afim do Juiz não poderá advogar perante êle ou Tribunal de que faça parte. O impedimento estende-se aos advogados socios do impedido.

Art. 62. O juri terá a organização e as atribuições que a lei ordinária lhe der. Será, porém, de sua competência o julgamento dos crimes de imprensa e dos politicos, exceto os eleitorais.

Art. 63. O Ministério Público será organizado, na União, por uma lei da Assembléia Nacional e, nos Estados, pelas respectivas Assembléias Legislativas.

§ 1.º O Ministério Público é o orgão da lei e da defesa social.

EM TORNO DA CONSTITUIÇÃO

§ 2.º O chefe do Ministério Público Federal é o Procurador Geral da República, podendo, porém, o Ministro da Justiça dar-lhe instruções e defender pessoalmente a União perante o Supremo Tribunal, quando conveniente, ou evocar o conhecimento de qualquer caso.

§ 3.º O Procurador Geral será nomeado pela mesma forma e com os mesmos requisitos dos Ministros do Supremo Tribunal e terá os mesmos vencimentos; só perderá o cargo por sentença, ou mediante decreto fundamentado do Presidente da República, aprovado por dois terços da Assembléia Nacional; e nos crimes de responsabilidade será processado e julgado pelo Tribunal Especial.

§ 4.º Os membros do Ministério Público Federal só perderão os cargos por sentença ou decreto fundamentado do Presidente da República, precedendo proposta do Procurador Geral e processo administrativo em que serão ouvidos.

§ 5.º Os membros do Ministério Público estadual, desde que sejam formados em direito, terão, asseguradas pelo Estado, garantias analogas ás que constam dos parágrafos anteriores.

Art. 64. E' assegurada aos pobres a gratuidade da justiça.

SECÇÃO IV

Da justiça eleitoral

Art. 65. Fica instituida a Justiça Eleitoral, tendo por órgãos: o Tribunal Superior, na Capital da União; um Tribunal Regional, na Capital de cada Estado, nas dos Territórios que a lei designar e no Distrito Federal; Juizes eleitorais nas comarcas e nos termos judiciários. A lei fixará o numero dos Juizes desses Tribunais, sendo o Superior presidido pelo Vice-Presidente do Supremo Tribunal e os Regionais pelos Vice-Presidentes dos Tribunais da Relação.

§ 1.º O Tribunal Superior, além do seu Presidente, compor-se-á de juizes efetivos e substitutos, escolhidos do modo seguinte: a) um terço sorteado dentre os Ministros do Supremo Tribunal; b) outro terço sorteado dentre os Desembargadores do Distrito Federal; c) o terço restante nomeado pelo Presidente da República, dentre os cidadãos de notavel saber juridico e reputação ilibada, domiciliados no Distrito Federal, e que não forem funcionarios públicos demissiveis ad nutum, nem administradores de sociedade ou empresa que tenha contrato com os poderes públicos ou isenção, favores ou privilegios.

§ 2.º Os Tribunais Regionais compor-se-ão por processo idêntico, sendo um têrço dentre os Desembargadores da respectiva séde outro dentre os Juizes de Direito da mesma e o restante nomeado pelo Presidente da República.

Art. 66. Os magistrados vitalícios terão as funções de juizes eleitorais, segundo a lei determinar. Caberá, porém, á Justiça Eleitoral: a) fazer o alistamento; b) resolver sobre inelegibilidade e proceder á apuração dos sufragios e á proclamação dos eleitos; c) processar e julgar os delitos eleitorais; d) conceder *habeas-corpus* em materia eleitoral; e) tomar e propôr as providências necessarias para que as eleições se realizem no tempo e na forma determinados em lei.

§ 1.º Aos magistrados eleitorais serão asseguradas as garantias da magistratura togada.

§ 2.º Haverá recurso para o Tribunal Superior de qualquer decisão final em materia de alistamento, inelegibilidade, apuração, ou proclamação de eleitos. A decisão do Tribunal Superior é definitiva, salvo quando se tratar de inconstitucionalidade, *habeas-corpus,* ou mandado de segurança, casos em que haverá recurso para o Supremo Tribunal.

SECÇÃO V

Do Conselho Supremo

Art. 67. Fica instituido, na Capital da União, o Conselho Supremo, composto de 35 Conselheiros efetivos, e mais tantos extraordinarios quantos forem os cidadãos sobreviventes, depois de haverem exercido por mais de tres anos a presidencia da República.

§ 1.º São condições para escolha ou nomeação de Conselheiro: ser brasileiro nato e maior de 35 anos; estar no exercício dos direitos políticos; ter reconhecida idoneidade moral, e reputação de notavel saber ou ter exercido cargos superiores da administração ou da magistratura, ou se salientado no Poder Legislativo Nacional, ou, de outro modo, por sua capacidade tecnica ou científica.

§ 2.º Os Conselheiros terão residencia obrigatoria na Capital da União e um subsidio igual ao dos Deputados.

§ 3.º Os Conselheiros efetivos serão escolhidos: a) vinte e um, sendo um por Estado e um pelo Distrito Federal, mediante eleição pela Assembléia Legislativa local; b) tres, por eleição de segundo gráu, pelos delegados das Universidades da República, oficiais ou reconhecidas pela União; c) cinco representantes dos interesses sociais de ordem administrativa, moral e economica, por eleição em segundo gráu, — designando a lei as entidades a quem incumbe tal representação e o modo da escolha; d) seis nomeados pelo Presidente da República em lista de 20 nomes, organizada por uma comissão composta de sete Deputados, eleitos pela Assembléia Nacional, por voto secreto, e sete Ministros do Supremo Tribunal, eleitos por este, pela mesma forma.

§ 4.º Os Conselheiros servirão por sete anos, podendo ser reeleitos ou renomeados. Em caso de vaga, o sucessor será eleito ou nomeado para um novo setênio.

§ 5.º Os Conselheiros gozarão das imunidades asseguradas aos Deputados á Assembléia Nacional.

EM TORNO DA CONSTITUIÇÃO 311

§ 6.º Os crimes de responsabilidade dos Conselheiros serão definidos em lei, que lhes regulará o processo e o julgamento, pelo Tribunal Especial.

Art. 68. O Conselho Supremo será órgão técnico consultivo e deliberativo, com funções políticas e administrativas; manterá a continuidade administrativa nacional; auxiliará, com o seu saber e experiencia, os orgãos do Govêrno e os poderes públicos, por meio de pareceres, mediante consulta; deliberará e resolverá sôbre os assuntos de sua competência, fixada nesta Constituïção.

§ 1.º O Conselho Supremo funcionará permanentemente, e dividir-se-á em secções, pelo modo que o regimento interno prescrever.

§ 2.º Em graves emergências da vida nacional, poderá o Conselho reunir-se em sessão plena, sob convocação do Presidente da República, e sob sua presidencia, tomando assento na reunião, e votando, os membros do Conselho Superior da Defesa Nacional, o Presidente da Assembléia Nacional, o do Supremo Tribunal e o Procurador Geral da República.

§ 3.º Poderá tambem o Presidente da República convocar o Conselho, sempre que lhe parecer conveniente ouví-lo diretamente acêrca de assuntos relevantes de natureza política ou administrativa, cabendo, nessas reuniões, tambem áquele a presidência.

§ 4.º As consultas poderão ser enviadas ao Conselho: a) pelo Presidente da República; b) pela Mesa da Assembléia Nacional, ou pela Comissão Permanente; c) pelos Presidentes dos Estados; d) pelas Mesas das Assembléias dos Estados ou dos Conselhos Municipais.

§ 5.º As consultas serão respondidas pelas respectivas secções; mas as resoluções, só poderão ser tomadas em sessão do Conselho e por maioria de votos, presente a maioria absoluta dos Conselheiros.

Art. 69. Compete privativamente ao Conselho Supremo:

1.º organizar o seu regimento interno e a sua secretaria, propondo á Assembléia Nacional a criação ou a supressão de empregos, respeitados quanto á nomeação, licença e exoneração os principios estabelecidos nesta Constituïção;

2.º, autorizar ou não a intervenção nos Estados, quando ela competir exclusivamente ao Presidente da República;

3.º opinar préviamente sobre os decretos, as instruções e os regulamentos que o Presidente ou seus Ministros houverem de expedir para a execução das leis;

4.º, aprovar ou não a nomeação dos Ministros de Estado, e do Prefeito do Distrito Federal;

5.º, eleger tres membros do Tribunal Especial;

6.º, elaborar, de cinco em cinco anos, quando oportuno, e depois de ouvidos o Ministro da Fazenda e os Presidentes dos Estados, um projeto de lei, destinado a conciliar os respectivos interesses económicos e tributarios, impedindo a dupla tributação;

7.º, propôr á Assembléia Nacional, modificar a uniformidade dos impostos federais, no caso do n. 20 do art. 33.

8.º, resolver sôbre a conveniencia de manter-se ou não por mais de 30 dias, a detenção politica, ordenada na vigencia do estado de sitio;

9.º, decidir sôbre os recursos interpostos nos casos de censura imerecida;

10.º, fazer e publicar anualmente o relatorio dos seus trabalhos, que será acompanhado dos pareceres, deliberações e resoluções adotados no periodo anual anterior;

Parágrafo único. Compete ainda ao Conselho Supremo:

1.º, propôr á Assembléia os projetos de lei que julgar oportunos;

2.º, convocar extraordinariamente a Assembl\. Nacional;

3.º, representar á Assembléia Nacional contra o Presidente da República e os Ministros de Estado, no sentido de lhes ser instaurado o processo de responsabilidade, reunindo para esse fim os elementos uteis á acusação.

SECÇÃO VI

Do orçamento e da administração financeira

Art. 70. No orçamento é obrigatorio incluir: na receita, além dos impostos e taxas, o produto de operações de crédito de qualquer natureza, bem como os saldos de depósitos e fundos especiais; e na despesa, a aplicação a se dar aos dinheiros publicos de qualquer procedência.

§ 1.º Só depois de votado em lei especial, se incluirá no orçamento qualquer tributo novo ou agravação do existente.

§ 2.º O orçamento da despesa dividir-se-á em duas partes, uma fixa e outra variavel, não podendo aquela ser alterada senão em virtude de lei anterior. A parte variavel obedecerá á rigorosa especialização, proíbido o estôrno de verba.

§ 3.º O Presidente da República enviará á Assembléia, dentro do primeiro mês da sessão anual, a proposta do orçamento.

§ 4.º A lei de orçamento não conterá dispositivo estranho á receita prevista e á despesa fixada para os serviços anteriormente criados. Não se inclue nesta proíbição; a) a autorização para a abertura de créditos suplementares e para operações de crédito como antecipação da receita; b) o modo de empregar o saldo do exercício, ou de cobrir o deficit.

Art. 71. E' vedado á Assembléia conceder créditos ilimitados.

§ 1.º Nenhum crédito especial, ou suplementar, se abrirá sem expressa autorização legislativa. Os creditos extraordinarios, porém, poderão ser abertos em qualquer mês do exercício, de acôrdo com a

EM TORNO DA CONSTITUIÇÃO 313

legislação ordinária, para despesas urgentes e imprevistas, em caso de calamidade pública, rebelião ou guerra.

§ 2.º Salvo disposição expressa em contrário, nenhum crédito decorrente de autorização orçamentaria se abrirá senão no segundo semestre do exercicio, e mediante demonstração de que o aumento no primeiro semestre, da receita arrecadada sôbre a orçada comporta esse crédito.

§ 3.º Será sujeito ao registro prévio do Tribunal de Contas qualquer ato da administração pública, que importe pagamento a ser feito pelo Tesouro Nacional, ou á sua conta por estabelecimento bancario.

§ 4.º Quando o Tribunal de Contas fôr contrário ao ato do Executivo e o Presidente da República insistir em praticá-lo, o registro far-se-á *sob protesto,* comunicado o fato á Assembléia Nacional.

§ 5.º Os contratos que, por qualquer forma, digam respeito á receita ou á despesa, não serão definitivos, sem o prévio registro do Tribunal de Contas. A recusa do registro suspende a execução do contrato, até o pronunciamento da Assembléia.

§ 6.º Não se criará nenhum encargo novo para o Tesouro, sem que a Assembléia tenha autorizado a abertura do crédito ou consignado a respectiva verba no orçamento.

Art. 72. Os Ministros do Tribunal de Contas serão nomeados pelo Presidente da República, com aprovação da Assembléia Nacional, e terão as mesmas garantias dos Ministros do Supremo Tribunal.

Parágrafo único. O Tribunal de Contas terá, quanto á organização de seu regimento interno e de sua secretaria, ás mesmas atribuições dos Tribunais Judiciarios.

Art. 73. As contas do Presidente da República, em materia orçamentária, compreenderão exclusivamente os atos por ele assinados e os resultantes de suas ordens escritas aos Ministros.

§ 1.º A prestação anual de contas do Presidente e dos Ministros de Estado será apresentada ao Tribunal, que a enviará, com o seu parecer, á Assembléia Nacional. Se até um mês depois da abertura da sessão legislativa anual, a prestação de contas do exercício anterior não houver sido remetida ao Tribunal, fará êste a devida comunicação á Assembléia, para que tome as providências necessárias.

§ 2.º O Tribunal de Contas acompanhará, dia a dia, diretamente ou por intermedio de suas Delegações, a execução orçamentaria, de modo que nenhuma despesa se realize sem o prévio registro do ato de empenho e da ordem de pagamento.

§ 3.º Caberá igualmente ao Tribunal, depois de organizados os respectivos processos, o julgamento das tomadas de contas dos responsaveis por dinheiros e bem públicos.

Art. 74. As dívidas provenientes de sentença judiciária serão pagas na ordem rigorosa da antiguidade dos precatórios, dentro dos créditos orçamentários abertos para esse fim.

Secção VII

Da defesa nacional

Art. 75. O Presidente da República é o chefe supremo de todas as fôrças militares da União e as administrará por intermedio dos orgãos do alto comando.

§ 1.º Todas as questões relativas á defesa nacional serão estudadas e coordenadas pelo Conselho Superior da Defesa Nacional e pelos orgãos especiais criados para atender ás necessidades da mobilização nacional.

§ 2.º O Conselho será presidido pelo Presidente da República e dele farão parte os Ministros de Estado, o Chefe do Estado-Maior do Exército e o Chefe do Estado-Maior da Armada.

§ 3.º A organização, o funcionamento e a competencia do Conselho Superior serão regulados em lei.

Art. 76. O Brasil não se empenhará em guerra de conquista, direta ou indiretamente, por si ou aliado a outras potencias.

§ 1.º Incumbirá ao Presidente da República e á Assembléia Nacional a direção politica da guerra, sendo as operações militares da competência e responsabilidade do Comandante em Chefe dos Exercitos em campanha e das fôrças navais.

§ 2.º A declaração do estado de guerra implicará a suspensão das garantias constitucionais que possam prejudicar direta ou indiretamente a segurança nacional.

Art. 77. As fôrças armadas são instituições nacionais permanentes, destinadas a garantir a segurança externa da Nação e a defesa interna das instituições constitucionais e das leis.

§ 1.º As fôrças armadas são essencialmente obedientes, dentro dos limites da lei, aos seus superiores hierárquicos.

§ 2.º Nenhuma fôrça armada será organizada no territorio brasileiro sem consentimento do Presidente da República, ouvido o Conselho Superior da Defesa Nacional. Compete privativamente á União estabelecer em lei especial as condições gerais da organização das fôrças não federais, e sua utilização, em caso de guerra ou de mobilização, bem como os limites de seu efetivo, a natureza da instrução a lhes ser dada, e a discriminação do seu material bélico. Considera-se fôrça armada qualquer agrupamento de individuos subordinados a uma organização e hierarquia e dispondo de meios de combate, mesmo simulados.

Art. 78. Todo brasileiro é obrigado, na forma da lei, ao serviço militar e a outros encargos necessarios á defesa da Pátria e das instituições, e, em caso de mobilização, pode-se-lhe dar o destino que melhor convenha ás suas aptidões, quer nas fôrças armadas, quer nas organizações do interior.

EM TORNO DA CONSTITUIÇÃO

§ 1.º Nenhum brasileiro poderá exercer direitos políticos ou função pública, sem provar que se não recusou ás obrigações estatuidas em lei para com a defesa nacional.

§ 2.º O militar em serviço ativo das fôrças armadas não poderá exercer qualquer profissão a elas estranha, nem fazer parte de agremiações políticas.

§ 3.º O militar, em serviço ativo das fôrças armadas, que aceitar cargo público permanente a elas estranho, será, com as vantagens deste, transferido para a reserva.

§ 4.º O militar em serviço ativo das fôrças armadas, que aceitar cargo público temporário, de nomeação ou eleição, e não privativo da qualidade de militar, será considerado agregado ao respectivo quadro, sem contar quaisquer vantagens, inclusive tempo de serviço, exceto para reforma. Aquele que permanecer em tal situação por mais de seis anos, continuos ou não, será transferido para a reserva, com as vantagens que lhe couberem por lei.

Art. 79. As patentes são garantidas em toda a plenitude aos oficiais da ativa, da reserva ou reformados, na forma da lei.

§ 1.º Os oficiais das fôrças armadas só perderão suas patentes e seus postos por condenações superior a dois anos, passada em julgado; ou quando, por tribunais militares competentes, e de carater permanente, forem, nos casos especificados em lei, declarados indignos do oficialato ou com êle incompativeis. No primeiro caso, poderá o Tribunal Militar competente, atendendo á natureza, ás circunstancias do delito e aos serviços do oficial, decidir que seja reformado com as vantagens da sua patente.

§ 2.º O acesso na hierarquia militar obedecerá a condições estabelecidas em lei, fixando-se o valor minimo a realizar para o exercício das funções relativas a cada gráu ou posto e as preferências de carater profissional para a promoção. A simples consideração de serviços prestados e a antiguidade são requisitos para a promoção, porém, não a tornam obrigatoria.

§ 3.º Os titulos e postos militares são privativos do militar em atividade ou na reserva.

§ 4.º Os militares, de conformidade com as prerrogativas inerentes ao posto, são responsaveis pelas ações, omissões, abusos e erros que cometerem ou tolerarem no exercicio de suas funções. O que lhes são subordinados ficarão isentos de responsabilidade, pelos atos que praticarem por ordem expressa de seus superiores hierárquicos.

Art. 80. Os militares e assemelhados terão fôro especial nos delitos militares definidos em lei.

§ 1.º Este fôro compôr-se-á de um Tribunal Militar de Apelação, cujos membros serão na maioria militares profissionais, e dos conselhos e juizos necessarios para o processo e julgamento dos crimes. A lei determinará a organização e a competência dêsse Tribunal, cabendo-

lhe, porém, quanto a regimento interno e secretaria as mesmas atribuições dos outros Tribunais.

§ 2.º A legislação especial para o tempo de guerra fixará a competência dos tribunais militares com ampliação de sua jurisdição aos
civis e á aplicação da pena de morte nos crimes contra a segurança nacional.

§ 3.º Os membros do Tribunal Militar de Apelação só perderão os
seus cargos por sentença.

§ 4.º Os auditores só poderão ser removidos a pedido, ou, mediante proposta ou prévia audiência do Tribunal Militar de Apelação,
quando assim o exigir o serviço militar.

§ 5.º Nas transgressões disciplinares não terá cabida o *habeas-
corpus.*

TITULO II

Dos Estados

Art. 81. Os Estados organizar-se-ão de acôrdo com a Constituïção
e as leis que adotarem, respeitados os seguintes principios constitucionais:

a) fórma republicana representativa; *b)* independencia e harmonia dos poderes; *c)* temporariedade das funções eletivas, não podendo
o seu periodo exceder o dos cargos federaes analogos; *d)* Poder Legislativo unicameral; *e)* autonomia dos municipios; *f)* garantias do Poder
Judiciário; *g)* direitos políticos, individuais e sociais, assegurados nesta
Constituïção; *h)* não reeleição dos Presidentes dos Estados e dos Prefeitos municipais; *i)* possibilidade de reforma constitucional e competência da Assembléia para decretá-la; *j)* normas financeiras e prescrições relativas aos funcionarios públicos, estabelecidas nesta Constituïção, e restrições nela impostas aos poderes dos Estados.

§ 1.º A especificação dos principios acima enumerados não exclue
a observancia de qualquer preceito explícito ou implícito nesta Constituïção.

§ 2.º E' facultado aos Estados, mediante aprovação do Presidente
da República, celebrar entre si ajustes e convenções, sem carater politico.

§ 3.º Os Estados não poderão recusar fé aos documentos publicos,
de qualquer natureza, da União ou de outro Estado.

§ 4.º Os Estados e os Municipios não poderão contrair empresti-
mo externo, sem a prévia aquiescência da Assembléia Nacional.

EM TORNO DA CONSTITUIÇÃO

TITULO III

Do Distrito Federal

Art. 82. A Capital da União é a residência das autoridades nacionais e o território do seu Distrito será sempre federalizado, nele, exercendo-se em toda a sua plenitude, a jurisdição daquelas, sem prejuizo da competencia dos poderes locais para os assuntos de interesse exclusivamente distrital.

§ 1.º As funções dos poderes locais do Distrito Federal serão executivas e deliberantes.

§ 2.º As executivas serão exercidas por um Prefeito de livre escolha do Presidente da República e cuja nomeação será submetida á aprovação do Conselho Supremo.

§ 3.º As deliberantes serão exercidas por um Conselho Municipal, cujo número de membros se poderá elevar até 30, dos quais até seis serão os maiores contribuintes brasileiros dos impostos de indústrias e profissões e predial; até 12, eleitos pelos sindicatos e associações de classe e pelas corporações representativas dos interesses sociais, em todos os seus aspectos de ordem administrativa, moral, cultural e económica; até 12, eleitos, mediante sistema proporcional, por sufrágio igual, direto e secreto.

§ 4.º Caberá ao Conselho Municipal resolver sôbre os vetos do Prefeito, que só poderão ser rejeitados por dois terços dos Conselheiros.

§ 5.º O Poder Judiciário será o da União.

Art. 83. A Lei Organica do Distrito Federal, votada pela Assembléia Nacional e sómente reformavel de tres em tres anos, discriminará os serviços a cargo do mesmo e os custeados pela União.

Art. 84. As fontes de receita do Distrito Federal serão os tributos, cuja decretação é da competência exclusiva dos Estados ou dos Municipios.

TITULO IV

Dos Territórios

Art. 85. As regiões fronteiriças com países estrangeiros, insuficientemente cultivadas e de população inferior a um habitante por quilómetro quadrado, ou deshabitadas, constituirão Territórios, cujos limites serão fixados na lei que os organizar.

§ 1.º Os Territórios, logo que tiverem população suficiente e meios de vida proprios bastantes, serão, por lei especial, erigidos em Estado ou, mediante plebiscito, incorporados a Estados limitrofes.

§ 2.º A União dará aos Estados que auferirem rendas liquidas dos Territórios deles desmembrados a compensação que a lei fixar, sob a forma de encampação de dívidas públicas, cujos juros correspondam ao valor daquelas, ou de indenização equivalente á receita por aqueles ali arrecadada.

Art. 86. Até 100 quilómetros para dentro da linha fronteiriça, nenhuma concessão de terra, ou exploração industrial, comercial, agricola, ou de comunicação, transportes, fontes de energias e usinas será feita sem audiência do Conselho Superior da Defesa Nacional e do Conselho Supremo, assegurado o predomínio de capitais e trabalhadores nacionais.

§ 1.º Nenhuma via de comunicação, penetrante ou de orie ação sensivelmente normal á fronteira, se abrirá sem que fiquem asseguradas ligações interiores, necessarias á segurança das zonas por ela servida.

§ 2.º Até 100 quilómetros para dentro da linha fronteiriça, as autonomias estadual e municipal sofrerão, além das restrições deste artigo, as que a lei considerar necessarias á defesa nacional.

TITULO V

Dos Municipios

Art. 87. Os Estados organizarão seus Municípios, assegurando-lhes por lei, e de acôrdo com o desenvolvimento económico-social dos mesmos, um regime de autonomia em tudo quanto lhes disser respeito ao privativo interesse.

§ 1.º Os Municípios de mais de dois mil contos de renda e cujas sédes tiverem mais de cincoenta mil habitantes, e os que forem capitais de Estado, terão carta municipal propria, de acôrdo com os principios gerais estabelecidos pelas Assembléias Legislativas, e súbmetida ao seu *referendum*.

§ 2.º Os Estados poderão constituir em Região, com a autonomia, as rendas e as funções que a lei lhe atribuir — um grupo de municípios contiguos, unidos pelos mesmos interesses económicos. O Prefeito da Região será eleito pelos Conselheiros dos Municipios regionais e o Conselho Regional compor-se-á dos Prefeitos destes Municipios.

§ 3.º Nenhum Município poderá ser constituido ou mantido sem renda suficiente para o custeio de um serviço regular de instrução primaria, saúde pública e conservação de estradas e ruas.

§ 4.º Os Municípios só perderão a autonomia, podendo então ser supressos, nos seguintes casos: a) incapacidade para prover ás necessidades normais de sua vida, de acôrdo com as regras estabelecidas pela Constituïção de cada Estado; b) deficit orçamentário de um terço ou mais de sua receita, durante tres anos consecutivos; c) falta de pagamento de sua dívida fundada por mais de dois anos consecutivos.

EM TORNO DA CONSTITUIÇÃO

§ 5.º A fusão, ou o desmembramento municipal por lei do Estado, dependerá do *referendum* popular dos Municípios interessados.

Art. 88. Os Conselhos Municipais poderão ser constituidos mediante representação de classe. O Poder Executivo, porém, será exercido por um Prefeito, eleito por sufrágio igual, direto e secreto.

Art. 89. E' da exclusiva competência dos Municipios decretar impostos prediais e de licenças, bem como taxas de serviços municipais, além de outros que as leis estaduais lhes atribuirem.

TITULO VI

Dos funcionarios publicos

Art. 90. Os cargos públicos são acessiveis a todos os brasileiros, observadas as condições que a lei estatuir. Excepcionalmente, um estrangeiro poderá ser contratado para desempenho de função técnica.

§ 1.º Ninguem será nomeado para função pública administrativa, sem prévia demonstração de capacidade intelectual, mediante concurso.

§ 2.º A primeira nomeação será interina, tornando-se efetiva seis meses depois de exercício ininterrupto e verificada pelo ministro respectivo, precedendo informação dos chefes de serviço, a idoneidade moral do nomeado e seu devotamento ao desempenho do cargo.

§ 3.º Independem de concurso os cargos de confiança, os de carater transitório e os inferiores, que a lei excetuar.

Art. 91. A Assembléia Nacional votará o Estatuto do Funcionário Público, obedecendo ás seguintes bases, desde já em vigor; *a)* o quadro dos funcionários compreenderá todos quantos exerçam cargo público permanente, seja qual fôr a forma do seu pagamento; *b)* o funcionário efetivo só perderá o cargo por condenação judicial, ou processo administrativo, regulado por lei, e no qual será ouvido; *c)* as promoções serão feitas metade por antiguidade e metade por merecimento, apurado pelo orgão que a lei criar; *d)* a idade máxima para a aposentadoria ou a reforma compulsórias será a de 68 anos, salvo as exceções desta Constituição; *e)* a invalidez para o exercicio do cargo determinará a aposentadoria ou a reforma; *f)* a inatividade nunca poderá ser mais remunerada do que a atividade; *g)* salvo as exceções da lei militar, todo funcionário terá direito a um recurso contra a decisão disciplinar e a possibilidade de revisão perante o orgão que a lei criar e nos termos que ela prescrever; *h)* o funcionário é responsavel pelos abusos ou omissões em que incorrer no exercício do seu cargo; *i)* o funcionário tem o dever de servir á coletividade e não a nenhum partido, sendo-lhe porém, garantida a liberdade de associação e opinião politica; *j)* o funcionário que usar de sua autoridade em favor de um partido, ou exercer pressão partidaria sôbre os seus subordinados, será puṇido com a perda do cargo, se provado, em processo administrativo ou judiciário, que agiu por essa fórma.

Art. 92. Nenhum emprego poderá ser criado, nem vencimento algum, civil ou militar, estipulado ou alterado, senão por lei ordinaria especial.

Art. 93. O serviço de polícia civil é considerado carreira administrativa; e o funcionário policial formado em direito gozará de todas as garantias asseguradas neste titulo.

Art. 94. Nas causas propostas contra a União, os Estados, o Distrito Federal, os Territórios e os Municípios por lesão praticada por funcionário, este será sempre citado e sua responsabilidade apurada no curso da acção.

Parágrafo único. A execução poderá ser promovida contra ele, caso condenado, ou contra a entidade de que era funcionário. Nesta hipótese, será promovida execução regressiva.

Art. 95. E' vedada a acumulação de cargos remunerados na União, nos Estados e nos Municípios, quer se trate de cargos exclusivamente federais, estaduais e municipais, quer de uns e outros simultaneamente.

§ 1.º Excetuam-se os de natureza técnica e cientifica, que não envolvam função ou autoridade administrativa, judicial ou política, e os de ensino.

§ 2.º As pensões tambem não poderão ser acumuladas, salvo se, reunidas, não excederem o limite máximo fixado por lei, ou resultarem de cargos cuja acumulação é permitida.

§ 3.º Não se considera acumulatório o exercicio de comissão temporaria ou de confiança, decorrentes do proprio cargo ou da mesma natureza deste.

§ 4.º A aceitação de cargo remunerado importa na perda dos vencimentos da inatividade. Quando se tratar de cargo eletivo, ficará suspensa integralmente a percepção dos vencimentos da inatividade, se o subsidio daquele fôr anual, ou durante as sessões, se estipendiado exclusivamente enquanto elas durarem.

TITULO VII

Da Nacionalidade e da Cidadania

SECÇÃO I

Dos brasileiros

Art. 96. São brasileiros: a) os nascidos no Brasil; b) os filhos de brasileiros, ou brasileira, nascidos fora do Brasil, se nele estabelecerem domicilio; c) os filhos de brasileiro, ou brasileira, noutro país ao serviço do Brasil, embora neste não venham domiciliar-se; d) os estran-

EM TORNO DA CONSTITUIÇÃO

geiros que, achando-se no Brasil a 15 de novembro de 1889, não declararam, seis meses depois de ter entrado em vigor a Constituïção de 1891, o animo de conservar a nacionalidade de origem; *e*) os estrangeiros por outro modo naturalizados.

Art. 97. Perde-se a nacionalidade: *a*) por naturalização em país estrangeiro; *b*) por aceitação, sem licença do Presidente da República, de pensão, emprego ou comissão de país estrangeiro; *c*) por cancelamento da naturalização, provando-se que o naturalizado dela se tornou indigno.

SECÇÃO II

Dos cidadãos

Art. 98. São cidadãos os brasileiros alistaveis como eleitores, ou que desempenhem ou tenham desempenhado legalmente função pública.

§ 1.º São eleitores os brasileiros de qualquer sexo, maiores de 18 anos, alistados na forma da lei.

§ 2.º Não podem ser alistados: *a*) os analfabetos; *b*) as praças de pré, salvo os alunos das escolas militares de ensino superior; *c*) os que estiverem com a cidadania suspensa, ou a tiverem perdido.

Art. 99. O alistamento eleitoral e o voto são obrigatórios para os homens, sob as sanções que a lei determinar.

Parágrafo único. A lei providenciará para que o eleitor possa votar, quando fóra do país, ou em viagem no territorio nacional.

Art. 100. A cidadania suspende-se ou perde-se unicamente nos casos aqui particularizados.

§ 1.º Suspende-se: *a*) por incapacidade física ou moral; *b*) por condenação criminal, passada em julgado, enquanto durarem seus efeitos.

§ 2.º Perde-se: *a*) pela perda da nacionalidade; *b*) por alegação de qualquer motivo, feita com o fim de se isentar de onus que a lei imponha aos brasileiros; *c*) por aceitação de titulo nobiliário.

§ 3.º A lei estabelecerá as condições de reaquisição da cidadania.

SECÇÃO III

Dos inelegiveis

Art. 101. São inelegiveis:

1.º Em todo o territorio da União: *a*) o Presidente da República, os Presidentes e Interventores dos Estados, o Prefeito do Distrito Federal, os Governadores dos Territorios e os Ministros de Estado, até seis meses depois de cessadas definitivamente as respectivas funções; *b*) os membros do Poder Judiciário, do Ministério Público, da Justiça Eleitoral, dos Tribunais de Apelação Militar e de Contas e os chefes e sub-chefes do Estado-Maior do Exército e da Armada; *c*) os parentes naturais, civis ou afins, em 1.º e 2.º graus, do Presidente da República, até seis meses depois de haver este deixado definitivamente as suas funções, salvo para a Assembléia Nacional, se, em época anterior á eleição do mesmo, tiverem sido Deputados, ou o forem quando ela se realizar; *e*) os inalistaveis como eleitor.

2.º Nos Estados, no Distrito Federal e nos Territórios; *a*) os Secretarios de Estado e os Chefes de Polícia, até seis meses depois de cessadas definitivamente as respectivas funções; *b*) os comandantes de fôrças do Exército, da Armada ou da Polícia ali existentes; *c*) os parentes naturais, civis ou afins, em 1.º e 2.º graus, dos Presidentes e Interventores dos Estados, do Prefeito do Distrito Federal e dos Governadores dos Territórios, até seis meses depois de cessadas definitivamente as respectivas funções, salvo, relativamente ás Assembléias Legislativas ou á Nacional, a exceção da letra *c* do n. 1.

3.º Nos Municipios: *a*) os Prefeitos; *b*) as autoridades policiais; *c*) os funcionários do fisco; *d*) os parentes naturais, civis ou afins, em 1.º e 2.º graus, dos Prefeitos, até seis meses depois de cessadas definitivamente as respectivas funções, salvo, relativamente aos Conselhos Municipais e ás Assembléias Legislativas ou á Nacional, a exceção da letra *c* do n. 1.

TITULO VIII

Da declaração de direitos e deveres

Art. 102. A União assegura a brasileiros e estrangeiros residentes no Brasil a inviolabilidade dos direitos concernentes á liberdade, á segurança individual e á propriedade, nos seguintes termos:

§ 1.º Todos são iguais perante a lei, sem privilégio de nascimento, sexo, classe social, riqueza, crenças religiosas e idéias políticas desde que se não oponham ás de Pátria.

§ 2.º A República não reconhece foros de nobreza nem criará títulos nobiliarios.

§ 3.º Ninguem poderá ser obrigado a fazer ou não fazer alguma coisa, senão em virtude de lei.

§ 4.º A' exceção de flagrante delito, ninguem poderá ser prêso, senão nos casos determinados em lei, e mediante ordem escrita da autoridade competente.

§ 5.º Toda pessoa detida ou presa será, dentro de 24 horas, apresentada ao juiz competente, que, em 72 horas, no máximo, porá o paciente em liberdade, transformará a detenção em prisão ou manterá esta, dando incontinenti ao preso uma nota judicial com o motivo da

EM TORNO DA CONSTITUIÇÃO

coação e o nome das testemunhas, se for caso. Para a apresentação dos detidos ou presos nos distritos rurais, o juiz competente, tendo em conta as distâncias e as dificuldades do transporte, fixará bienalmente, por ato geral, o prazo relativo a cada uma dessas circunscrições. Este parágrafo não se aplica ás prisões de carater militar.

§ 6.º Ninguem poderá ser conservado em prisão se prestar fiança idônea, nos casos que a lei determinar. A fiança não poderá ser em dinheiro ou bens.

§ 7.º Aos réus será assegurado na lei a mais ampla defesa, com todos os meios e recursos que lhe são essenciais.

§ 8.º Ninguem será sentenciado senão pela autoridade competente por lei anterior ao crime e na forma por ela declarada.

§ 9.º Ninguem poderá ser punido por fato não criminoso quando praticado, nem ter maior pena que a prescrita por lei na época do crime.

§ 10. A lei penal retroagirá em beneficio do delinquente.

§ 11. Não haverá prisão por dívidas, multas ou custas.

§ 12. Sómente a autoridade judiciaria poderá ordenar, e por prazo não maior de tres dias, a incomunicabilidade do preso.

§ 13. Em todos os assuntos é livre a manifestação do pensamento pela imprensa ou outra qualquer maneira, sem dependência de censura, respondendo cada um pelos abusos que praticar, nos casos e pela forma que a lei prescrever. Não é permitido o anonimato. E' assegurado o direito de resposta.

§ 14. O aparecimento de livro ou periódico independente de licença de qualquer autoridade, limitando-se a lei exclusivamente a tomar medidas quanto a publicação, espetaculos ou representações imorais.

§ 15. Em caso nenhum serão apreendidos livros ou periódicos, senão por mandado judicial, ouvidos previamente os autores, diretores ou editores dos mesmos.

§ 16. Sómente os brasileiros poderão exercer a imprensa política ou noticiosa, ou nelas ter ingerencia.

§ 17. Nenhum imposto gravará diretamente o livro, o periódico, nem a profissão de escritor ou jornalista. Não se inclue nesta proibição o imposto de renda.

§ 18. Nenhuma pena passará da pessôa do delinquente.

§ 19. E' vedada a aplicação de pena perpetua, de banimento, ou de morte, ressalvadas, quanto a esta, as disposições da legislação militar, em tempo de guerra.

§ 20. Dar-se-á o *habeas-corpus* sempre que alguem sofrer, ou se achar em iminente perigo de sofrer, em sua liberdade, violencia ou coação por ilegalidade ou abuso de poder.

§ 21. Quem tiver um direito certo e incontestavel ameaçado ou violado por ato manifestamente ilegal do Poder Executivo — poderá requerer ao juiz competente um mandado de segurança. A lei estabelecerá processo sumarissimo que permita ao Juiz, dentro de cinco dias, ouvida neste prazo, por 72 horas, a autoridade coatora, resolver o caso, negando o mandado ou, se o expedir, proíbindo-a de praticar o ato, ou ordenando-lhe restabelecer integralmente a situação anterior, até que, em última instancia, se pronuncie o Poder Judiciário. Não será concedido o mandado, se o requerente tiver, ha mais de 30 dias, conhecimento do ato ilegal, ou se a questão fôr sôbre impostos, taxas, ou multas fiscais. Nestes casos, caberá ao lesado recorrer aos meios normais.

§ 22. Salvo as causas que, por sua natureza, pertençam a juizos especiais, não haverá fôro privilegiado, nem tribunais de exceção.

§ 23. A casa é o asilo inviolavel do individuo, ninguem podendo aí penetrar, de noite, sem consentimento do morador, senão para acudir a vítimas de crimes ou desastres, nem de dia, senão nos casos e pela forma prescrito em lei.

§ 24. E' inviolavel o sigilo da correspondência, salvo a censura, em caso de guerra ou estado de sítio.

§ 25. A todos os brasileiros é lícito reunirem-se livremente e sem armas, não podendo a Policia intervir senão para manter a ordem perturbada ou garantir o trânsito público. Com este fim, poderá designar o local onde a reunião deva realizar-se, contanto que isto não importe em impossibilitá-la ou frustrá-la.

§ 26. E' permitido a quem quer que seja representar, mediante petição, aos poderes publicos e denunciar abusos das autoridades.

§ 27. E' garantido a quem quer que seja o livre exercicio de qualquer profissão, com as limitações que a lei impuser, por motivo de interesse público.

§ 28. Nenhum tributo se cobrará senão em virtude de lei.

§ 29. Em tempo de paz, salvo a exigencia de passaporte concedido por autoridade federal, qualquer poderá entrar no territorio nacional, ou dele sair.

§ 30. Nem mesmo em estado de guerra, o brasileiro poderá ser deportado ou expulso do território nacional.

§ 31. A União poderá expulsar do território nacional os estrangeiros perigosos á ordem publica ou nocivos aos interesses do país, salvo se forem casados ha mais de tres anos com brasileiras ou tiverem filhos menores brasileiros.

Art. 103. A União exige de brasileiros e estrangeiros residentes no Brasil o cumprimento de deveres, expressos nos seguintes termos:

§ 1.º Todo individuo, salvo impossibilidade física, tem o dever de trabalhar.

§ 2.º Todo individuo tem o dever de prestar os serviços que, em beneficio da coletividade, a lei determinar, sob pena de perda dos direitos políticos, além de outras que ela prescrever.

§ 3.º Todo individuo tem o dever de defender esta Constituïção e de se opôr ás ordens evidentemente ilegais.

Art. 104. A especificação dos direitos e deveres expressos nesta

EM TORNO DA CONSTITUIÇÃO

Constituïção não exclue outros, resultantes da forma de governo que ela adota, do regime político-social que estabelece e dos principios que •onsigna.

TITULO IX

Da religião

Art. 105. Nenhum culto ou igreja gozará de subvenção oficial, nem terá relação de dependencia ou aliança com os Poderes Públicos.

Parágrafo único. A representação diplomatica do Brasil junto á Santa Sé não implica violação deste princípio.

Art. 106. E' inviolavel a liberdade de conciencia e de crença. Nos termos compativeis com a ordem pública e os bons costumes, é garantido o livre exercício dos cultos.

§ 1.º Independente da crença e do culto religioso o exercicio dos direito individuais sociais e politicos.

§ 2.º E' garantida a liberdade de associação religiosa.

§ 3.º As associações religiosas adquirem a capacidade jurídica nos termos da lei civil.

§ 4.º Não se poderá recusar, aos que pertençam ás classes armadas, o tempo necessário á satisfação de seus deveres religiosos, sem prejuizo dos serviços militares.

§ 5.º Sempre que a necessidade do serviço religioso se fizer sentir nas expedições militares, nos hospitais, nas penitenciarias ou outros •stabelecimentos publicos, será permitida a celebração de atos cultuais, afastados, porém, qualquer constrangimento ou coação, e sem onus para •s cofres publicos.

§ 6.º Os cemiterios terão carater secular e serão administrados pela autoridade municipal, ficando livre a todos os cultos religiosos a prática dos respectivos ritos em relação aos seus crentes.

TITULO X

Da familia

Art. 107. A familia está sob a proteção especial do Estado e repousa sôbre o casamento e a igualdade jurídica dos sexos; a lei civil, porém, estabelecerá as condições da chefía da sociedade conjugal e do pátrio poder, e regulará os direitos e deveres dos cònjuges.

Art. 108. O casamento legal será o civil, cujo processo e celebração serão gratuitos.

§ 1.º O casamento é indissoluvel. A lei civil determinará os casos de desquite e de anulação do casamento.

§ 2.º Haverá sempre apelação *ex-officio*, e com efeito suspensivo, das sentenças anulatorias de casamento.

§ 3.º A posse do estado de casado não poderá ser contestada por terceiro, contra as pessoas que nela se encontrem, os seus filhos, senão mediante certidão extraída do registro civil, pela qual se prove que alguma delas é ou era legalmente casada com outra.

Art. 109. A proteção das leis quanto ao desenvolvimento físico e espiritual dos filhos ilegítimos não poderá ser diferente da instituida para os legítimos.

Parágrafo único. E' facultada aos filhos ilegítimos a investigação da paternidade ou da maternidade.

Art. 110. Incumbe á União como aos Estados e aos Municípios, nos termos da lei federal; *a*) velar pela pureza, sanidade e melhoramento da familia; *b*) facilitar aos pais o cumprimento de seus deveres de educação e instrução dos filhos; *c*) fiscalizar o modo por que os pais cumprem os seus deveres para com a prole e cumprí-los subsidiariamente; *d*) amparar a maternidade e a infância; *e*) socorrer as familias de prole numerosa; *f*) proteger a juventude contra toda exploração, bem como contra o abandono fisico, moral e intelectual.

TITULO XI

Da cultura e do ensino

Art. 111. São livres a arte, a ciencia, e o seu ensino.

§ 1.º Incumbe á União, aos Estados e aos Municipios dar-lhes proteção e favorecer-lhes o desenvolvimento.

§ 2.º Gozam do amparo e solicitude dos poderes públicos os monumentos artisticos, bem como os historicos e os naturais.

§ 3.º Cabe á União impedir a emigração do patrimônio artistico nacional.

Art. 112. O ensino será público ou particular, cabendo áquele, concorrentemente á União, aos Estados e aos Municipios. O regime do ensino, porém, obedecerá a um plano geral traçado pela União, que estabelecerá os princípios normativos da organização escolar e fiscalizará, por funcionarios técnicos privativos, a sua execução.

§ 1.º Para o efeito de concederem diplomas, poderá a União oficializar ou equiparar ás suas as escolas particulares, cujo programa e professorado fôrem equivalentes aos dos estabelecimentos oficiais congêneres.

§ 2.º O ensino primário é obrigatório, podendo ser ministrado no lar doméstico e em escolas oficiais ou particulares.

§ 3.º E' gratúito o ensino nas escolas públicas primarias. Nelas será fornecido gratuitamente aos pobres o material escolar.

EM TORNO DA CONSTITUIÇÃO

§ 4.º Para lhes permitir o acesso ás escolas secundárias e superiores, a União, os Estados e os Municipios estabelecerão em seus orçamentos verbas destinadas aos alunos aptos para tais estudos e sem recursos para neles se manterem. O auxílio será dado até o fim do curso, sempre que o educando demonstrar aproveitamento.

§ 5.º Para a admissão de um candidato em escola pública, profissional, secundária ou superior, levar-se-á em conta sómente o merecimento, nada influindo a condição dos pais.

§ 6.º Fica reconhecida e garantida a liberdade de cátedra, não podendo, porém, o professor, ao ministrar o ensino, ferir os sentimentos dos que pensam de modo diverso.

§ 7.º O ensino cívico, a educação física e o trabalho manual são materias obrigatorias nas escolas primárias, secundarias, profissionais ou normais.

§ 8.º A religião é matéria facultativa de ensino nas escolas públicas, primarias, secundarias, profissionais ou normais, subordinado á confissão religiosa dos alunos.

TITULO XII

Da ordem económica e social

Art. 113. A ordem económica deve ser organizada conforme os principios da justiça e as necessidades da vida nacional, de modo que assegure a todos uma existencia digna do homem. Dentro dêsses limites é garantida a liberdade económica.

Art. 114. E' garantido o direito de propriedade, com o conteúdo e os limites que a lei determinar.

§ 1.º A propriedade tem, antes de tudo, uma função social e não poderá ser exercida contra o interesse coletivo.

§ 2.º A propriedade poderá ser expropriada, por utilidade pública ou interesse social, mediante prévia e justa indenização paga em dinheiro, ou por outra forma estabelecida em lei especial aprovada por maioria absoluta dos membros da Assembléia.

Art. 115. As riquezas do sub-solo e as quédas dagua, se umas e outras inexploradas, ficarão sob o regime da lei ordinaria, a ser votada pela Assembléia Nacional.

Parágrafo único. A União poderá fazer concessões para exploração de minas e quédas dagua, mas sómente a brasileiros ou empresas organizadas no Brasil e com capital nele integralizado. A lei regulará o regime das concessões, fixando prazos e estipulando cláusulas de reversão.

Art. 116. Aquele que, por cinco anos ininterruptos, sem oposição, nem reconhecimento de dominio alheio, possue um trecho de terra e a tornou produtiva pelo trabalho, adquire por isto mesmo a plena propriedade do solo, podendo requerer ao juiz que assim o declare por sentença.

§ 1.º Ficarão proprietarios gratuitos das terras devolutas, onde têm benfeitorias, seus atuais posseiros, se forem nacionais.

§ 2.º Sómente as pessoas jurídicas de direito público interno poderão dar aforamento. Nos contratos anteriormente celebrados entre particulares, o foreiro poderá, a qualquer tempo, resgatar o aforamento pelo preço de trinta anuidades pagas de uma vez.

§ 3.º A plantação, o edificio e todo produto do trabalho incorporado ao sólo, se valerem pelo menos metade deste, serão legalmente considerados o principal, cabendo ao proprietario do terreno a justa indenização do seu valor.

Art. 117. E' proibida a usura. Considera-se usura a cobrança de juros, inclusive comissões, que ultrapassem o dôbro da taxa legal. A lei estabelecerá as penas deste crime. Nos contratos vigentes, o devedor não será obrigado a pagar juro além do dôbro da taxa legal, ainda quando estipulem o contrário.

Art. 118. Na execução, ou na falencia não fraudulenta, não se poderá reduzir á miséria o devedor. A lei, ou na sua falta o juiz, providenciará a tal respeito.

§ 1.º Será impenhoravel a casa de pequena valia que servir de morada ao devedor e sua familia, se ele não tiver outros haveres.

§ 2.º Nos mesmos termos, será tambem impenhoravel a propriedade rural, destinada a prover á subsistência do devedor e sua familia.

Art. 119. Todas as dívidas, inclusive as fiscais, prescreverão em cinco anos, quando a lei não fixar menor prazo.

Art. 120. E' permitida a socialização de empresas económicas, quando, levada a efeito sobre o conjunto de uma indústria ou de um ramo de comércio e resolvida por lei federal. Para esse fim, poderão ser transferidas ao dominio público, mediante indenização e pagamento nos termos do § 2.º do art. 114.

§ 1.º A União e os Estados, poderão, por lei federal, intervir na administração das empresas económicas, inclusive para coordená-las, quando assim exija o interesse público.

§ 2.º Nenhuma lei de socialização será votada sem audiência prévia do Conselho Supremo e dos conselhos técnicos nacionais ou estaduais, legalmente reconhecidos, que tenham, pela sua especialização e atribuições, interesse direto na medida.

Art. 121. A lei federal determinará o modo e os meios pelos quais o Governo intervirá em todas as empresas ou sociedades que desempenhem serviços públicos, no sentido de limitar-lhes o lucro á justa retribuição do capital, pertencendo o excesso, em dois terços, á União, aos Estados, ou aos Municípios.

Art. 122. Será reconhecida a herança exclusivamente na linha direta ou entre cônjuges. As heranças até dez contos de réis serão li-

EM TORNO DA CONSTITUIÇÃO

vres de qualquer imposto, que daí por diante será progressivo. Os legados pagarão imposto progressivo.

Art. 123. E' garantida a cada indivíduo e a todas as profissões a liberdade de união, para a defesa das condições do trabalho e da vida económica.

§ 1.º As organizações patronais e operarias, bem como as convenções que celebrarem, serão reconhecidas nos termos da lei.

§ 2.º Nenhuma associação poderá ser dissolvida senão por sentença judicial.

Art. 124. A lei estabelecerá as condições do trabalho na cidade e nos campos, e intervirá nas relações entre o capital e o trabalho para os colocar no mesmo pé de igualdade, tendo em vista a proteção social do trabalhador e os interesses economicos do país.

§ 1.º Na legislação sobre o trabalho serão observados os seguintes preceitos, desde já em vigor, além de outras medidas uteis áquele duplo objetivo:

1.º A trabalho igual corresponderá igual salario, sem distinção de idade ou de sexo.

2.º A lei assegurará nas cidades e nos campos um salario minimo capaz de satisfazer, conforme as condições de cada região, ás necessidades normais da vida de um trabalhador chefe de familia.

3.º O dia de trabalho não excederá de oito horas e nas indústrias insalubres de seis. Em casos extraordinários, poderá ser prorrogada até por tres horas, vencendo o trabalhador em cada hora o duplo do salario normal. A prorrogação não poderá ser feita consecutivamente por mais de tres dias, e não será permitida nas industrias insalubres, nem aos que tiverem menos de 18 anos.

4.º Será garantida ao trabalhador a necessaria assistência em caso de enfermidade, bem como á gestante operaria, podendo a lei instituir o seguro obrigatorio contra a velhice, a doença, o desemprego, os riscos e acidentes do trabalho e em favor da maternidade.

5.º Toda empresa comercial ou industrial constituirá, paralelamente com o fundo de reserva do capital, e desde que êste logre uma remuneração justa, nos termos do art. 121, um fundo de reserva do trabalho, capaz de assegurar aos operários ou empregados o ordenado ou salario de um ano, se por qualquer motivo a empresa desaparecer.

6.º Toda empresa industrial ou agrícola, fora dos centros escolares, e onde trabalharem mais de cincoenta pessoas, será obrigada a manter, pelo menos, uma escola primária para o ensino gratúito de seus empregados, trabalhadores e seus filhos. Providenciará igualmente sobre a assistencia médica.

7.º A legislação agrária favorecerá a pequena propriedade, facultado ao poder público expropriar os latifundios, se houver conveniência de os parcelar em beneficio do cultivador, ou de os explorar sob forma cooperativa.

§ 2.º Caberá ao Ministerio Público da União e dos Estados velar pela estricta aplicação das normas protetoras do trabalhador urbano ou rural, bem como prestar-lhes assistência gratúita, sem prejuizo das atribuições pertencentes aos orgãos especiais que a lei criar para tal fim.

Art. 125. A assistência aos pobres é assegurada pela União e pelos Estados na forma que a lei determinar.

Art. 126. A empresa jornalistica, noticiosa ou política não poderá revestir a fórma de sociedade anónima de ações ao portador, nem dela poderá ser proprietária ou acionista nenhuma pessôa juridica. A Assembléia Nacional votará uma lei de organização da imprensa, na qual, além de outras medidas, garantirá a situação de seu operariado e de seus redatores.

Art. 127. A valorização resultante de serviços públicos ou do progresso social, sem que o proprietário do imovel para isso tenha concorrido, pertencerá, pelo menos em metade, á Fazenda Pública.

§ 1.º O produto desta valorização, como o do imposto de transmissão *causa mortis* e dos bens que passarem ao Estado por falta de herdeiros, serão aplicados exclusivamente nos serviços de instrução primária e assistência social.

§ 2.º Nos Municipios em que as necessidades dos serviços sanitários não esgotarem a quota de 10% do artigo 13, o saldo será aplicado tambem nestes serviços.

Art. 128. A lei orientará a politica rural no sentido da fixação do homem nos campos, a bem do desenvolvimento das fôrças económicas do país. Para isto, a lei federal estabelecerá um plano geral de colonização e aproveitamento das terras públicas, sem prejuizo das iniciativas locais, coordenadas com as diretrizes da União. Na colonização dessas terras serão preferidos os trabalhadores nacionais.

§ 1.º A defesa contra a sêca será permanente e os respectivos serviços custeados pela União.

§ 2.º A lei federal poderá proibir, limitar ou favorecer a imigração e a emigração, tendo em vista os interesses nacionais.

§ 3.º Os serviços de vigilancia sanitária vegetal e animal serão federais, podendo a União proibir, condicionar ou limitar a entrada das especies prejudiciais, reservada aos Estados a legislação complementar.

TITULO XIII

Disposições gerais

Art. 129. E' vedado a qualquer dos tres Poderes delegar as suas atribuições.

Parágrafo único. Ninguem poderá ser investido em função de mais de um dos tres Poderes, nem ter mais de um cargo eletivo.

EM TORNO DA CONSTITUIÇÃO

Art. 130. A lei brasileira determina a capacidade, o regime dos bens e as relações juridicas de todas as pessoas domiciliadas ou residentes no Brasil.

Art. 131. Na emergência de agressão estrangeira ou verificada insurreição armada do povo ou da tropa, a Assembléia Nacional poderá declarar em estado de sitio qualquer ponto do territorio nacional, mediante as seguintes prescrições:

1.º O sítio não será primitivamente decretado por mais de 60 dias, podendo ser prorrogado, uma ou mais vezes, por igual prazo;

2.º O sítio, além da censura á correspondencia de qualquer natureza, limitar-se-á a restringir a liberdade de locomoção, reunião, tribuna e imprensa. Mas a circulação dos livros, jornais ou de quaisquer publicidades não será de modo nenhum embaraçada, desde que seus autores, diretores ou editores os submetam á censura. A suspensão de um periodo por inobservancia da censura, efetuar-se-á, por mandato judicial, a pedido do Ministério Público e ouvido o diretor daquele, tudo no prazo máximo de 72 horas;

3.º Nenhum detido do sítio será, sob motivo algum, recolhido a edificio ou local destinado a réu de crime comum, nem desterrado para trechos desertos ou insalubres do territorio nacional, ou distantes mais de mil quilómetros do ponto onde a detenção se efetuar;

4.º A prisão não será acumulada com o desterro, nem êste transformado em degredo;

5.º Ninguem será, em virtude de sítio, detido ou conservado em custódia, senão por necessidade da defesa nacional, em caso de agressão estrangeira, ou por autoria ou cumplicidade na insurreição, ou fundados motivos de nela vir a participar. Dentro de 30 dias após a detenção, o Ministro da Justiça enviará ao Presidente do Conselho Supremo uma nota comprobatória das razões de ordem pública que determinam manter em custódia o detido. O Presidente do Conselho fará publicar no jornal oficial a nota recebida, e o Conselho decidirá, dentro de oito dias, sobre a conveniencia de manter a detenção, ou relaxá-la;

6.º O sítio não se estenderá aos Membros da Assembléia Nacional, do Supremo Tribunal, do Conselho Supremo, do Tribunal Superior, do Tribunal de Contas e do Tribunal Militar de Apelação, bem como aos Presidentes dos Estados e Membros das respectivas Assembléias Legislativas, dentro das respectivas circunscrições;

7.º Cessado o estado de sitio, cessam *ipso facto* os seus efeitos.

§ 1.º Na ausencia da Assembléia e obedecidas as prescrições deste artigo, poderá o sítio ser decretado pelo Presidente da República, antecedendo aquiescência da Comissão Permanente. Neste caso, o voto da Comissão Permanente importa na convocação automática da Assembléia, para se reunir extraordinariamente 30 dias depois.

§ 2.º Reunida a Assembléia, o Presidente da República, dentro de tres dias, em mensagem especial, relatará, motivando-as, as medidas de exceção que houverem sido tomadas, e remeterá os inqueritos e todos os documentos que a elas se refiram. A Assembléia aprovará, então, ou suspenderá o sítio decretado.

§ 3.º As autoridades que tenham ordenado tais medidas, serão civil e criminalmente responsaveis, pelos abusos cometidos.

§ 4.º Durante o sítio, o Presidente da República determinará, por decreto, o objeto e os limites da censura, que não se exercerá senão nos termos estritos desse ato. Não será censurada a publicação de atos oficiais de qualquer dos poderes da República, salvo as medidas de natureza militar. Da censura imerecida, caberá recurso do prejudicado para o Conselho Supremo, que, dentro de setenta e duas horas, ouvida a autoridade coatora, decidirá sôbre a publicação do editorial censurado.

§ 5.º A inobservância das prescrições dêste artigo tornará ilegal a coação, e permitirá aos pacientes recorrerem ao Poder Judiciario. Não será, todavia, sujeita ao exame judicial a declaração do sítio pela Assembléia ou a decretação do mesmo pelo Presidente da República se, neste caso, anteceder a aquiescência da Comissão Permanente.

§ 6.º Uma lei especial, considerada adicional a esta Constituïção, regulará o estado de sítio em caso de guerra.

Art. 132 Sempre que esta Constituïção ou a lei prescreverem o voto secreto, a votação se fará por processo que o torne absolutamente indevassavel.

Art. 133. A Assembléia Nacional, por lei especial, votada por dois terços dos deputados e somente reformavel por êste numero, poderá estabelecer os casos de destituição dos cargos eletivos.

Art. 134. A Assembléia poderá criar a bandeira comercial diferente da de guerra e modificar esta, mantidas, porém, as côres atuais.

Art. 135. A Constituïção poderá ser reformada mediante proposta de uma quarta parte, pelo menos, dos membros da Assembléia Nacional, ou de dois terços dos Estados, no decurso de um ano, representado cada um deles pela maioria de sua Assembléia. No primeiro caso, a reforma considerar-se-á aprovada, se aceita, mediante tres discussões, por dois terços de votos dos membros presentes da Assembléia e do Conselho Supremo, em dois anos consecutivos. No segundo caso, se aceita mediante tres discussões, por dois terços de votos dos membros presentes da Assembléia, no ano seguinte á proposta dos Estados.

Parágrafo único. A reforma aprovada incorporar-se-á no texto da Constituïção, que será, sob a nova forma, publicada com a assinatura dos membros da mesa da Assembléia.

Art. 136 Continuam em vigor as leis que explícita ou implícitamente não contrariarem as disposições desta Constituïção.

EM TORNO DA CONSTITUIÇÃO

Disposições transitorias

I. Fica transferida a Capital da União para nm ponto central do Brasil. O Presidente da República, logo que esta Constituïção entrar em vigor, nomeará uma comissão que, sob as instruções do Governo, procederá a estudos de várias localidades adequadas á instalação da Capital. Concluidos tais estudos, serão presentes á Assembléia Nacional, que escolherá o loóal e tomará, sem perda de tempo, as providências necessarias á mudança. Efetuada esta, o atual Distrito Federal passará a constituir o Estado de Guanabara.

II. A Assembléia Nacional votará em sua primeira sessão ordinária as leis que regulem: *a*) o processo e julgamento perante o Tribunal Especial; *b*) as atribuições dos Ministros de Estado; *c*). as funções, os deveres e a responsabilidade dos Interventores; *d*) o Estatuto dos funcionarios públicos; *e*) a organização judiciária; *f*) a organização e a liberdade da imprensa.

III. Os recursos existentes no Supremo Tribunal, sôbre questões que não forem de sua competência, a menos que estejam em grau de embargos, baixarão aos Tribunais a que esta Constituïção deu atribuïção para julgá-los.

IV. Os Juizes, serventuarios de justiça e demais funcionarios cujos cargos, em virtude desta Constituïção, forem supressos, ficarão em disponibilidade, com os ordenados atuais, e contando tempo de serviço, até que sejam aproveitados em postos de iguais vencimentos e categoria, ou aposentados de acordo com a lei.

V. Os vinte e um membros do primeiro Conselho Supremo da República, representantes dos Estados e do Distrito Federal, serão eleitos no mesmo dia e pela mesma forma por que o forem os Deputados á primeira Assembléia Nacional ordinária.

VI. Serão, para todos os efeitos, válidos os casamentos religiosos, desde que seja efetuado o registro civil perante o oficial competente, no prazo de tres anos, a contar da promulgação da presente Constituïção, salvo o caso do art. 108 § 3.º

VII. Praticados os actos para que foi convocada, a Assembléia Constituinte dissolver-se-á incontinenti; e a eleição da primeira Assembléia Nacional ordinária realizar-se-á 90 dias depois.

VIII. Esta Constituïção será promulgada pela Mesa da Assembléia e assinada pelos Deputados presentes.

N. da Editora — Apesar de quasi todo o livro ter sido redigido na velha ortografia, o ante-projeto de Constituïção sai com a redação oficial.

Nota da editora:

Comunicamos aos interessados que buscamos os herdeiros diretos do **Sr. João Mangabeira**, não os tendo encontrado.

Nesse caso, consideramos que a obra se encontra em domínio público, nos termos do art. 45 da Lei 9.610, de 19.02.1998.

Caso existam herdeiros vivos, por favor, entrem em contato com os meios de comunicação da Editora que se encontram na ficha catalográfica da obra.

Atenciosamente,
EDITORA FORENSE.

Pré-impressão, impressão e acabamento

grafica@editorasantuario.com.br
www.graficasantuario.com.br
Aparecida-SP